Carl von Linné wurde am 23. 5. 1707 in Råshult (Småland) geboren und starb am 10. 1. 1778 in Uppsala.
Linné wurde durch sein Buch *Systema naturae* (1735) weltberühmt. Seine Wirkung auf die damalige Naturforschung war ungeheuer. Goethe hat einmal bekannt, nach Shakespeare und Spinoza von Linné am stärksten beeindruckt worden zu sein.
»Als ich 1961, es war in Stockholm, zum ersten Male *Iter Lapponicum*, das lappländische Tagebuch Carl von Linnés, zu Gesicht bekam und zu lesen begann, wurde ich von zwei starken Eindrücken überrascht: einmal war es die Frische einer erstaunlichen und unmittelbaren Poesie, zum andern die grammatische Unbekümmertheit, welche die Aufzeichnungen zu einem Labyrinth zu machen schien. ...Linnés Diarienpoesie, so unbeabsichtigt sie ist, so ganz und gar ohne jene üble Intention, Dichtung in die Wissenschaft zu bringen, wirkt desto stärker durch ihre oft beinahe zusammenhanglos aneinandergereihten Episoden, Observationen, Gefühlsbeteuerungen und Natureindrücke. Erstaunliches tut sich auf.« *H. C. Artmann*

insel taschenbuch 102

Carl von Linné

Lappländische Reise

CARL VON LINNÉ
LAPPLÄNDISCHE REISE

MIT ZEICHNUNGEN
DES AUTORS

INSEL

Aus dem Schwedischen übersetzt von H. C. Artmann
unter Mitwirkung von Helli Clervall

insel taschenbuch 102
1. Auflage 1975

Vertrieb durch den Suhrkamp Taschenbuch Verlag
Umschlag nach Entwürfen von Willy Fleckhaus
Druck: Ebner, Ulm
Printed in Germany

Småland hat mich geboren
Schweden habe ich durchreist
Der Erde 450 Ellen tiefe Eingeweide geschaut
In des Windes Höhen eine Meile emporgestiegen
Sommer und Winter an einem Tag angeschaut
und selben Tag darinnen verlebt
Wolken habe ich durchschritten
Das Ende der Welt habe ich besucht
Der Sonne Nachtherberg geschaut
Unter einem Jahr 1000 Meilen
zu Lande gewandert

Rörstad
Jukkasjärvi
Kvikkjokk
Jokkmokk
Torneå
Kemi
Luleå
Uleåborg
Pileå
Skellefteå
Lycksele
Umeå
Gamla Karleby
Nordmaling
Nätra
Wasa
Härnösand
Sundsvall
Botten Havet
Hudiks
vall
Gävle
Abo
Uppsala

O ENS ENTIUM MISERERE MEI!

Nachdem ich am 2. Mai von der Königlichen Societät der Wissenschaften war angenommen worden, nach der Lappmark zu reisen, um dortselbst die drei *Regna Naturae* zu beschreiben, ging ich daran, meine Sachen vorzubereiten, und kleidete mich in folgende Montur:

Die Kleider waren also ein kleiner Rock aus westgötischem Zeug, ohne Saum, mit kleinen Aufschlägen und Kragen aus Wolleplüsch. Hosen recht artig aus Leder, Zopfperücke. Kapuze aus Basthanf; Schnürstiefel an den Füßen. Eine kleine lederne Tasche, eine halbe Elle lang, etwas kürzer in der Breite, aus weißgegerbtem Leder, mit Ösen auf der einen Seite, sie festzubinden und sich umzuhängen; darin waren eingepackt: 1 Hemd, 2 Paar Halbärmel, 2 Nachtjacken, Tintenfaß, Federbüchse, Mikroskop, Perspektiv, Florhaube, um sich der Mücken zu erwehren. Dieses Protokoll. Eine große Anzahl gehefteten Papiers, um Pflanzen darein zu legen, beides in Folio. Ein Kamm, meine *Ornithologie*, *Flora Uplandica* und *Characteres generici.* Der Hirschfänger saß an der Seite und ein kleines Pistol zwischen Schenkel und Sattel. Ein achteckiger Stock mit *mensurae* versehen, ein Anmerkbuch in der Tasche samt Paß der Kanzlei zu Uppsala und dem Empfehlungsbriefe der Societät.

Dies 12. Somit reiste ich am 12. Mai 1732 aus der Stadt Uppsala ab, es war ein Freitag, 11 Uhr vormittags, bis zu meinem 25. Jahre fehlte mir nur noch ein halber Tag. Nun begann das ganze Land zu lächeln und Freude zu fühlen, nun kömmt die schöne Flora und schläft mit dem Phoebus.

Omnia vere vigent et veris tempore florent
et totus fervet Veneris dulcedine mundus.

Jetzt stand der Winterroggen eine Viertelelle hoch, und die Gerste hatte just ein Blättlein gezeigt. Die Birke fing an zu sprossen und alle Laubbäume ihr Laub zu zeigen, Ulme und Espe ausgenommen.

Ich reiste alleine von Uppsala fort, jener alten Residenzstadt, welche ein Schloß besitzt, das 1702 durch Brand zerstört ward, ein Prospekt, desgleichen man bald nicht wiederfindet. Rundherum dehnt sich die Ebene, ungefähr eine Viertelmeile Wegs, grün durch Ceres, dann beginnen die Berge und endlich der Wald.

Nachdem ich durch das nördliche Zolltor gekommen war, zeigte sich sogleich Lehmerde, außer in den Bergen, wo bloß Sand und Steine sind; das Land ist eine Viertelmeile Wegs flach und baumlos.

Längs des Weges sah ich in den Sandgräben einen gelben *Byssus*, sonderlich dort, wo der Wind nicht beigekommen, und gleicht in jeder Hinsicht dem Rahm auf der Milch, was die Bauern ›Wasserblüte‹ nennen.

Auf meinem Wege sah ich allerorten Stuten, die mit ihren jungen Fohlen zur Weide gingen, und bewunderte die langen Beine, von denen es heißt: Will man die spätere Größe des Pferdes errechnen, daß man sie vom Fuß bis zum Knie abmessen müsse, die sich ergebende Länge aber nach oben verdoppeln, solches ergibt mir die richtige Höhe. *Ossicula auditus in infante.*

Ein flaches Moos *s. Lichenoides terrestre daedaleis sinubus*, welches ich auch auf dem Schloßhügel gesehen, beschrieben.

Die Gänse gingen hier auch mit ihren Jungen; es ist interessant zu beobachten, daß alle jungen Gänse, sobald sie ausgekrochen, gelb sind, gleich, welche Farbe sie später bekommen, dieses Gelb dann aber gewöhnlich verlieren.

Zur Rechten ließen wir Alt-Uppsala mit den drei großen Ahnenhügeln.

Die Blumen waren noch sehr spärlich, wie etwa *Taraxacum*, welches Tournefort so übel mit *Pilosella* durcheinanderbringt, wiewohl doch *folia calycis reflexa* differieren. *Draba caule nudo, longitudine palmi*, welche man in Småland Roggenblume nennt, weil der Ackermann, sobald sie zu blühen anfangen, seinen Frühjahrsroggen aussäen soll. *Myosotidem, Viola arv. et mart., Thlaspi, Lithospermum seget., Cyperoides, Juncoides, Salix, Primula, licet non sit hic, nec alibi, prima veris, Caltha svet.*, schwedische Kaper genannt, weil manche behaupten, daß sie von vielen als Kaper gegessen wird; es ist jedoch unwahr, daß sie die Butter färbt.

Die Lerche sang den ganzen Weg für uns, sie zitterte in der Luft.

Ecce suum tirile, tirile, suum tirile tractat.

Der Himmel war rein und warm, der Westwind kühlte mit einem angenehmen Hauch, und vom

Westen her begann eine dunkle Farbe den Himmel zu bedecken.

Okstad, fünf Viertelmeilen. Nun begann der Wald mehr und mehr zuzunehmen, die anmutige Lerche, welche zuvor unsere Ohren unterhalten, verließ uns, allein im Walde nahm uns ein Drosselmännchen, *Turdus minor*, mit gleich großen *compliments* auf, welches, wenn es zuoberst auf einem Tannenwipfel seiner Liebsten aufspielt, auch uns mithalten läßt und manche Töne so hoch anstimmt, daß es sogar die Nachtigall meistert, die Meisterin unter den Sängern.

Hier im Walde sahen wir zahllose Kiefern, welche freilich einen dicken Rumpf hatten, jedoch nicht die entsprechende Höhe, die tiefsten Äste waren den höchsten an Länge gleich, und der Wipfel fehlte, ja, alle Äste schienen *ex uno centro* zu kommen, wie bei der Palme, und ganz oben waren sie wie abgeschnitten, welches ich dem Erdboden zuschreibe, und ich bewundere die Natur, die es sogar versucht, ihre Bäume zu stutzen, nenne sie also *Pinus plicata.*

Läby, fünf Viertelmeilen. Hier im Walde sahen wir zahllose Bärentrauben, die bereits zu blühen begannen.

Hier nahm uns ein großer Kiefernwald auf, ganz steril, weil die Pflanzen des Bodens erstickt waren, und an ihrer Stelle lag eine Schicht trockener Nadeln mit *Erica*, *muscus pariet: coralloides.* Der Humus war hier kaum zwei *digitorum crassitie* und darunter purer Heidesand.

Ein großer Runenstein lag an der Landstraße eineinhalb Viertelmeilen oberhalb des Gasthofes, welchen abzuschreiben ich mir aber nicht Zeit nahm, da ich sah, daß er erst vor kurzem war gelesen worden. Zweieinhalb Viertelmeilen Wegs vom Gasthofe eine Grenzmarke von sonderbarer Beschaffenheit: vier Steine stehen *in quadraturam* und einer *in centro*, alle *compressi* und *erecti*, dieser just gegenüber sah ich einen großen *lapis marmoreus polyzonicus;* da ich selbigen wollte entzwei haben, suche ich mir einen kleineren und finde diesen von gleicher Art. Den größeren konnte ich nicht brechen, allein der kleine ging entzwei; in ihm fand ich *prismata crystallina* ganz *subtila* und *pellucida*, davon ein Teil weiß, ein Teil aber ganz *fulvi* war.

Ehe ich zum anderen Gasthof komme, liegt eine kleine Kate zur rechten Hand, quer über die Landstraße ein Tümpel, in dem gewaschen wird. Hier sah ich einen glatten, schräg abfallenden Waschstein, welcher aus weißem Gneis war, in ihm befanden sich aber drei Stück vierkantige große Rauten aus schwarzem Granit, wie von einem kunstreichen Steinmetz eingearbeitet, doch ziehen sie durch den ganzen Stein, welches an der Stelle, wo der Stein abgeschlagen, zu sehen ist.

Gegenüber von Yvre ein Flüßchen, welches im ganzen kaum über die Knöchel reichen würde, aber an den Uferrändern so tief ist, wohl fünf Ellen tief; solches geschah entweder dadurch, daß das Wasser ständig losen Sand mitgeführt, oder, was mir eher scheint, daß sich die Wassermenge des Flusses vermindert hat.

Hier stand nun *Chrysosplenium* in Blüte, selbiges

Tournefort sehr zu Unrecht *foliis auriculatis* nennt, denn *folia* sind *totum diversa*. Sie hat acht *stamina in quadraturam* gesetzt und zwei *pistilla*, daher ist es klar, daß sie sich, mit den Alten, den *Saxifragas* eher nähert als den *Campaniformes*.

Yvre, acht Viertelmeilen.

Die Wolke, welche mehr und mehr zugenommen und hier und da mit vereinzelten Tropfen gedroht hatte, fing jetzt so zu schütten an, daß ich genötigt war, einige Stunden hier zu verweilen.

Wie ich mich der Kirche von Tierp nähere, läuft da ein Strom, welcher an der Seite, wo er sich krümmt, ein ziemlich hohes und steil abfallendes Ufer hat, einer Wand gleich, was ich den *Alnus* zuschreibe, die ganz unten am Wasser stehen. Ich habe gesehen, wie Seen das Erdreich fortfressen, immer mehr und mehr, und solcherart Schlösser und Kirchen etc. bedrohen, welche man in der Nähe erbaut hat, so daß man mit viel Mühe Uferwehren hat errichten müssen, aber meistens ohne sonderlichen Erfolg. Wo jedoch *Alnus* am Ufer gestanden, hat das Wasser wenig oder gar nichts auszurichten vermocht.

Zu beiden Seiten der Kirche sah ich verschiedene kleine Ahnenhügel.

Weil nun die Nacht hereinbrach, beeilte ich mich gen Mehede.

Dies 13. Mehede, achteinhalb Viertelmeilen. Hier sah ich *Taxus* wild wachsen, selbigen sie Eibe oder Eibentanne nennen.

Im Walde wuchsen allerorten *Anemonoides*, welche manche, völlig närrisch, von der *Anemone* unterscheiden, sie haben nie eine *Anemone* gesehen, scheint mir; außerdem *Hepatica, Oxys.* Interessant ist, daß heute alle geschlossen waren: Wer hat den Pflanzen den Verstand gegeben, sich, wie es bei diesen dreien der Fall ist, vor dem Regen zu bedecken? Ja, häufig geschieht es sogar, daß der Sonnenschein, bei dem sie ihre Blüten entfaltet haben, sich im Handumdrehen in Regen verwandelt, allein da sind sie auch schon geschlossen.

Der Kuckuck, welcher den lieben Sommer verkündet, ließ sich jetzt zum erstenmal hören.

Und da ich so viel vom Älvkarlefall hatte reden hören, deuchte es mich nützlich, ein weniges vom Wege abzuweichen und den Wasserfall anzuschauen, zumal man ihn vom Wege aus sowohl sah als hörte, ja, der Dunst war wie von einem großen Strohfeuer, dessen Rauch zum Schornstein hinauszieht. Als ich hinzukam, sah ich den Strom sich in drei Teile teilen, indem eine Insel – auf Fels gegründet – den Strom scheidet. Der Wasserfall ist keineswegs künstlich, sondern von der Natur gemacht, welche in der Mitte des Stromes einen starken Felsen aufgebaut hat, wo das Wasser des einen der drei Arme, des nächstgelegenen (der sogar eine Sägemühle treibt), aus einer Höhe von zwölf bis fünfzehn Ellen herabstürzt, wodurch es geschieht, daß das Wasser weiß wird, wie in Raserei braust, ja, Tropfen einige Ellen hoch in die Luft schleudert, weshalb auch der Fall ununterbrochen wie in Rauch steht. Der Sägemüller, welcher ständig in solchem Dunst steht, kam mir bleich vor, allein er klagte nicht über irgendein Leiden.

Dieser Wasserfall stürzt von einem schwarzen Felsen, welchen mit Sorgfalt zu untersuchen unmöglich ist. Stromabwärts, wo sich das Wasser schon etwas beruhigt hat, werden Lachse gefischt, hier befindet sich ein viereckiges Gatter, etwa eine Elle aus dem Wasser ragend, in welchem der Lachs sich fängt und nicht wieder auskommt.

Auf den höchsten Felsen am Lande standen Eichen; ich wunderte mich, daß sie genug Saft hatten, verstand aber, daß es der Saft war, der aus der Erde hochkam und seitlich am Felsen herunterrann, welcher auch ihre Wurzeln entstehen ließ.

Unten zwischen den Klippen lagen Schnecken, merkwürdig dadurch, weil die Spitze ihres Gehäuses scharf ist.

Auch ein seltenes schwefelgrünes *muscus* fand ich.

Ich eilte von hier nach Älvkarleby, welches von diesem großen Fluß in zwei Teile geteilt wird. Er kommt aus dem Leksandsee in Dalekarlien. Der südliche Teil ist jedoch der weitaus größere und sieht wie eine Stadt aus durch die vielen Kaufmannsläden, die hier stehen und auf die Markttage warten.

Über diesen Fluß braucht man einen Fährmann, welcher immer nach einem Reisepaß frägt. Als ich seiner ansichtig wurde, schien er mir wie Rudbecks Charon, er glich ihm, abgesehen vom Alter, ziemlich. Der Fluß ist einige Büchsenschuß breit. Inmitten des Flusses segelte ich an der kleinen Insel vorbei (davon Rudbeck), welche aus dem Lande geschnitten ist und *pro basi* einen Felsen hat; auf ihr steht nichts als ein Baum. Auf der Nordseite des Flusses sah ich das Ufer ziemlich senkrecht abfallen und wunderte mich, daß es sich so rein halten konnte, welches, wie ich feststellte, davon kam, daß der Sand mit Lehm vermischt war. Niemals hätte irgendeine Kunst dasselbe so schroff ausführen können, ja, *lineae horizontales* schienen anzuzeigen, wie tief sich das Wasser mit jedem Jahr gegraben. Am Morgen schien die Sonne, aber bald hernach kam Regen.

Älvkarleby, zehn Viertelmeilen. Auf der Nordseite sah ich einige Ahnengräber. Endlich bekam ich das zu sehen, was ich noch niemals im Norden beobachtet hatte, nämlich *Pulsatilla apii folio*.

Der Wald war mit Steinen und verschiedenen *Salices* und allerlei *Pyrolae* angefüllt.

Die Steine waren größtenteils *strata supra strata* aus weißem und schwärzlichem Feldstein, *polyzonicae*.

Regen kam hin und wieder stark, und dazwischen schien die Sonne.

Als ich eine Meile über Älvkarleby hinausgekommen war, gelangten wir zur Eisenhütte von Harnäs, welche ihr Erz teils aus Dannemora in Roslag, teils aus Ängsö in Södermanland holt. Diese Hütte wurde vom Russen niedergebrannt, ist aber jetzt wiederhergestellt. Hier fließt der Fluß, welcher Uppland vom Gästrikland scheidet.

Meist Lehm, und die Wälder auf sandigem Heidboden, wenig Hügel; die Gastwirte taugen nichts.

Eben, da wir von Uppland schieden, sah ich ein paar Eichen, hernach aber keine mehr – dies war jedoch schon auf Medelpadschem Gebiet.

In Uppland sind wenig Hügel und Seen.

Die Wälder wurden nun buschartiger, Steine lagen in Fülle umher, und überall wuchs das Wintergrün.
Diese Steine waren meistens *polyzonicae*, gewöhnlich aus weißem und dunklem Granit, und so den ganzen Weg.
Ich entdeckte eine Fülle von *Salix rosea*, welche noch alle vorjährigen Blätter trug.
Gen Gävle zu sah ich einen Runenstein. Er war aber bereits entziffert, *ergo* ich *non* mich aufhielt.
Item ein Gestell, um darauf Getreide und Erbsen zu trocknen, senkrechte Pfosten mit Querbalken, acht Ellen hoch. Auf solchen Vorrichtungen trocknet man *per totam Helsingiam, Medelpadiam, Angermanniam et Westrobothniam.*
Dies 14. Ich reiste von Gävle nach beendigtem Gottesdienst ab. Ich war daselbst vom Kontrolleur Lönbom aufs anständigste bewirtet worden und hatte vom Landhauptmann und Sekretär einen guten Reisepaß erhalten.
In dieser Stadt findet sich die letzte Apotheke des Nordens und der letzte *doctor provincialis.* Ein schiffbarer Fluß geht durch die Stadt, wird befahren und ist vor der Mündung wohl eingedämmt.
Um die Stadt herum lagen überall *saxa rubra.*
Die Kirche von Hille erreicht man nach drei Viertelmeilen. Hier beginnt eine Bergkette, die sich bis zur nächsten Poststation erstreckt und zwei Seen voneinander scheidet. Ganz oben auf der Höhe, etwa eine

Viertelmeile von Gävle, sieht man eine Anzahl von Ahnenhügeln, welche aus Steinen errichtet sind.

Die Tannen waren hier durchweg groß und schlank, sie trugen drei verschiedene Arten Früchte, manche, einjährige, nicht größer als große Erbsen, *globosae*, 2*dus* zweijährige, *ovato accuminatae*, und 3*e dehiscentes squamis reflexis* oder vierjährige.

In der sumpfigen Gegend zur linken Hand ließ sich die Heerschnepfe hören.

Eine Viertelmeile zur rechten Hand, ehe man nach Trödje kommt, liegt der Sauerbrunnen von Hille.

Die Poststation von Trödje, welche der gute Professor Rudbeck Troja genannt hat, ist von sanften Hügeln umgeben.

Wir reisten nordwärts über einen Sumpf, eine Viertelmeile lang, der gänzlich bar von Bäumen war, aber viel *Gale* fand ich wegländs, *cuius amenta in summis ramis describantur* und *Betula nana*, die eine Art niedriger Allee bildeten und meinen Weg schön einhegten.

Im Walde, an der jenseitigen Seite des Sumpfes, standen alle Arten *Lycopodia: sabinae, cupressi, abietis, bifurcati.*

Eine Menge großer Steine lag am Wegrand. Diese Steine waren auf Befehl des Landhauptmanns und durch der Leute Arbeit herausgebrochen worden, um den Weg besser zu machen. Sie sahen aus wie alte Mauern, auf denen *Campanula serpyllifolia* wächst und dessen *sarmenta* und grüne Blätter sich mit dem Efeu verweben. Zur Rechten aber liegt der See Hamrångefjäl und verschönert dem Wanderer den Weg.

Heute morgen war Sonnenschein, alternierte aber am Nachmittage mit Regen, genau wie gestern, doch der Wind kam aus Norden, gestern aus Süden.

Als ich noch auf dem Höhenzug bei Hille war, sah ich, daß bei den Wacholdern, *Juniperus*, an den Zweigenden Knospen saßen, aus drei Blättern bestehend, länger und drei- bis viermal so groß wie die anderen, und diese umschließend wie *valvulae, apicibus tamen suis patulis;* innerhalb dieser großen und dicken saßen drei weitere, kleinere, so groß wie die normalen Blätter, von gelblicher Farbe, connivierend und entweder einen kleinen *vermiculum fulvum* oder eine *pupulam albidam* einschließend.

Ich kehrte in der Nacht im Gasthofe von Hamrånge ein. Hier sprachen die Leute viel von einem seltsamen Baum, der in der Nähe der Straße stehen sollte. Viele hatten ihn gesehen, aber keiner hatte vermocht herauszufinden, welcher Art er sei. Einige dachten: ein Apfelbaum, den eines Tages eine bettelnde Trollfrau verhext habe. Diese hätte nämlich einen Apfel gepflückt und, vom Besitzer zurechtgewiesen, gesagt, der Baum werde nie mehr tragen. Ich beeilte mich am nächsten Tag, um mit der ersten Sonne auf zu sein, und da ich an die besagte Stelle kam, die ich so sehnlichst zu sehen gewünscht, fand ich heraus, daß dieser Baum nichts andres als ein *Ulmus vulgaris* war, ein Beweis, daß die Ulmen hier oben nicht zu den häufigen Bäumen zählen.

Im Walde beobachtete ich, daß *Plantae apicibus cornutis* den Vorrang vor allen andren hatten, solchermaßen *Erica in sylvis* und *Daphne in paludibus* das

höchste Kommando führten, ja, man sah sogar wenig andere Arten als die ebengenannten, und *Myrtillus, Vitis idaea, Uva ursi, Ledum* etc., was auch für die übrigen Länder und in der Lappmark gilt.
Die Spinnen hatten alle Hofzäune mit ihren vom Frühnebel weißen und gut sichtbaren Fangnetzen übersponnen.
Im Walde sang die Drossel, der Kuckuck, *Erithacus, Tetrao, Fringillaria angermannica etc.*, der Specht aber knarrte von den trockenen Stämmen herunter den Baß. Das Wetter war vergnüglich und angenehm.
Nachdem ich im Vorbeigehen *Muscus esculentus* beobachtet hatte und solcherart etwa sechs Viertelmeilen über Hamrånge hinausgekommen war, lief ein Fluß vor mir, und es war der nämliche, der Gästrikland von Helsingeland scheidet. Er heißt Tönnaå und mündet ganz unweit von hier in den Tönnasee.

Als ich genau eine Viertelmeile weit ins Land hineingekommen war, sah ich an der Landstraße einen roten Humus, der zum Rotfärben gut verwendbar sein dürfte, sofern es ihn in größerem *quanto* gäbe und seine Qualität verbessert werden könnte.
Besseren, so sagte man in der nächsten Poststation, gäbe es im Walde von Morbro.
Im Walde standen recht große Kiefern und Tannen: Weil die Bewohner sie austrocknen lassen wollen, haben sie die Rinde ringsherum eine Spanne hoch abgeschält, wodurch sie bald verdorrt sind.
Ein Stück weiter sah ich am Wege einen Stein, der etwas verbrannt war und große Fragmente von *speculo mariae* enthielt.
Endlich erreichte ich den großen Strom Ljusna, über den mich eine Fähre brachte.
Hier und dort im Walde lagen jetzt blutrote Steine umher, sahen aus, als wären sie über und über mit Blut begossen, und da ich wissen wollte, wie sich solches verhielt, kratzte ich daran und fand, daß diese Röte nicht im Stein selbst bestand, sondern von einem roten *Byssus* kam, der den Stein überzogen.
Von Skog nach Sörala sind es zwölf Viertelmeilen.
Hier in Sörala sah ich viele Ahnenhügel.
Bis Norrala vier Viertelmeilen. Kurz vor diesem Orte sah ich einen *rivulus*, der einen Hügel entlang in einen sandigen Graben rann, wo er ein dickes Ockersediment absetzte.

An den Seen sah ich, wie sie Kescher aus W
ruten hineinhängten, um Brassen zu fange
nämlichen See bemerkte ich auch den *Avis Lum...*
Worm., Beschreibung *vide suo loco*, der ganz durchdringend und klagend schrie, insonderheit, wenn er zum Tauchen ansetzte.

Von Norrala begab ich mich weiter nach Enånger. Starker Nebel lag über meinem Weg, es hatte vordem, da ich noch in Norrala gewesen, ganz gröblich geregnet; nun aber, gegen Abend, fing's ordentlich zu blitzen an, und auch einiger Donner war zu hören.

Den ganzen Tag hindurch hatte ich beobachten können, wie dieses Land doch einem Mikrokosmos gleichkam, denn hier gibt es: Gebirge, Hügel, Felsen, Moore, Seen, Wald, Lehm, Sand, Kieselsteine etc.

Wiesen gibt es wenige. Das Land besteht zum größten Teil aus felsigen Bergen, *inhabitabiles*, und bloß in den Tälern und Mulden sieht man kleinere Höfe, welche Wiese haben, wenig genug und dazu kaum Hochwiese, sondern meist Sumpfwiese.

Die Leute hier sind bieder und ihre Häuser recht schmuck, auch innen sauber und freundlich und besser als andernorts gebaut. Man ist hier von sonderlich hohem Wuchse, meistens aber die Mannsbilder. Als ich frug, ob man hier die Kinder länger als sonstwo an der Brust behalte, sagte man mir, ja, und oft sogar zwei und ein halbes Jahr. Branntwein ist hier nicht immer aufzutreiben. Ich glaube, Adam und Eva müssen Riesen gewesen sein, *ratione ab ovo in ovo, paupertate Israelitarum et Amonitarum magnitudine, Laponum structura etc.*

Die alte Überlieferung, daß die Helsingländer niemals den Schüttelfrost bekommen, dürfte übertrieben sein, denn auf mein Befragen wurde mir geantwortet, daß ihn eine Menge Leute wohl schon gehabt hätten, aber sehr häufig ist er nicht.

Viele Bergfinken gab's, aber bemerkenswert dadurch, daß es lauter Männchen waren, kenntlich an dem rötlichgelben Flecken vorne an der Brust.

Dies 16. Zwischen der Poststation von Iggsund und Uppänge besah ich mir den erstaunlichen Eisenhammer von Iggsund. Er besitzt zwei Hämmer und einen Hochofen. Im Eisenhammer selbst gingen die hemdsärmeligen Gesellen *Vulcani* umher und vollbrachten wahre Meisterstücke ihrer Profession.

Erz von drei à vier Arten wird hier verarbeitet. Erstens solches aus Danmora, zweitens das aus Söderön, drittens Erz aus Gräsön, welches recht schöne *pyrites tessalutos* in sich hat, viertens *arena nigra* aus dem Arbroer Kirchspiele, die dort auf dem Meeresgrunde liegt, manchmal aber, bei stürmischem Wetter, an den Strand gespült wird. Alles Gestein, *quod notabile*, war blau.

Hier, wie auch weiter oben in dieser Provinz, gebraucht man eine Art blaues Gestein zum Aufmauern der Schornsteine, welches, wie man mir sagte, haltbarer sei denn Mühlstein, das ist *lapis molaris*.

Kalkstein zum Scheiden nahm man aus den Gewässern, es war Sumpfstein mit *retipora*.

Im Walde lag Granit und, wie mich dünkte, von allen Arten, die es in der Welt gibt.

Wo immer ein Fluß war, wurde ein Rad angetrieben,

das seinerseits einen Hammer in Bewegung setzte, um Flachs damit zu klopfen, doch solchergestalt, daß eine Klappe in dem Boden hochgezogen wurde, wenn er aussetzen sollte.

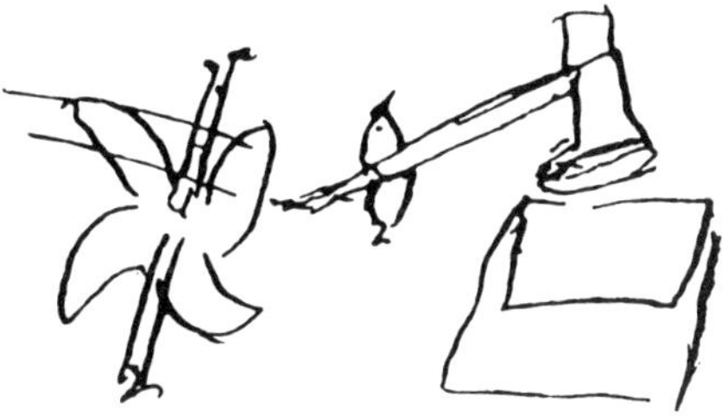

Falter flogen hin und her, die gewöhnlichen schwarzen sowie auch die großen schwarzen mit den weißen Fransen.

In Iggsund fand ich auf dem Wege ein *insectum semicoleoptratum*, welches noch niemals beschrieben.

Bei Njutånger sah ich hier und da einen veilchenfarbenen Lehm, den man als Wegbelag verwendet.

Zwischen der Herberge von Iggsund und Hudiksvald sah ich denselben veilchenfarbenen Ton in reicher Fülle. Ich bemerkte, daß er in den Moorgräben ein *stratum* bildete, und beobachtete auf einem Hügel, neun Ellen hoch und oberhalb des Sees dicht an diesem gelegen, daß der Humus hier zwei bis drei Fingerbreit stark war. Sand *palmus s. spithama, argilla violacea 1 spithama, tandem* Sand *sterilis*. In dieser Tonerde lagen kleine weiße *conchae leves*, ganz erhalten, aber das Violett schien mir, als ich dessen Partikel examinierte, braune *conchae* zu sein, die man in Mengen am Meeresstrand antrifft. Ich glaube also fest, daß alle diese Täler und

Moore Meer gewesen sind und das Oberste des Urgesteins ehedem Klippen.
Nahe dabei sah ich *Hepatica flore purpureo, alias rarissima*, und es wollte mir der Satz der Gärtner einfallen, der statuiert, daß *colorata terra colorem floris* ändert.
Ich habe beobachtet, daß Berge, wenn sie abgerodet und abgebrannt wurden, steril wurden und daß nur Stein bei Stein übrigblieb.
Weil der Ertrag der Äcker hier so gering ist, backen die Leute Brot aus Gerste, in die sie Erbsen und Häcksel mischen. Dieses Brot wird etwa zwei Fuß *in diametro* gemacht, aber hauchdünn, denn solcherart wird der Geschmack nach Erbsen nicht widrig.
Hudiksvald ist eine kleine Stadt und liegt zwischen dem Meer und einem kleinen See. Gleich in der Nähe sproßte bereits *Rubus fragariae folio; Lychnis sexualis rubra* samt *Turritis minima* standen schon in Blüte.
Gegen Abend erreichte ich Brinstad, das Wetter war angenehm, und es hatte tagsüber nur ein einziges Mal geregnet.
Dies 17. Am frühen Morgen, als die Sonne aufging, sah ich nahe der Kirche von Jättendal mehrere Ahnenhügel. Als ich in den Wald trat, traf ich mit sieben Lappländern zusammen, die ihre Rentiere einhertrieben, sechzig à siebzig Stück, von ihren zarten Kälbern gefolgt. Die meisten Tiere der Herde hatten eben ihr Geweih verloren, aber neues setzte schon wieder an. Ich frug die Hirten, weshalb sie so weit unten im Süden lebten. Ja, antworteten sie, wir sind hier an der Küste geboren, und hier wollen wir auch dereinst sterben. Sprachen gut schwedisch.

Auf dem Wege von Böle nach Gnarp, nach der Poststation Dingersjö, ist die Grenze zwischen Medelpad und Helsingeland durch zwei Pfosten, deren einer an der linken und einer an der rechten Straßenseite steht, angedeutet. Hier sah ich, daß *Erica* etwas weniger wuchs, hingegen *Myrtillus baccis nigris* zunahm. Die Birken wurden, je weiter ich kam, häufiger. Zur Linken der Straße erhoben sich hohe, graue Berge, und zu Füßen der Felsen lagen Steine, meist doppelt so groß wie eine Mannsfaust, allesamt von einem graugrünen *muscus* überzogen, denn keine Menschenhand hatte sie je berührt.

Ich war kaum über die Grenze Helsingelands hinausgekommen, als ich vor mir zwei Schneehühner, *Lagopodes*, spazieren sah, konnte jedoch nicht nahe genug an sie herankommen, um meine Büchse mit Erfolg zu gebrauchen, also betrachtete ich sie durch mein Perspektiv. Sie waren ziemlich rötlich, die Federn der Flügel aber schneeweiß.

Bei der Poststation von Dingersjö bekam ich das große *Aconitum hirsutum galea angusta* zu sehen, von den Landleuten *giske* oder *gisk* genannt, und das ich dann den ganzen Tag über so häufig sah wie Heidekraut. Da dieses Gewächs vom Vieh nicht gefressen wird, wuchert es in aller Üppigkeit und vermehrt sich zusehends. Man kann daraus leicht erkennen, wie das unschuldige Tier von der Natur gelehrt wird, Schädliches vom Nützlichen zu unterscheiden, *nullo docente*, der Mensch aber nicht.

Gleich nördlich von Dingersjö liegt rechts ab von der Straße ein ziemlich hoher Berg, Nyåkersberg genannt, dessen Südseite sehr steil abfällt. An dieser Seite haben die Bewohner der Umgegend ihre Hopfengärten angelegt. Weil nun der Hopfen anderswo nicht sonderlich gut gedeiht, dachte man, und zu Recht, dieser Berg sei ein guter Schutzwall wider die kalten Winde, und die Sonne müßte an seiner steilen Wand ihre Strahlen wie in einem Focus sammeln.

Von der Poststation eine Viertelmeile nach links liegt der höchste Berg Medelpads *(secundem relationem incolarum)* und heißt Norbyknylen oder Norbykullen, wahrhaftig ein hoher Berg! Und da ich ihn gerne genauer untersuchen wollte, ritt ich nach Norby, band mein Pferd an einen Runenstein und begab mich, von einem Führer begleitet, hinauf. Wir bestiegen ihn über die linke Flanke und sahen allerlei Arten von seltenen Pflanzen wie: *Fumaria bulbosa minima, Moschatel., Campanula serpyllifolia* etc., und alles in so großer Perfektion, wie ich vorher noch niemals wahrgenommen. Ich fand auch ein seltenes kleines Moos, welches ich *Sphagnum ramosum, capsulis globosis, petiolis longis erectis* nennen sollte.

Nach mancher Müh und Plage erreichten wir völlig erschöpft den Gipfel. Hier oben hielten seinerzeit im Russenkrieg die Leute Wacht, und täglich mußten mehrere Mann zugleich da sein, denn von hier ist die Aussicht übers Meer besonders gut. Man hatte einen großen Holzstoß errichtet, auf dem eine volle Teertonne stand. Wären nun die Russen auf See erschienen oder gar an Land gegangen, so hätte der angezündete Holzstoß mit seinem meilenweit sichtbaren Feuer das umliegende Land gewarnt.

Ich nahm vom nämlichen Berg einen Stein mit, *mixtura varia.*

Hier oben gab es alle Arten *musci*, die überhaupt in der Gegend zu finden sind. Die Bäume waren auf dem Gipfel klein, an den Seiten des Berges aber recht groß. Vom Gipfel aus betrachteten wir das umliegende Land mit all seinen Dörfern, bestellten Feldern, Wiesen, Seen, Meer etc. Auch einen Rauch sahen wir vom unteren Teil des Berges aufsteigen. Dieser Rauch verschwand aber, da wir beim Abstieg die Stelle passierten, von wo er gekommen, also es *exhalationes terrae* waren.

Zuvor am Berggipfel entdeckte ich auch überall *stercora Leporis*, ein sicheres Zeichen, daß der Hase auch hier oben seinen Aufenthalt hat.

Wir versuchten, an der Südseite abzusteigen, wo es am steilsten war, und Felsnase über Felsnase lag; oft mußten wir in hockender Stellung lange Stücke abwärts rutschen, ja, hätte sich nur irgendein Stein gelockert, wir wären verloren gewesen.

Da wir die Hälfte unsres Abstiegs hinter uns hatten, flog vor uns ganz plötzlich eine Bergeule auf, groß wie ein Huhn, *colore Scolopacis, auribus nigris, ad rostrum linea nigra coeuntibus;* ich wünschte, ich hätte meine Büchse mitgenommen, aber die mitzuschleppen war unmöglich gewesen. Gleich darauf stießen wir auf einen kleinen, flachen Grasfleck, der exakt

gegen Süden lag; er hatte gegen Ost und West Wände, so daß er nur dem Südwinde zugänglich war. Auf diesem Grasfleck war ein Nest mit drei jungen Vögeln samt einem faulen Ei. Von diesen Jungen war eines doppelt so groß als die anderen, nämlich zwei Fäuste groß und *vigetus, undique plumis mollissimis, albo-pallidis, lanae ad instar, longis vestitus*, welches wir nach Hause mitnahmen. Jenes *ovum urinosum* ging mir entzwei, als ich es eben zwischen den Händen hielt, *experimento vulgi*, und es war nichts andres darinnen, als eine Flüssigkeit von so horriblem Gestanke, daß ich selbigen nicht zu beschreiben wage, *ne aliis mecum nauseam provocem*. Ich meine, daß der Uhu die beiden Eier, woraus die kleinen Jungen geschlüpft, später gelegt hat. Nahe beim Nest lagen einige Knöchlein, ich weiß nicht, von welchem Tier. Die Jungen waren ganz satt. Neben ihnen lag eine tote Ratte, welche an der Bauchseite zu verwesen begonnen hatte und *scatere vermiculis*. Ich nehme nicht an, daß diese jungen Vögel schon ein rechtes Fleisch verdauen können, vielmehr werden sie wohl warten, bis das Fleisch verwest, und fressen dann die Maden. *Rostrum eorum* war *nigrum* und *cera nigra*. Das faule Ei war nahezu *globosum* und *magnitudine Meleagridis*.
Hier und dort zwischen den Felsen gab es kleinere Stellen *variis herbis repleta* und dazwischen einige, welche *Violas tricolores* enthielten. Von diesen letzteren fand ich etliche *colore albo*, etliche *albo et coeruleo*, etliche *coeruleo luteo labio superiori, lateralibus et infimis coeruleis, aliae labio super. coeruleo et luteo, lateral. coeruleo et luteo, infimis coeruleis*. Und all das auf einem

einzigen Fleck, der nicht größer als ein Teller war, ja, etliche gab es, die auf *einem* Stengel diverse Arten trugen: ein klares Zeichen, daß es nicht etwa unterschiedliche Arten sind, sondern daß die treibende Wärme der Sonne verschiedene Farben bewirkt, insonderheit da *sufficiens aquae copia adest,* wie eben hier, wo ein kleines Wassergerinnsel ständig den Berg hinabrann und alles befeuchtete. Wo auch könnte es einen wärmeren Treibplatz denn hier geben?

Ich ließ die Blumen an ihrer Stelle und begab mich weiter. Am Wege fand ich einen großen Stein, rötlich mit grobfunkelndem Katzensilber oder *squamae.*

Der ganze Weg, den ich nun reiste, führte am Meere entlang. Ich beschaute mit viel Mitleiden die Wracks der unglücklichen Fahrzeuge, die hier am Strande lagen, wahrhaftig, sie hatten den strengen *Neptunum* nicht rühren können, weder durch Gelübde noch Opfer noch durch Gebete und Klagen, kein Weinen und Seufzen hatte geholfen. Da erinnerte ich mich des Studenten, der auf seiner Reise von Stockholm nach Åbo von *Neptuno* so geschreckt wurde, daß er lieber den Landweg über Österbotten, Torne, Västerbotten etc. einschlug, um zu Fuß nach Stockholm zurückzukehren, als sich einen oder zwei Tage diesem grausamen und ungetreuen *Neptuno* anzuvertrauen.

Gegen Abend erreichte ich Sundsvall, eine Stadt, die zwischen zwei Hügeln eingebettet liegt. Zu einer Seite hin aber liegt das Meer, in welches auch ein Fluß strömt.

Bei Sonnenuntergang kam ich nach Finstad, setzte aber meinen Weg bis nach Fjäl fort, wo ich über einen Strom mußte, der sich zweiteilte und eine *insula* bildete, so daß es zweier Fähren bedurfte, ihn zu überqueren.

Dies 18. war Christi Himmelfahrtstag, und ich verbrachte den Tag hier, teils wegen des Festtages, teils, um meinen müden und abgerackerten Körper ausruhen zu lassen.

Das Land sieht hier im ganzen wie *Helsingia* aus, ist jedoch etwas angenehmer zu bewohnen.

Da ich an diesem Tag nirgends hinreiste, erging ich mich in der Umgegend, um mich an der amoenen Flora zu erfreuen, welche hierzulande noch im frühesten Lenze stand. Ich fand *copiose Violam aquaticam flore albo vid. sicco*, welches stark, ja vollkommen gleich dem großen *sylvestri* war, und würde es wohl für eine bloße Abart desselben gehalten haben, hätten beide nicht nebeneinander gestanden. Es wächst stets am Wasser, *labium impar s. summum* stets in bläulicher Farbe, die andren *petala lateralia* sind weißlich, meist ganz weiß.

Diesen beschriebenen benachbart fand ich auch ein kleines Sumpfveilchen, *Viola palustris*, welches ich an andrer Stelle bereits erwähnt, aber dieses hier war wegen seiner leichten Purpurtönung erwähnenswert.

Abends fiel ein heftiger Regen. Am nächsten Morgen war ich mit der Sonne auf.

Dies 19. beurlaubte ich mich von Fjäl. Da ich nun ein Viertel des Wegs hinter mir hatte, kam ich vor die nächste Kirche, Häsjö genannt. Hier wich ich von der Hauptstraße nach links ab, um einen Hügel zu examinieren, denn man hatte mir gesagt, es gäbe in ihm Kupfererze. Es schimmerte alles eitel wie Kupfer, aber die *pyrites*, von denen solches Schimmern herrührte, waren gelblich weiß, ein sichrer Hinweis, daß sie zur Hauptsache Eisen enthielten. Verwitterte Steine von schwärzlicher Farbe lagen auf diesem Hügel. Die Grube, die man hier gegraben, war nicht tiefer und breiter als eine Mannslänge. Dieser Berg heißt Bälingsberg.

Gleich darauf, als wir an die Kirche kamen, sah ich einen Stein, ziemlich groß, der auf der Erde dicht bei der Kirche lag, nordöstlich. *Credulum vulgus* erzählte, daß, als die Kirche im Bau war, Trolle sie hätten zerschmettern wollen, aber nicht weit genug geworfen hätten. Man zeigte mir an der oberen Seite des Steines Vertiefungen von fünf Fingern. Ein kleines Stück weiter, das heißt: beim nächsten größeren Berg, dem Brunäsberg, stieg ich ab, als wir auf der linken Bergseite eine kleine Strecke hinaufgekommen waren, und wurde in eine Krypta geführt, welche die Natur wie ein Haus in den selbigen Berg gebaut hat. Die beiden Wände, das Höhlenende und die Decke waren gänzlich aus Stein bis zum Eingang hin, aber mehr *coarctatum*, sowohl in der Weite wie in der Höhe. Das Innere war so hoch, daß ich mit ausgestrecktem Arm nicht zur Decke reichen konnte. Vor dem Eingang standen eine Tanne und eine Birke, welche bewirkten, daß man diese Höhle *e distanti* nicht sehen konnte. Der Eingang führte schräg hinab wie in einen Keller. Ich sah einige verbrannte Baumstrünke am Boden.

Hier sagte man mir, daß sich in dieser Höhle ein Verbrecher ein paar Jahre aufgehalten habe, ohne daß man von ihm gewußt, und mich wundert es gar nicht, denn sie liegt so abseits, ist so schwer von der Straße zugänglich, Stein auf Stein liegt vor ihr, und man kann sie daher nur mit größter Mühe erreichen.

An der Decke und den beiden Wänden beim Ausgang sah ich kleine *fungos* auf demselben Stein, ganz verschieden von allen andren und *spongiis* gleichend. *Forma nulla. Substantia* wie ein Stück von einem *fungus betulinus coctus.*

Überall an der Straße lag Spat, voll von *vitr. muscoviticum*, daß es herrlich in der Sonne schimmerte.

Wir verließen nun Medelpad mit seinem *Napellus* und den wie in Helsingeland sandigen Wegen.

Drei Viertelmeilen von der Poststation führt eine kleine Brücke über ein Flüßchen zwischen zwei Seen, das Medelpad von Ångermanland trennt.
Sobald ich nach Ångermanland hineinkam, wurde die Straße sehr hügelig, und sie hinabzureiten bereitete nicht wenig Mühe.
Recht nah schon gen Härnösand zu, auf dem Grund des Bischofs, fand sich eine große Menge *Chrysomelas*, bläulichgrün, golden.
Die Stadt Härnösand selbst liegt etwa zwei bis drei Viertelmeilen der Grenze zu und ist auf einer Insel erbaut, welche umschiffbar ist, nur nicht an der Zugbrücke, wo Schiffe schwer durchkommen.
In Ångermanland begann der Laubwald aus *Betula et Alnus alba* mit dem aus *acifoliis*, *Pinus et Abietes*, um die Vorherrschaft zu streiten, und selbiges war auch bei den kleineren Gewächsen, wie *Vaccinia nigra* und *Erica*, der Fall. Wo die Berge unbewaldet waren, fand man *Erica* in Mengen, in Wäldern aber *Vaccinia*.
Die Hügel waren hier eher zum Abbrennen geeignet, indem hier nicht wie in Hälsingland und Medelpad gleichsam nur Stein bei Stein übrigblieb, wenn das Feuer darübergegangen, sondern es lag dort eine deckende Humusschicht.
Um die Höfe waren überall Heureiter aufgerichtet, auf denen die Bauern ihren Roggen trocknen, welcher aber unter den anderen Kornfrüchten noch seltener als die Gerste oder sogar die Erbse ist.

Eine Menge *Betulas plicatas* sah ich in den Wäldern, *nescio* warum?
Zwischen Norstig und Veda, von einem Berg beim See Mörtsjön aus, sah ich das ganze Land in der Ferne wie aus Wolken bestehend, dick vom Regen, eine erhob sich über die andere. Solcherart sahen auch die Berge aus, die sich von dem Rauch, der aus der Erde stieg, ganz blau präsentierten. Ein Gipfel überragte den anderen, und das an allen drei Seiten meiner Aussicht.
Gleich bei Veda erblickten wir den großen Ångermanfluß, eineinhalb Viertelmeilen breit, voll mit Salzwasser, denn er ist eigentlich ein *sinus maris* und kein rechter Fluß mehr, über ihn setzten wir mit der Fähre. Da wir schon beinahe auf der anderen Seite waren, bemerkte ich im Fluß ein Schäumen, ganz weiß, eine Elle breit. Ich frug nach der Ursache, und sie antworteten mir, sie wüßten keine andere Erklärung, als daß an dieser Stelle der eigentliche Flußlauf liegen müsse. An verschiedenen Stellen des Ufers sah ich Netze zum Fischfang, und es war seltsam, daß diese hier nicht geschwärzt waren, sondern rotgefärbt. Man kocht *corticem interaneum Betulae* ziemlich lang in Lauge, und wenn diese auszukühlen beginnt, legt man die Netze hinein.
Dies 20. Hin und wieder auf meinem Weg sah ich hörnerlose Kühe; sie sind jedoch nur eine Abart der gewöhnlichen und nicht irgendeine besondere *species*, denn obgleich nur ihre *nota maxime principalis generica* fehlen, so haben sie doch unterhalb der Haut *rudimenta eorum*, wie es auch in Schonen und anderswo

Widder mit vier, sechs, ja acht Hörnern gibt, die alsdann, gleich *flores pleni, in excessu* schwelgen.
Alnus folio oblongo machte hier die ganzen Wälder aus; die Birken trugen ihre üppigen Hexenbesen. Wohin ich mich wendete, sah ich nichts andres als hohe Berge.
Als ich in die Gegend von Äskja kam, sah ich den kleinen *Rubus fragariae folio* in voller Blüte stehn, von purpurner Farbe, jedoch etwas von der Kälte gebleicht. Es schien mir daher, daß man ihn besser und spezifischer *Rubus humilis, folio fragariae (flore rubro)* denn – nach Rudbeck – *fructu rubro* nennen sollte. Dieses *exacte quoad structuram* schien mir auch mit *Auctorum Rubus folio ribis alpinus anglicus* übereins zu kommen, was man vergleichen sollte.
Dågstad, eine Viertelmeile oberhalb, neben dem Weg ein grausam steiler und hoher Berg, Skulberg genannt [in margine: Skulberg hoch in *perpendicul.* 200 Ellen *vide* Strömens *Dissertatio de Angermannia*], in welchem eine *crypta* oder Höhle war. Ich hatte Lust, sie zu besehen, aber die Leute sagten, daß dies wegen des Weges unmöglich wäre. Mit großer Mühe konnte ich zwei Burschen dazu bewegen, mich zu führen. Wir kletterten die Felsen hinauf, krochen, robbten, zogen uns von Stein zu Stein, mußten an manchen Stellen, wo es nicht weiterging, wieder zurück und anderswo aufs neue beginnen, klammerten uns an Sträucher und vorspringende Steine mit den Händen, und hätten diese nachgegeben, was leicht möglich gewesen, wäre es *actum de vita nostra* gewesen. Ich folgte einem der Burschen ein Stück;

er kroch an einem steilen Felsen über mir empor, als ich merkte, daß der andere einen glücklicheren Weg eingeschlagen hatte. Also wollte ich mich zu ihm hinüberarbeiten, war aber noch keine Elle weit, als unter den Schuhen meines Obermannes ein Fels losbrach und gerade dort niederschlug, wo ich eben noch gestanden, und zwar so gewaltig, daß Feuer und Rauch aufstiegen. Hätte ich, *aeterni conditoris consilio*, da nicht just meinen Weg geändert, man würde von mir keinen Pieps mehr vernommen haben. Gleich darauf kam ein andres *fragmentum*, und ich weiß nicht, ob der Kerl, der mir vorankletterte, das mit Absicht tat. Endlich, vollkommen ermüdet, kamen wir vor das Höhlenloch, welches in der Mitte des Berges lag. Hier fand ich, der ich gedacht hatte, etwas Besonderes zu entdecken, nicht mehr als ein Haus, das in den Berg gebaut war, wie ein Gewölb, hoch 14 *pedes*, breit 18 *pedes*, lang 22 *pedes* Pariser Maß.

Das Gestein war spathaltig und bestand aus purem Granit, die Wände waren stellenweis so glatt, als wären sie aus behauenen oder gehobelten Steinen zusammengesetzt, doch saßen etliche *strata* vorspringend, sonderlich an der Decke. Die Decke hatte ein Loch, man sagte, das wäre der Rauchabzug, ob es *perforatum* war, weiß ich nicht. Das Berggespreng lief *longitudinaliter* und machte alles Gestein vierkantig. Am Boden lagen Klappersteine oder vierkantige Scherben. Ich glaube bestimmt, daß die Natur diese *crypta* gemacht, Menschenhand aber an den Steinen nachgeholfen hat. Aus der Decke, an den Innenwänden lang, tropfte es nieder. Der Eingang war recht groß, weshalb man im Innern die kleinste Nadel hätte finden können, so licht war es. *Polypodium, Trichomanes* und andere *filices* wuchsen aus dem Berg. Die Decke war konkav wie ein Gewölb. Vor dem Eingang, der so groß war, daß er den achten Teil dieses Hauses ausmachte, war früher eine *Salix* gewachsen, die aber, da König Karl XI. vorbeireiste, abgehauen wurde. Später wuchs sie wieder auf, worauf sie die Leute abermals abschnitten.

Als ich von hier aus in einen Wald kam, eine Viertelmeile Wegs, sah ich das halbe Gelände eine Viertelelle hoch mit Schnee bedeckt. Mir gingen jetzt die angenehmen Frühlingsblumen recht ab, die unter einem Tag allmählich abgenommen hatten, auch hatte die Birke hier noch nicht ihre Blättlein angesetzt wie gestern, da sie die Wälder in Medelpad geschmückt. Nichts andres denn *plantae hyemales* sah man hier, *Erica, Vaccinia.* Der Grund zu so viel Schnee waren die schrecklich hohen Berge, die hier rundum lagen und der sie bedeckende Wald, so daß die Berge den angenehmen Westwind, die Kronen der Bäume aber das Spiel des Südwinds abhielten. Der große Wald hielt sogar den lauen Regen fern.

Und da das Land hier meist aus Fels besteht, so ergibt sich daraus die Ursache zu den vielen Gießbächen, die zwischen den Felsen über die Flanken herabstürzen, denn Regenwasser kann sich an den Steilhängen nicht halten, rinnt deshalb zu allen Seiten ab und sucht in Sturzbächen seinen Abfluß. *Idem in Helsingia et Medelpadia.*

Die Äcker tragen zwei Jahre hintereinander und ruhen im dritten; Roggen wird hier selten oder niemals gesät, denn er reift so spät, daß die Erde, die danach Gerste empfangen soll, sich nicht erholen kann. Die Pflüge werden mittels einer dünnen Strebe auf die Seite gekippt, daß die Erdschollen schon beim ersten Durchpflügen gewendet werden.

Dies 21. Nach dem Kirchgang verließ ich Nätra, aber beim Fortgehen aus dem Tempel sah ich am Weg einige Äcker, die vom Pastor auf recht singuläre Weise bebaut worden waren. Er sät auf den Acker, den er drei à vier Jahre brach liegen gelassen, im Frühjahr eine Mischung von ein Teil Roggen und zwei Teilen Gerste aus. Nun wächst die Gerste üppig auf, trägt Frucht, reift aus, wird geschnitten. Der Roggen dagegen beginnt nur zu sprossen, *sed non caulescit*, denn die Gerstensaat beschattet ihn, bekommt die Oberhand und zwingt ihn zu warten. Nachdem die Gerste geschnitten ist, wächst der Roggen, reift im nächsten Jahr, ohne daß der Acker zweimal bestellt zu werden braucht, und trägt reichlich Frucht, was man Wettsaat nennt.

Heute keine Blumen gesehen, einzig *Oxys, quae hinc est primula. Unifolium et Rubus fragariae folio copiosissime folia ostendere.*

Saxa waren gemeinhin *exalbida*, aber die Seite, welche in der Luft lag, war durch Moose und andre *iniuriis* dunkler.

Hier ißt man gewöhnlich das große Fladenbrot, dessen Mehl aus einer Tonne Gerste und drei Tonnen Spreu gemahlen wird. Wenn es gut sein soll und das

Land gerade reich an Gerste ist, nimmt man bloß zwei Tonnen Spreu. Die Fladen werden im Ofen kurz gebacken und gewendet, und *(quod notabile)* es dürfen nie mehr als zwei zur gleichen Zeit eingeschossen werden; das Feuer wird dabei an der einen Ofenwand zusammengefegt. Beide Seiten der Brotfladen sind zuvor mit einem ebenmäßigen *fasciculus pennarum gallinarum majorum* perforiert worden.

Hier verwendet man im Sommer Zähmilch, welche auf folgende Art hergestellt wird: wenn man gekäst hat und den Käse schon fortgenommen, wird die Molke in eine Schüssel getan, man läßt sie dann eine Zeitlang stehen und säuern. Sobald man dann wieder Käse macht, wird die neue Molke halbwarm der früheren, gesäuerten hinzugegeben und so immerfort, doch darf sie nie heiß, sondern nur lauwarm aufgegossen werden. Je länger nun diese Molke steht, desto besser; sie wird so zäh, daß man sie wie einen Strang von einer Wand zur anderen ziehen kann. Ja, wenn man eine Schale vollgießt und in den Keller stellt und auch nur der winzigste Tropfen über den Rand gerät, so rinnt die ganze Schale aus, *tanta est cohaesio particularum.*

Diese Milch ist von *rusticis in summis deliciis*, denn sie erfrischt und löscht den Durst, *ut ajunt*, wird auch mit anderem vermischt. Beim Essen rinnt oder vielmehr zieht sie sich auf den Teller zurück, wenn man sie nicht mit einem Messer abschneidet oder sie zünftigerweise mit dem Finger an der Löffelkante zerdrückt. *Et tamen febris intermittens heic sit satis rara, quod non esset, si ab viscido acido oriretur, tum nil toxius provocaret.*

Wenn etwas von dieser Milch in den Fladenteig gerührt wird, wird das Brot zäher.
Ich hatte hier auch Gelegenheit, einen Fisch, *non ubique obvius*, zu untersuchen, der *harr* genannt wird, und mir der Gestalt nach einem Lachs zu gleichen schien.

Die Bettdecken oder Pelze in den Betten waren aus Hasenfell.
Dies 22. Die Kühe sind hier hornlos, weshalb der Bauer nicht berechnen kann, wieviele Kälber jede einzelne Kuh gehabt hat, auch kann er nicht, wie es bei Geißen geschieht, das Alter feststellen. Bei manchen waren die Hörner *digiti longitudine*, gleich vom Ansatz an dicht an der Haut nach rückwärts gebogen, so daß sie kaum aus dem Haar hervorsahen.
Der Apfel wächst zwischen Veda und Hornö, aber dann wird er nicht mehr gesehn.
Weide soll in ganz Ångermanland nicht zu finden sein, Hasel gibt's nicht, Kirschen reifen nicht immer, *Potatis* wächst gut, *Tabacum et Lupulus* langsam und dürftig.
Am Wegrand saß der Kuckuck und ließ sich von einer *Motacilla* füttern, *vera me dicere scio et non fallere*.
Im Walde, ehe ich nach Önska kam, war ein *lapis*

striatus, gleich einer *cinnabaris immatura*, die aus einer Felsspalte herauswuchs.

Ocker gab's reichlich im Moor, es hatte eine *tunica digitos argenteo colore vestiens*, ein Zeichen für Eisenerz, doch kein Sauerbrunnen.

In den Pfützen wuchs hier die langblättrige *Stellaria*; diejenigen, welche sie von der *Stellaria foliis ovalibus* unterscheiden wollen, irren sehr, denn sie differieren nur *aetate*. Denn die unteren Blätter, aus dem Vorjahr, lagen noch im Wasser, ganz frisch, hatten reifen Samen *in alis*, waren *ovata*.

Saxa waren hier weißgrau mit weißen Flecken, groß wie Daumen.

Hier und dort reichte das Meer bis an den Weg.

Dies 23. Nachdem ich die Nacht in Normaling verbracht, ging ich aus, um mich umzusehen, gelangte von ungefähr an einen Sauerbrunnen, welcher von Petro Arctaedio in dessen *loco natali* verzeichnet ist. Er enthielt eine große Quantität Ocker und schien fast zu sehr adstringent von Geschmack zu sein. Er war südwestlich gelegen, unten an den Schären, jedoch nicht weit von der Kirche.

Am Strand sah ich, wie das Meer von Jahr zu Jahr mehr Sand an Land wälzt und sich solchermaßen einschanzt, ja, dadurch das Land vergrößert.

Von hier etwa eine Meile oder mehr liegt eine Insel im Meer draußen, die ›der Bauer‹ heißt. Dort brütet alle Jahre ein Vogel, *tordmul*, dessen Eier die Bauern stiebitzen. Sie sagen, er brüte stets nur ein Ei aus, und wenn man dies wegnähme, lege er abermals und so fort. Das scheint mir freilich seltsam, daß *multipli-*

catio speciei jährlich nicht über *unitatem* gehen sollte, ja vollkommen unmöglich. Manche sagen, er brüte zweimal, doch ist sicher, daß seine Eier *respective corporis valde magna* sind. Ich sah einige *fragmenta* von ihnen, und es schien mir, daß ich vollkommen gewiß sein könne, daß sie *Anas Arctica* sind.

Nun, da ich etwas näher gen Västerbotten gekommen war, fingen die hohen Berge, steinigen Stellen und Erlenwälder an, abzunehmen, *Pinus* aber, die bislang sehr gefehlt, nahm zu.

Kurz bevor man nach Södermjöle kommt, sechseinhalb Viertelmeilen von Levar, fließt ein Strom, Ängerå, der Ångermanland von Västerbotten scheidet.

Das Land ist ziemlich flach, besteht aus Sand, bisweilen Lehm, hier und dort liegen nutzlose Moore. Das Land ist durch den Sand und die Heiden ziemlich steril, steht sich mit Milch recht gut. Das einzige Getreide ist die Gerste, Roggen wird ganz selten ausgesät, und wenn, dann Sommerroggen.
Kurz vor Södermjöle geriet ich zwei brünstigen Hengsten in den Weg; sie kamen auf mich zu; ich ritt eine Stute, die mich beinahe getötet hätte.
Ich fand hier keine Blumen, nein, nicht einmal *Oxys*, die in Ångermanland mein einziger Trost gewesen, sondern nur *Caltha*, welche hier *prima veris* ist, und *Linagrostis monostachya et polystachya*, die just auszuschlagen anfingen. *Copiosissime* wuchs hier *Betula nana*, wiesen aber noch keine Anzeichen von *juliis* oder *foliis* auf. Hier gab's keine *Fraxinus*, *Acer*, *Tilia*, *Ulmus*, auch keine Weidenbäume, noch weniger Hasel, Eiche, Buche.
Abends kam ich nach Rödbäck, wo ich über Nacht blieb, der Wind blies stark von Nordost und wurde gegen Abend kalt.
Dies 24. Gleich bei Rödbäck liegt eine große Wiese, ganz flach, wenn nicht von hunderten Scheunen *sylvosa*. Überall am Weg und bei dem Fluß, der bei Umeå ist, rinnen *aquae acidulatae, ochra plenae et tunica argentea tectae*. Von diesem Sediment, glaub ich, hat wohl auch Rödbäck seinen Namen her. Bei Rödbäck auch ein Sauerbrunnen, davon schon einige gestorben,

rinnt aus einem Hügel, vd. Rudbeck *pater, qui* 82 *pro* 28 *incolas adscribit.*

Umeå, das an diesem Flusse liegt, den man mit einer Fähre passiert und der Schiffe vom Meer hereinträgt, ist jetzt eine kleine Stadt; es hat sich aber noch nicht recht von den Schäden erholt, die es durch das Feuer der Russen erlitten, da es *totaliter* abgebrannt wurde.

[Marginalie: Fähre bei Umeå, *Charon canus, calvus, torosus etc.* i. e. der graue, alte Rock, *describitur ab* Rudbeck.]

Ich machte dem Landhauptmann Baron Grundel meine Aufwartung, er empfing mich aufs beste und ist das Muster eines wackren Mannes. Er zeigte und erzählte mir allerlei interessante Dinge.

In seinem Bauer hatte er einige *Loxias* oder *Conirosores*, die mit großer Perfektion *conos abietis* fraßen, nahmen sie mit dem Mund, hielten sie mit den Füßen, holten mit dem Kreuzschnabel die Körner heraus.

Draußen vor dem Fenster sah ich im Moor *Motacillam flavam et hirundines.* Er hatte auch *Hortulanas* oder Schneeammern besessen, die in Frankreich oft um einen Dukaten verkauft werden, in Schonen aber auch zu haben sind. Kampfläufer gabs viele in diesem Jahr.

Er zeigte mir Felle von Füchsen, bläuliche, schwarze, Kreuzfüchse, *sc.* gelbe, aber gegen den Rücken zu an Keulen und Lenden schwarz. Einen Vielfraß hatte er lebend dem Könige geschickt, eine Otter hatte er so zahm bekommen, daß sie beim Eishacken, als er sie wieder ins Wasser zurücklassen wollte, nicht wieder

hinein mochte, auch fraß sie keine lebenden Fische mehr.
In seinem Garten zeigte er mir Melde, Salat, Kohl, weißer, wird hier nicht leicht reif, Ritterkohl gedeiht gut hier, *Nasturt.*, *Barbarea*, *Cochlearia*, *Portulacca*, *Crespinus*, *Sambucus*, *Opulus*, *Syringa*, Gurken, Spinat, *Aquilegia*, *Cepa*, Pfeifenlauch, Schnittlauch, *Caryophylla barbat.*, *Grossularia*, *Ribes*.
Kartoffeln werden hier nicht größer als Mohnkapseln; Tabak läßt sich in sehr guten Jahren nur bis zum Samen ziehen; *Phaseolus pumila* wächst gut, aber *scandens* nie; *Faba* ebenfalls; *Pisum* gelangt nicht zur Reife, *Rosa, Malus, Pyrus, Prunus non crescunt, licet cultae sine summa difficultate. Radicula, Sinapi, Raphanus rusticus et hortulanus.* Erbsen schalenlos, *optime*.
Piteå: Pfeifenlauch, Schnittlauch, *Barbarea*, *Aquilegia*, *Ptarmica*, *Lychnis coron.*, *Cochlearia*, *Ribes*, *Grossularia*, *Crespinus*, *Rosa sylvestris*, *Levisticum*, schlecht *Cerasus*, *Prunus*.
Die Gerste fing nun an aufzuschießen, aber an einigen Stellen war nicht ausgesät.
Seltsam war, was mir der Landhauptmann über den Lehm in den Sandhügeln der Umgegend erzählte, nämlich daß er sich *luna crescente* ausdehne, *luna decrescente* aber sich zusammenzöge; wenn man also bei zunehmendem Monde grübe, bekäme man Lehm, bei abnehmendem jedoch Sand.
Chasmata (Nordlichter), sagte er, zeigten sich untertags und würden dann ebenso vor den Wolken zurückweichen, bald anschwellend, bald sich zusammenziehend.

Dies 25. Unten am Strand fand ich eine *Ephemera cauda biseta.*

Sobald ich ins Västerbottnische gekommen, sah ich, daß alle Leute eine Art Schnürstiefel an den Füßen hatten, *kängor* genannt. Ich dachte anfangs wahrhaftig, daß diese Schuhe schwerfällig wären, fand aber bald heraus, daß man mit ihnen leichter gehen konnte, als mit irgendwelchen andren; sie lassen auch kein Wasser durch, ja, nicht einmal, wenn es bis an die Schäfte hinaufginge. Außerdem stehen an ihnen nicht, wie an andren, die Nähte auf, deshalb sind keine Schnallen nötig: man gebraucht sie als Schuh und Stiefel zugleich, so daß sich der Pflüger keine Stiefel zu kaufen braucht, wenn er *kängor* besitzt. Der Preis für gewöhnliche Stiefel beträgt mindestens neun Taler oder fünf norwegische Taler, diese hier aber können um zwei Taler gekauft werden. Der dicke Boden von drei bis vier Lagen Leder ist nicht nötig; Absätze braucht man keine, denn die Natur, die noch keiner hat meistern können, hat ja ohnedies den Menschen keine Stiefelabsätze wachsen lassen. Deshalb sieht man, daß alle so leicht, so geschickt mit den *kängor* laufen, als wär's auf bloßen Füßen.

Auf den Äckern waren Hunderte von Seemöwen, himmelblau.

Dies 26. reiste ich bei regnerischem Wetter von Umeå fort, und dieses Wetter dauerte den ganzen Tag an. Ich wich von der Landstraße linker Hand ab, um nach der Lycksele Lappmark zu kommen. Ich mußte nun auf die Kommodität verzichten, so ich zuvor gehabt, nämlich bei den Poststationen Pferde zu beordern, welches hier in Schweden von nicht geringem Nutz und Gedeih für den fremden Reisenden ist. Von nun an mußte ich um jedes Pferd bitten und betteln. Die Straße wurde mir immer widriger, ich saß mit Lebensgefahr auf meinem Pferd, das bei jedem zweiten Schritt zwischen den Steinen strauchelte; ich verlor mich nun in so abgelegene Gegenden, daß mich nicht einmal der Teufel wiedergefunden hätte. Was Wunder, daß ich zu wünschen anfing, doch wenigstens einen Gefährten mit mir zu haben oder die Vergünstigung, mir auf einer normalen Landstraße vom Roß das Herz aus dem Leibe schütteln zu lassen. Die Leute hier sprachen eine andere Mundart und ließen alles auf *adjectivum* enden, das auch immer ihre Rede beschloß.

Heute sah ich nichts sonderlich Interessantes, es sei denn der Sand am Fluß bei Gubbele, liegt nahe bei Brattby, welcher ganz trefflich als Formsand dienen könnte.

Abends erreichte ich Järntböl, da saßen einige Frauenzimmer und zerschnitten Espenrinde in dünne Schnitzel. Die Espenrinde wird, wenn der Baum anfängt, sich zu belauben, abgeschält, bis zum Herbst unter Dach gebracht, um welche Zeit, oder auch im kommenden Frühjahr, man sie zerschneidet und Kühen, Ziegen und Schafen an Stelle von Heu als Futter gibt, denn Heu ist hier nur sehr schwer zu haben, ihre Wiesen sind zumeist nur Moore. Diese Nahrung wird trocken zum Fressen gegeben.

Ich verlangte ein Abendessen, und man setzte mir die Brust von einem Auerhahn vor, der voriges Jahr im

Herbst geschossen und gleich gebraten worden war. Das sah wahrhaftig nicht sonderlich schön aus, und ich dachte, es würde auch nicht viel besser schmecken, allein ich wurde eines andren belehrt, denn es schmeckte ganz delikat, und ich wunderte mich über den Unverstand so mancher, die, wenn sie mehr Geflügel bekommen als sie brauchen, es verderben lassen, wie in Stockholm so häufig geschieht, und verstand mit Vergnügen, wie *paupertas bona Dei concessa* besser verwerten lehrt als alles andre. Wenn die Brust gerupft und gereinigt ist, schneidet man sie an beiden Seiten der *carina sterni* bis zur *basis longitudinaliter* durch; sie wird zuerst ein paar Tage ein wenig gesalzen, dann streut man auf die untere Seite etwas Mehl, damit sie nicht haften bleibt, tut sie in den Ofen, worin sie gebacken wird. Nachher wird sie außer Haus langsam getrocknet und hält sich solcherart an die drei Jahre.

Es regnete so heftig, daß ich nicht weiter konnte und die Nacht über hier bleiben mußte. Auf dem Bett lagen einige Kissen, welche mit Renhaar statt mit Heu gefüllt waren; auf dem Laken lag ein Renfell mit den Haaren nach oben, auf welchem ich sehr sanft ruhen sollte.

Dies 27. wurde ich vom Morgen bis zum Mittag durch den Regen aufgehalten. Ich sah hier *Salices arboreae glabrae, cortices superiores glabras*, davon die unten am Stamm sitzenden rauhen nichts wert sind, *conscissas*, welche sie hier zum Gerben von Leder verwenden.

Um die Mittagszeit begab ich mich auf meinen Weg, von dem ich gestehe, daß ich an Schwierigkeit noch

nie seinesgleichen gekannt habe, denn alle Elemente waren wider mich. Der Weg war ein bloßer Steinhaufen, von Baumwurzeln durchflochten, dazwischen große Löcher voll Regenwassers, denn der Regen und der Bodenfrost, der nun aus der Erde wich, unterstützten einander. Wo ich mich hinbewegte, hingen mir nasse Zweige in die Augen. Wo kleine Birken standen, waren sie so niedergebeugt, daß man nur schwer vorwärts kam. Die langlebigen Kiefern waren, nachdem sie sich so viele Jahre über andere erhoben hatten, von Juno entwurzelt und lagen quer und kreuzweis über dem Weg. Die Bäche, die hier und dort rannen, waren recht tief und die wenigen darüberführenden Brücken so morsch, daß man mit Lebensgefahr auf dem stolpernden Roß saß. Viele hatten mich vorher zu überzeugen gesucht, daß es im Sommer unmöglich sei, nach Lycksele zu reisen, aber ich tröstete mich mit Salomo, daß nichts unter der Sonne unmöglich sei, mußte hier aber erfahren, daß mit die Geduld *si unquam* fehlte. Zu allem Überfluß saß ich noch auf einem Pferd, das keinen Sattel mit Decke trug, auch keine Zügel, sondern bloß einen Strick, der um die untere *maxilla* gebunden war, und solcherart reiste ich ins Gebirg.
Verstreut im Walde lagen Erhebungen, Heiden, wie etwa Rackheden etc., vollkommen flach, wie mit der Wasserwaage angelegt, aus Heidesand bestehend, darauf ganz *sparsim* Kiefern, auf dem Boden wuchs *sparsim Erica*, doch dazwischen *Muscus coralloides perforatus*, welches von den Bewohnern der Umgegend bei Regenwetter, weil es da zäh ist, hin und

wieder zu großen Haufen gerafft wird, die man im Winter als Viehfutter nach Hause bringt. Diese Heiden waren wie von Wällen umgeben, so steil, wie sie nur bei einer Höhe von fünfzehn à zwanzig Ellen sein können, man vermochte sie nur mit großer Mühe zu ersteigen, und sie glichen wohl dem Berg, auf den sich Alexander Magnus mit großer Mühe begab.

In den Niederungen dazwischen gab es Wasser, Gestein, Sumpf etc., bewachsen von Tannen und etwas Birke, alle wie von *Usnea alba et nigra* bedeckt.

Wacholder war hier äußerst selten, und wenn, dann flach am Boden kriechend.

Bei Skallbacken. Aus diesem Berg rann ein Bach, ich tauchte meinen Stock in das Wasser, ohne auf Grund zu stoßen.

Bei Åbacken lag Eis, wenn auch schon an den Rändern tauend, über welches ich eine gute Weile ritt und mich darüber wunderte; dann entsann ich mich aber des Schnees, den ich vor acht Tagen im Walde von Skul gesehen.

Weiße Kruste bedeckte hier und dort den Boden, *Byssus alba*, rauh, gleich einer spröden Haut, weiße Grieskörnchen darauf.

Überall lag das vorerwähnte *Muscus Lichenoides foliosum, caninum, sulphureum, copiosissime.*

Im Moor wuchs *Muscus tectorius* und *Polytrichum* überall mit *Vaccinia nigra.*

Ich bekam an keinem Ort ein andres Getränk als Wasser.

An den Wänden wuchs *Agaricus pedis equini facie*, wie ein Nadelkissen.

Für den Regen gebrauchen sie einen Kragen aus Birkenbast, um den Hals zu tragen, mit einer Nadel geschlossen.
Die Frauenzimmer wuschen den Boden mit dem rechten Fuß, den sie auf dürre Fichtenreiser stellten, fegten solcherart hin und zurück.
Missne, das *Trifolium aquaticum* war, bekam ich auch. Man mahlt es und mischt es in den Brotteig, kocht es mit Beeren zu Mus, ist jedoch herb; man gebraucht nur die Wurzel.
Ich wurde einmal in ein Lappenboot gesetzt, welches ich besser später beschreiben werde.
Die Bauern, wenn ihnen der Tabak ausgeht, rauchen Hopfenknospen oder Wacholderbeeren oder Wacholderrinde, anstelle von Schnupftabak aber Asche, die mit etwas Schnupftabak gemischt ist.
Die Frauenzimmer seihen die Milch durch *tofos planos* aus Kuhschwanzhaaren.
Nach Teksnäs kam ich gegen Abend, es gehört zum Kirchspiel Umeå und hat bis zur Kirche einen sieben Meilen langen, allerdings vortrefflichen Weg, weshalb sie freitags schon am Morgen zur Kirche fahren müssen, kommen dahin auch nie, außer an den Bettagen und selten zu Pfingsten, Weihnachten oder zu Ostern. Was würde schon eine kleine Kirche kosten? Hier liegt die Verantwortung vor Gott bei der Obrigkeit. Das Zimmerholz wurde noch zu des seligen Abraham Lindenii Zeit hergefahren, ist nun vermodert, die Geistlichen haben's zwar schwer, *quae non tanti!*
Dies 28. reiste ich von Teksnäs nach Granön. Weil

man jedoch von dort aus nach Lycksele mit dem Boot fährt und der Wind garstig blies, mußte ich einen ganzen Tag zuwarten; außerdem langte ich nicht vor neun Uhr an und wartete auf die Leute, die zum Gebet und Postillelesen versammelt waren, bis um elf Uhr, auch konnte ich mich nicht auf den Weg begeben, da ich gute fünf Meilen nach Lycksele hatte und auf dem ganzen Weg nicht ein einziger Hof, um auszuruhen.

Hier hatte ein Bauer einen kleinen Biber geschossen. Ich frug, was ein Biber fresse. Sie antworteten mir: Birkenrinde, Kiefernrinde, Ebereschenrinde, am liebsten aber Espenrinde, und da er letztere in Überfluß findet, wird die Bibergeil größer. Hierin wurde ich durch die von Assessor Rothmans seinerzeit geäußerte Meinung noch bestärkt, *sc. unde castoreum elaboraretur, sc. a cortice intermedio Populi*, welche den gleichen Geruch hat, wenn auch nicht so stark. Also pflegt auch *decoctum eiusdem corticis habere eundem effectum aucta dosi.*

Das Fleisch ißt man wie das vom Hasen und Eichhörnchen, zählt ja auch zur gleichen Art, ja, aßen die Römer in den alten Zeiten nicht Mäuse als eine große Delikatesse? *Vd.* Mundius. Das Biberfleisch wird selten gebraten, sondern meist gekocht, der Schwanz wird fortgeworfen, die Füße gegessen, das Fell abgezogen und ausgespannt. Kostet zwölf Taler. Bibergeil kostet einen halben Taler die Mark. Man gab mir davon ein gekochtes Stück, ich fand aber keinen Geschmack daran, da es vollkommen ungesalzen war.

Der Biber ist imstande, mit seinen Zähnen die größte

Espe zu fällen, ich weiß kein andres Tier, das das vermöchte; *adeoque reliquis morsu praevalet.*

Dies 29. reiste ich ganz früh am Morgen von Granön in einem *håp* fort, *id est navicula, de qua infra*, im Umeå-Westfluß, denn der Umeå-Fluß wird *composita ex geminis* bei Gresile, zwei Meilen von Umeå. Der eine *ramus* kommt von Lycksele her, der andre von Sorsele. *NB ut dicebant.* Auf diesem westlichen fuhren wir nach Lycksele.

Bei Sonnenaufgang war es eine reine Freude, in den stillen Fluß zu schauen, den weder schwimmende *naiades* noch Aeolus mit seinem schäumenden Geschnaub beunruhigten. Zu beiden Seiten des Flusses lagen große Heideflächen, steil abfallend, mit Buschwerk geziert, die uns im Wasser ein Land zeigten, das steil war, sich aber vor uns in die Tiefe hinabneigte wie ein unterirdisches Land. Die hohen Kiefern, so noch Neptunus getrotzt, lagen mit einem trügerischen Schatten im Wasser, doch hatte jener mit seinem Bruder Aeolus manche bezwungen. Neptun hatte die Wurzeln abgefressen, Aeolus die Wipfel abgebrochen.

Am Ufer liefen allerhand *Charadrii* und *Hiaticulae*, auch *Tringae*, wovon man eine durch eine Kugel zu erlegen trachtete, hatte aber nicht mehr Glück, als daß man einen Fuß und einen Flügel bekam, das übrige wurde so zerschossen und zerrissen, daß ich *ne speciem nosse possem.*

Ein kleines Stück weiter flußaufwärts sah ich zwei aufgehängte Eulenjunge und fragte nach der Ursache. Die Bauern zeigten mir in den höchsten Kie-

fernwipfeln aufgehängte geschlossene Holzzylinder, deren obere Seite in der Mitte ein Loch hatte, damit die Enten ihre Eier hineinlegen, die Bauern sie aber bekommen sollten. Hier hatten sie statt Entenjunge (sc. Enteneier) Eulenjunge (sc. Euleneier) bekommen.
Zum Essen wurde mir eine Auerhahnbrust vorgesetzt, *sine laminis intermediis ut in antecedenti*, im Frühjahr geschossen und an der Sonne getrocknet, nicht gebraten, welche ich als Pökelfleisch essen sollte.
Ein Stück weiter sahen wir sieben à acht weiße Schwäne, die schreiend und sich beißend im Wasser schwammen. Kraniche gibt es hier auch, der Ruderer hatte einen geschossen und ihn mit Federn und Fleisch hier an die Wand genagelt. *Quae stultitia!*
Die ganze Fahrt über hatte der Ruderer oder Bauer seine Netze ausgelegt, fing auch genug Hechte, besaß an die dreißig Stück kleine Netze. Den Hauptteil seiner Steuergelder deckt er durch Fischfang. Hier wird das Liespfund gedörrten Hechts um einen Taler fünf Öre in Silber verkauft.
Mit einem Netz fing er einen Sägetaucher, ein Männchen.

Dieser Fluß, welchem wir bald drei Meilen gefolgt waren und der ganz gut schiffbar gewesen, drohte uns hier und dort mit kleinen Stromschnellen. Endlich kamen wir an drei Stromschnellen, jede von der andern ein wenig abgelegen, welche zu besegeln unmöglich war. Der Bauer gibt mir meine Sachen, hängt seinen Proviantsack auf den Rücken und wendet das Boot um, indem er beide Ruder über die Ruderbank legt, so daß jeweils eines auf einem Arm zu liegen kommt, und läuft so mit ihm [dem Boot] über Berg und Tal, daß der Teufel ihm kaum würde folgen können. Die eine dieser Stromschnellen heißt Tukenfors.

Am Lande lag hie und da Eis, doch selten.
Der Wald stand herrlich im schönen Birkenlaub, das hier üppiger ausgeschlagen hatte, als ich vordem ge-

sehen, was von dem Regen gekommen ist, der am Samstag fiel, und dem herrlichen Sonnenschein gestern und heute.

Die Ufer bestanden aus Sand oder Kieselsteinen, und der Kiesel, ganz schwarz vom Wasser, war spatig.

Eine Viertelmeile bevor man an die Kirche kam, stieß man auf den vierten Wasserfall – dieser heftiger als irgendeiner zuvor –, der über einen Felsen herabstürzte. Am Ufer hatte der Pastor ... eine Mühle in diesen Felsen hineingesetzt, so weder Damm noch Rinne bedürfend, denn diese stellte die Natur recht artig zur Verfügung. Der Fels bestand aus gemischtem Spat. Er war an einer Stelle recht hoch, mit einem senkrechten Steilhang zum Wasser, wie die Wand eines ziemlich hohen Schlosses.

Wenn man an den Fall kam, zeigten sich in der eigentlichen Strömung einige Inseln, ziemlich große.

Dies 30.

Traf abends acht Uhr beim Pastor in Lycksele, Ola Gran, ein, welcher mit seiner Gemahlin mich freundlich aufnahm und sehr um mein Wohl bemüht war, mich auch zu überreden versuchte, bis zum nächsten Bettag bei ihm zu bleiben, da die Lappen zu unzuverlässig seien, als daß man sich ihnen anvertrauen könnte; sie greifen oft zur Büchse, wenn jemand ohne ihr vorheriges Wissen zu ihnen kommt; aber bis zum Morgen änderte er seinen Sinn, die Ankunft des Frühjahrshochwassers [für mich] fürchtend, vielleicht auch die Kosten.

Nomina plantarum:

Botska. Wird gegessen, *alias Rasi*. Engelwurz

Fatno. *Angelica*. *Caulis*. Engelwurz (Stengel und Blätter)

Jerja. *Sonchus purpur*. Gänsedistel

Jert. Ölsenich, wird als Ingwer gebraucht

Achianbotsk id est Podagraria. Geißfuß

Juemo. Sauerampfer

Zirre. *Vaccinia nigra*, *Zerre Lul*. Heidelbeere

Jokno. Preiselbeere

Latoch. Moltebeere

Garanas murie. Bärentraube, *id est* Rabenbeere

Krek und *Gsuema*. *Empetr*., Krähenbeere

Hótme. Rausch- oder Trunkelbeere, Moorbeere

Viste. Rentierflechte

Skerre s. Scirra Lul., *Betula nana*, *Ryprijs Lulens*., Zwergbirke

Leipe. *Alnus*, *ardem Lul*., Erle

Supp. Espe

Serg. *Salix*. Weide

Kgaskas, *Juniperus*. Wacholder

Gúesa. Tanne

Betze. Kiefer, *Beetze*

Såke. *Betula*. Birke

Raune. Vogelbeerbaum oder Eberesche

Augch. Ahlbaum oder Faulbaum

Gipper murie. Himbeere, *Gipper est* Lappenmütze

Tagnas. Erica

Svala ninochem. Maiglöckchen

Acker murie. *Rubus fragar*., arktische Brombeere

Abberich. *Lysimach: maxim*. Weiderich

Geechen nivå. *Linagrostis*. Wollgras

Rypster derphe. *Muscus albus palustris; id est* Rotmoos, *id est* Kindsmoos

Mama terphe. Torfmoos

Förbön. *Tormentilla*. Blutwurz

Autgia. Ahlbaum oder Faulbaum

Kapmock svini. Schuhgras

Acharas. Aconitum. Eisenhut, Sturmhut

Taivimurie. Labruksa, Togbär. Wildrebe

Betneka murie id est Christophoriana. Hundsbeere, Christophskraut

Nomina animalium:

Hurre. Birkhuhn

Bieng. Hund. *Betnaka Lul.*

Beer. Bär

Seeipnok. Wolf

Råtthim. Luchs

Gietsk. Lachkatze i. e. Hermelin

Boëts. Ren. *Boetsói*

Hwadneem. Biber

Kgiefres. Otter

Pork. Sus

Wanza. Huhn

Prodgo. Haselhuhn

Giukshe. Auerhuhn, *Giutche Lul.*

Suotto. Birkhenne

Geek. Kuckuck

Reksh. Moorschneehuhn. *Rensach Lul.*

Cheruna. Schneehuhn, zarter und kleiner

Dywik. Tavick Lul. Seetaucher mit Kragen

Voimi Gurte.

Gieecksch. Seeadler

Marg. Mergus

Hapak. Habicht

Artz. Adler. *Koskim. Lul.* der größte

Gwerk. Kranich

Ningshe. Schwan

Gas. Gans

Elster *non habent*

Garanas. Rabe

Hwertsh. Krähe

Schipich. Hiaticula. Skillet Lul.

Svalfo. Schwalbe

Giorge. Schellente

Golse. Gänsesäger

Gnartel. Vriand [eine Entenart]

Gutsch. Stockente

Koppil. Rya [?]

Hauch. Hecht. *Zapiae Fin.*

Sittik, Voschon. Barsch

Giouvhsch. Renke

Seeg. Plötze

h'Abblå, Hubbla. Thumbla

Raudo. Saibling

Daatmok. Kleiner Lachs. *Laxukel*

Lues. Großer Lachs
Stabben. Frauenfisch
Seauna. *Id*.
Ketke. Vielfraß
Genfris. Otter
Snirra. Maus
Neida. *Streta* [?]

Am Ufer bei Lycksele gab es unzählige kleine Fische. Der Fluß teilt sich in Stillwasser-Abschnitte, *id est spatia navigabilia inter* den Stromschnellen oder *angustias;* ich fange also bei Granön an, messe die Entfernung durchgehend in Viertelmeilen.

4 Hemsele
4 Ängsele
3 Trångsele
Flottafors
Snarefors
½ Tuckensele
Tuckenforsen
2 Lilla Tansele
Kroken
Vargstrupen
4 Stora Tansele
Tallforsen
2 Lycksele
½ Beselefors
1 ½ Besele
Övre Beselefors
Fläsksele
Fläskhällafors
Bolforsen
Granseleforsen
4 Gransele
2 Reseleforsen
2 Rusele
Pausele.

Auf dem Pfarrhof ist die Weide recht mager, aber eine Viertelmeile von dort außerordentlich *et quod notabile*, daß die Butter dort mehr als anderswo gelb wird, ja fast rötlich oder *croceum*. Ich fragte die Bewohner, welche Pflanze dort am häufigsten wächst. Sie beschrieben sie und sagten, sie hieße *kovall* (Wachtelweizen). Nach ihrer Beschreibung fertigte ich eine Zeichnung von *Melampyrum* an,

welcher, wie sie sagten, der gleiche sei, der dort außerordentlich im Walde wächst.
Im Walde waren acht Schüler.
Ich bekam dort eine Lappen-Schnupftabaksdose, rund gedrechselt aus Renhorn.
Die Kirche war höchst miserabel, aus Holz, so daß man, wenn es regnet, ganz naß wird; wie eine Scheune, mit Bänken, die so niedrig waren, daß man krumm werden mußte.
Hier war ein Weib, das jämmerlich von Fröschen geplagt wurde, die sie mit dem Wasser getrunken hatte, als sie im vergangenen Frühjahr noch Laich waren; sie spürte, daß es drei waren; sie hörte sie quaken, und andere, die neben ihr saßen; sie linderte ihre Qual etwas mit Branntwein, von Salz starben sie nicht. Eine ebensolche hatte vor einigen Jahren das gleiche Leiden gehabt und hatte auf gut Glück drei *nuces vomicas* eingenommen, wurde wohlauf, aber diese wagt es nicht. Ich riet hier zu Teer, den sie schon früher genommen hatte, aber sofort erbricht.

Dies 31 reiste ich nach beendetem Gottesdienst von Lycksele ab, mit Sorsele als Ziel.
Der Besitz der Lappen besteht *in multitudine Rangiferorum*, indem einer eine große Renmacht hat, *ut vocant*. Die ärmsten haben 50 à 100, vermögende 300 à 700, reiche 1000.
Landbesitzungen sind *in diametro* drei à fünf Meilen.
Wild-Rene trifft man selten in der Lappmark, hauptsächlich einige auf der Allmende zwischen Granön und Lycksele. Oft geschieht es, daß die, die ziemlich

viel Rene haben, einige verlieren, selbige oft im Jahre darauf wiederfinden; sie treiben sie zur Herde zurück; wollen sie jedoch nicht folgen, werden sie abgeschossen.

Lappland ist an vielen Stellen von Neusiedlern bewohnt, *id est Finnones*, die sich hier *jussu et permissu regis* niederlassen, Acker und Weide kultivieren, eine gewisse Steuer an die Krone zahlen, dann frei sind von allen anderen Abgaben, wie die Lappen; brauchen weder für Soldat noch Bootsmann aufzukommen; ist auch jedweder zufrieden, ob Krieg oder Frieden ist, denn sie haben nicht die geringsten Auflagen.

Es bleibt ihnen überlassen, wo in der Lappmark sie sich niederlassen und das Land kultivieren wollen, so daß kein Zweifel ist, daß der größte Teil der Lappmark mit der Zeit Bauernland wird.

Zur Kirche kommen die Lappen und Neusiedler zu Weihnachten, Ostern, Pfingsten sowie an den vier Bettagen. Wenn sie kommen, bleiben sie die ganzen Feiertage über, weshalb sie auch neben der Kirche ihre Lappenhütten haben. Aber die Neusiedler kommen außerdem zu Mittsommer, Michaeli, Matthei und zu Mariä Verkündigung. Die am nächsten wohnen, kommen einen über den anderen Sonntag, wo gepredigt wird, aber an den Sonntagen dazwischen wird nur ein Gebet für das Hausgesinde abgehalten.

Jetzt zu Pfingsten war kein Lappe bei der Kirche, weil der Hecht gerade seine Hauptlaichzeit hatte, was ihre Ernte ist. Nun waren sie meist oben in den Bergen oder jeder auf seinem Land.

Die Wälder bestanden meist aus Kiefer und Birke, wo der Kiefernwald fortgebrannt war, wuchs Birke neu empor, und wo sie wuchs, entstand günstigere Wiese.

Bei Granselefors, gleich unterhalb am Ufer zur Linken, gab es einen braunen Sand, der oben auf dem Uferrand lag, davor klafterbreit *arena alba*, danach zwei Klafter breit *purpurea*, dann kleine Kiesel, darauf größere Kiesel, schließlich das Wasser oder der Fluß.

Aves: Colymbus minimus. Schwarz mit weißen Flecken unter den Flügeln. Verschiedene Enten, von denen es große Mengen auf dieser wie auf jener Seite von Lycksele gab. Ein großes Vergnügen war es, das stille Wasser zu sehen und zu beiden Seiten Birkenwald, gemischt mit Kiefern, auf Hügeln und in Tälern. In Granselefors waren dreizehn kleine Inseln.

Ich sah zu beiden Seiten des Flusses Lappenhütten, worin der Lappe im Sommer gewohnt hatte; wenn er an einem Platze höchstens acht Tage gewesen, wechselt er um der Renweide willen seinen Standort, auch hält er selber es nicht länger an ein und demselben Platze aus. Er treibt die ganze Herde mit Kälbern und allem in den Fluß, hinüberzuschwimmen, denn die Rene schwimmen gut, obwohl der Fluß jetzt acht Büchsenschüsse breit war.

Die Rotdrossel sang am Abend, und auf der Nordseite des Waldes lagen große Eisschollen am Ufer.

Aus Birkenrinde machen die Lappen Teller, Schöpfgefäße für die Boote, Schuhe, Salzfässer, um darin Fisch einzusalzen, Körbe.

Am Strande wuchs *Equisetum nudum s. aphyllum*, an

der Wurzel kommt meistens *utrinque* ein *stolo. Tunicae pyxidantes* sind weiß, *margine superiore et inferiore nigra.* Außerdem ist *tota planta perennis, quod notabile.*

In den Sümpfen oder im Moos oder Moor war festzustellen, daß meist alle Grasbuckel aus *Juncello aquatico* bestanden, der jetzt gerade seine kleinen Blüten trug.

Die Lappen trinken gern Branntwein, *quod notabile est in omnibus piscatoribus. Nescio quid venando et piscando Laponibus anteferendum sit.*

Dies 1. Juni. Nachdem wir die ganze Nacht hindurch unter großen Mühen gesegelt waren (wenn ich so sagen darf, denn das Licht verminderte sich nicht, allein die Sonne war etwa anderthalb Stunden fort, und es war ziemlich kalt) – denn der Neusiedler muß in der Strömung waten und eine halbe Meile ohne Unterbrechung das Boot hinter sich herziehen, wozu er sich Birkenrindenschuhe gemacht hat –, stiegen wir am Morgen an Land, um einen Führer, *missionarius s. lapo*, zu bekommen, der mich weiterbringen sollte. Wir fanden bald eine Hütte – leer, von dort eilten wir eine Viertelmeile zu einer zweiten, die ebenfalls leer war, schließlich eine halbe Viertelmeile zur dritten, ebenfalls *vacua*; darauf schicke ich den Mann zur vierten, den Führer dort aufzustöbern, falls er dort war.

Der Boden war durch Sand sehr unfruchtbar, ohne Steine, die man nur am Ufer sah, Fichten wachsen vereinzelt, aber hoch, zum Sternengewölbe emporblickend. Ich sah hier ziemlich große Gebiete mit dem schönsten Bauholz, das ich je gesehen. Heidekraut, Preiselbeere und *Muscus rhenonum* wuchsen auf dem Boden. An etwas tiefer gelegenen Stellen wachsen kleinere Kiefern und vor allem Birke, auf der Erde Preiselbeere, Heidelbeere. *Polytrichum* und *Muscus tectorius*. An den trockeneren Stellen, wo die großen Kiefern wuchsen, lagen die schönsten Baumstämme kreuz und quer im Wege, auf den Seiten etc., welche der Sturm umgeworfen hatte, so daß man kaum vorwärts kommen konnte. Dieses Land kam mir vor wie das *domicilium* Pans.

Bei ihren Wohnplätzen sind die Lappen stets darauf bedacht, daß sie frisches Wasser aus guten, kalten Springquellen zur Verfügung haben.

Man liegt auf beiden Seiten des Feuers, die Leute liegen ganz nackend, nur mit einem Renfell bedeckt. Es schämen sich auch nicht Mann noch Frau, nackend aufzustehen und sich anzukleiden.

Wenn sie im Sommer kein frisches Wasser haben, sondern genötigt sind, warmes Seewasser zu trinken, bekommen sie ordentliches Bauchschneiden; der Magen und die *hypochondria* ziehen sich zusammen, die *pubes* werden geplagt, und *urina* ist oft *sanguinolenta, quae est colicae species et per unam, raro duas dies durat; item* wenn sie auf nüchternen Magen trinken, was *hote* genannt wird.

Bei ihren Zelten liegen überall Rengeweihe herum, aber *quod notabile* von Eichhörnchen benagt und halb aufgefressen.

Die Geweihe waren jetzt bei den Renen gerade ausgewachsen, zwei à drei Viertelellen lang, pelzig und unter der Haut weich, hie und da saßen kleine Blutstropfen auf ihnen, was von Mückenstichen herrührte. Krebse und Flöhe gibt es nicht in der Lappmark.

Wir kamen am Abend zu einer Insel, auf der Fischer waren, Bauern aus Granön, acht Meilen von hier. Die hatten sich hier ein Haus gebaut, vollkommen einer Dampfbadestube gleich, außer daß kein Ofen darin war, der Rauch ging zur Tür hinaus; sie liegen auf Holzrosten. Den Fisch hatten sie zum Trocknen aufgehängt, etwa sechzehn Pfd. und vorwiegend Hechte, einige Saiblinge. Die Därme und das Fett legen sie zum Säuern gereinigt auf einen Haufen und gewinnen daraus ein Fett oder Schmalz zum Einschmieren der Schuhe.

Die Schuppen sammeln sie, trocknen sie mit den größeren Flossen, daraus kochen sie dann ein Leimwasser, in das sie ihre Netze tauchen, wenn sie sie in Birkenrinde gefärbt haben, damit die Farbe länger halten soll.

Der Rogen wird getrocknet zur Zubereitung von Brot und Klößen sowie Suppe. Die Leber werfen sie fort, denn sie sagen, sie mache *somnolentiam et cephalalgiam.*

Sie hatten hier sechs Wochen gelegen und wollten sich noch weitere vierzehn Tage hier aufhalten, solange der Hecht laicht. Sie essen meist nur Fisch, sc. Rogen und andere Innereien.

Hierfür zahlen sie an die Krone keine Steuern, auch nicht an den Lappen, dem das Gewässer gehört, welchen sie davontreiben, obwohl er seine Steuern zahlt. Er wagt noch nicht einmal das kleinste Netz dort

auszulegen, denn dann ziehen sie es heraus und werfen es in die Bäume, *ut saepius fecisse retulerunt.*
Der arme Lappe, der zu dieser Zeit selbst ausschließlich von Fisch leben und seinen Haushalt unterhalten muß, hat jetzt kaum ein oder zwei Fische. Ich fragte, weshalb er nicht klage, aber er sagte, er habe sich einmal bei der Obrigkeit erkundigt, die aber habe das eine Lappalie genannt. Er achtet also *dicta illorum quasi ex tripode Apollinis dicta essent, nec fallere possent.* Er ehrt seinen König wie Gott, glaubt jedoch, daß der König, falls er wüßte, was geschehe, es nicht dulden würde.
2. Juni. Der Wald stand voll großer Kiefern, ganz nutzlos, denn niemand macht Häuser aus ihm, und keiner ißt ihn. Ich glaube, er könnte von Nutzen sein, wenn man Pech und Teer aus ihm brennte.
Die Lappen lieben die Ansiedler, die sich bei ihnen niederlassen, sie zeigen ihnen gern, wo man Heu sammeln kann, das sie selbst nicht benötigen – denn das Ren frißt am liebsten an trockenen Plätzen –, weil sie glauben, von ihnen Mehl und Milch bekommen zu können.
Ovidii descriptio aetatis argenteae hat bei den Lappen immer noch seine Gültigkeit. *Terra non sauciatur sulcis, nec strident ferrea arma, nec itur ad viscera terrae, nec limitum discordia, de se praebet omnia tellus.* Sie ziehen umher, hausen in Hütten, sind Hirten *more patriarchorum.*
Maris coquendi officium est, weshalb er der Hausfrau nicht erst gute Worte zu geben braucht, wenn er seinen Gast bewirten will.

Auf dem Kopfe tragen sie eine kleine Mütze aus Tuch wie in Stenbrohult, welche sie in acht Teilen mit braunen Stofflitzen versteifen. *Color pilei cinereus* l. *coeruleus etc.*, geht nur bis zum Ohrläppchen.

Tunica eorum exterior ist vorn offen bis zum *medium epichondri*, wird jedoch mit Haken bis zum *cartilag. ensiformem* zusammengehalten, dadurch ist die Brust nackt, sieht aus wie Krötenhaut, braun von der Sonne und vom Rauch. Der Wollkittel reicht über die Knie, wird aber mit einem Gürtel hochgebunden, so daß er kaum bis an die Knie reicht. (*Statura eorum* ist stets kleiner als die anderer.) Der Kragen ringsherum ist vier Finger breit, dick, mit Draht bestickt.

Die Frauen nähen, machen ihre Fäden aus Sehnen, die man von den Knochen der Rene nimmt, welche [die Sehnen] sie in einzelne Fasern reißen, mit dem Munde anfeuchten und zusammendrehen; so auch Tannenwurzeln.

Am Ufer findet sich bald Kies, bald Kieselsteine, bald Sand, *lapides* im Walde *rarissimi.*

Der Umeå-Fluß begann jetzt heftig dahinzuströmen, denn jetzt ist es einige Tage sehr warm gewesen, so daß Eis und Schnee schmelzen, hierdurch steigt das Wasser im Flusse, so daß man nur mit Mühe segeln kann. Sonst kommt das stärkste Hochwasser um die Mittsommerzeit.

Der Umeå-Fluß, sagen die Lappen, entspringt in den Bergen, eine Meile vom norwegischen Meere, geht in den Umeå-See, fließt dann hier unten vorbei.

Oberhalb von hier gibt es keine Neusiedler.

Wir gingen an Land, um etwas bei einer Hütte auszuruhen. Hier hatte vor einem Jahr der Vater seine Tochter erschlagen, auf daß der Eidam nicht sollte erben können.

Heute blies es sehr kalt von Norden.

In einem Baum bei einer Hütte hingen über zwölf Geweihpaare von Braunrenen.

An Krankheiten haben die Lappen *ullem* oder *dolor colicus, de quo antea*, wogegen sie Ruß, Tabak, pulverisiert, Salz und andere wieder anderes verwenden. Er greift sie oft so sehr an, daß sie kriechen.

Alii Asthma, Epilepsia. Prolapsus uvulae an einer Frau, wovon der Mann ein Stück wegschnitt, *sed recrudescebat post annum. Prolapsus uteri.*

Alii multi Stiche oder Rheumatismus im Rücken gegen die Hüften zu, welcher oft die oberen Partien verläßt und hinab in die Beinknochen geht und bleibt dort sommers und winters . . .

Wir mußten schließlich den rechten Arm des Umeå-Flusses verlassen und uns in einen anderen begeben, der Jukta genannt wurde und rechter Hand abging, vier Meilen etwa von Lycksele-kyrka. Genau kann man die Entfernungen nicht bestimmen, nicht einmal die Lappen wissen Genaues darüber.

Die Lappen schießen heutzutage nicht mehr mit dem Bogen, sondern mit Blei in gezogener Büchse, nicht mit Schrot.

Ich sah, daß die Preiselbeerbüsche hier oben größer waren als weiter unten im Lande, *Juniperus contrario* kleiner, welcher hier meist in Mooren wächst *et aquosis. Empetri baccae* sind *magnitudine pares cum* Heidelbeeren.

Neben den Hütten hingen getrockneter Fisch, Käse, Kleider, Gefäße, Töpfe etc. unter einem Dach, aber ohne Wände, also unverschlossen.
Strümpfe werden nicht verwendet, vielmehr gehen die Hosen bis zu den Füßen, *sensim angustatae* an den Beinen, welche [die Hosen] sie um die Schnürstiefel legen und mit einem Band umbinden. Die Hosen sind aus grobem Wollstoff.
Schließlich kam eine lange Stromschnelle, so daß wir das Boot verlassen und den Lappen via Land suchen mußten, eine Meile weit. Wir gingen da *per montes et fontes, per calles et valles*; auf den Hügeln lag Heidekraut und *Empetrum*, welches die Füße verstrickte, dazu kreuz und quer entwurzelte Bäume, daß man darüber klettern mußte; in den Sümpfen war das Torfmoos lästig, das den Fuß täuschte, und *Betula nana*, die die Füße umfing.
Einige Kiefern hatten auf den obersten Wipfeln Hexenbesen.
Schließlich kamen wir an eine Bucht, die vom Fluß her hereinging. Darüber mußten wir hinwegwaten, bis zum Nabel im kalten Wasser. Als wir in die Mitte kamen, war dort eine Rinne, so tief, daß die tiefste Stange kaum den Boden erreichte. Hier mußten wir eine Stange hinüberlegen und unter dem Wasser darauf gehen mit der größten Lebensgefahr, mir dünkte, daß ich da eine gefährliche Sache bestünde.
Auf einem Berge gleich daneben gab es Schieferstein, aber sehr lose, grau und brüchig.
Gleich darauf begannen Moore, die meist unter Wasser standen, diese mußten wir eine ganze Meile

lang begehen, zu denken mit welcher Mühe. Bei jedem Schritt ging das Wasser bis ans Knie, trafen wir nicht auf Grasbüschel, gings noch höher. Mancherorts hatte die Tiefe keinen Grund, so daß wir die ganze Strecke zurückgehen mußten. Unsere Stiefel waren voll kalten Wassers, denn an vielen Stellen war der Grund noch gefroren. Hätte ich dieses ertragen müssen wegen eines *delictum capitale*, wäre diese Strafe grausam gewesen, allein was soll ich nun sagen? Ich wünschte diese Reise niemals auf mich genommen zu haben. Und damit alle Elemente gegen uns wären, regnete und stürmte es noch dazu. Ich wunderte mich selbst, daß ich mit dem Leben hinübergekommen war, jedoch *maxime delassatus*. Nachdem wir den neuen Lappen überall vergebens gesucht hatten, setzten wir uns nieder, es war sechs Uhr morgens, wrangen unsere nassen Kleider aus und trockneten unseren Körper, wenn auch der kalte Nordwind uns so viel an der einen Seite schadete, wie das Feuer auf der anderen brannte, und die Mücken uns *ad latera* stachen. Jetzt war ich *itinere satiatus*. Das ganze Land dieses Lappen war meist Moor, *hinc vocavi Styx*. Niemals kann der Pfarrer die Hölle so beschreiben, daß dies hier nicht noch schlimmer wäre. Niemals haben die Poeten den Styx so häßlich ausmalen können, daß dies hier nicht häßlicher wäre. *Stygium penetravi*. Wir gingen in die Wildnis, ohne zu wissen wohin. Der nächste Nachbar, der seit zwanzig Jahren nicht hier gewesen war, ging fort, nach ihm [dem Lappen dieses Gebietes] zu suchen, während ich mich am Feuer ausruhte. Nichts wünschte ich jetzt mehr, als den Fluß hinab wieder zurückreisen zu dürfen, aber ich fürchtete mich davor, den Weg zum Boot noch einmal zu gehen, denn ich wußte, mein Körper war nicht Eisen noch Stahl. Ich wünschte acht Meilen von zehn trockenen Fußes zurück zum Boot gehen zu können, allein es ergab sich keine Gelegenheit. Die Lappen, die dazu geboren sind, sich abzuschinden, wie die Vögel, zu fliegen, jammerten, nie so übel daran gewesen zu sein, sie dauerten mich. Ein Moor (das Lycksmoor, weil aus ihm ein Bach nach Lycksele fließt, *cur non* Unglücksmoor?) war voll von Ocker, und das Wasser trug eine *tunica*, denn es soll hier Sumpferz zur Eisengewinnung geben.

3. Juni. Wir warteten lange in den Tag hinein, bis gegen zwei Uhr nachmittags, auf den ausgeschickten Lappen, der endlich kam, vollkommen erschöpft, und so viele Rastplätze vergeblich durchsucht hatte. Mit ihm kam ein Geschöpf, ich wußte nicht, ob es ein Mann oder eine Frau war. Ich glaube, kein Dichter hat je eine Furie so trefflich geschildert, daß diese hier sie nicht noch besser repräsentierte, man mußte ohne weiteres annehmen, sie sei vom Styx gekommen. Sie erschien ziemlich klein, das Gesicht war schwarzbraun vom Rauch, die Augen braun, leuchtend, die Augenbrauen schwarz, das Haar pechschwarz und rings um den Kopf herabhängend, darauf saß eine rote, flache Mütze, der Kittel war grau, und an der Brust, die wie Krötenhaut aussah, hingen lange, schlenkernde, braune Zitzen, und ringsherum die Messingösen [sc. des Kittels]. Um die Taille

hatte sie einen Gürtel, an den Füßen Schnürstiefel. Ich erschrak bei ihrem ersten Anblick.

Ebendiese Furie spricht mich jedoch mit Zartheit und Mitgefühl an: »O du armer Mensch, welche Umstände eines schweren Schicksals haben dich hierhergetrieben, wohin niemand zuvor sich gewagt hat, bisher habe ich noch nie einen Fremden hier gesehen. Du armer Mensch, wie bist du hierhergekommen, oder was willst du? Siehst du nicht, wie wir hausen, siehst du nicht, mit welcher Mühsal wir zur Kirche kommen müssen?«
Ich fragte sie nach einem Weg, irgendwohin, vorwärts oder zurück, nur nicht den ich hergekommen. »Nein, Mann, du mußt denselben Weg zurück, den du gekommen, es gibt keinen anderen Weg. Du entkommst ihm nicht. Auch ist es dir nicht möglich

weiterzugehen, der Fluß hat eine gar zu starke Strömung; von uns kannst du keine Hilfe für deine Reise erwarten, denn mein Mann, der dich aufnehmen sollte, ist krank. Es sei denn, du erreichst den nächsten Nachbarn, das ist eine Meile von hier, vielleicht, wenn du ihn dort findest, hilft er dir, aber ich glaube, es ist vollkommen vergebens.«
Ich fragte, wie weit es bis Sorsele sei. »Das wissen wir nicht«, antwortete sie, »doch in weniger als sieben Tagen kommst du nicht dorthin bei diesen Wegverhältnissen, hat mein Mann gesagt.«
Ich, der ich mich schon krank fühlte von so großen Strapazen, durch viele und lange Umwege um Wasserfälle und Stromschnellen, durch das Tragen meiner Sachen, denn der Lappe trug das Boot, durch die durchwachten Nächte, dadurch, daß ich zu keiner Zeit gekochtes Essen bekommen hatte, durch vieles Wassertrinken; denn anderes als Fisch (oft voller Maden und ungesalzen) und Wasser gabs nicht zur Nahrung. Ich wäre zugrunde gegangen, hätte nicht die Pfarrfrau mir ein Stück gepökeltes Renfleisch mitgegeben, das jedoch für meinen Magen ohne Brot sehr böse war und unverdaut fortging. Ich wünschte mir da, noch einmal Leute zu treffen, um Suppe essen zu können; und wagte doch nicht, wie der Lachs flußauf zu springen bis zu meinem totalen Ruin. Ich fragte, ob sie etwas zu essen habe für mich? »Nein, außer, du willst Fisch haben.« Ich betrachtete den frischen Fisch; er hatte das Maul voller Maden, was mich schon vom bloßen Hinsehen satt machte, mich aber nicht stärkte. Ich fragte

nach Renzunge, die sie zu trocknen und zu verkaufen pflegen und die wegen ihres angenehmen Fettes auch von den Vornehmen geschätzt wird. »Nein«, war die Antwort. Und Renkäse? »Nicht auf eine Meile im Umkreis.« Wenn ich welchen fände, könnte ich ihn kaufen? »Ich will nicht«, antwortete sie, »daß du in meinem Lande Hungers sterben sollst.« Da ich an ihrer Hütte vorbeiging, lagen dort drei Käse unter einem Dach ohne Wände, ich nahm den kleinsten, in der Absicht, ihn nicht ohne Erlaubnis zu behalten, ihn andernfalls zurückzugeben. Ich kaufte ihn dann von ihr.

Ein Hemd hatte sie wie die anderen Lappen: keines.

Der Kragen war hoch, zwei Fingerbreit, mit Zinndraht bestickt, Messingösen saßen um den unteren Teil, dies lag direkt auf dem Körper, darüber zwei gleichartige graue Wollkittel, sie reichten bis an die Knie, wie bei den Männern.

Ich mußte schließlich *nolens* den gleichen Weg zurück, wohin ich nie mehr zu kommen wünschte, ich wagte nicht mehr, *Acheronta* zu nahen, denn es war schlimmer geworden.

Auf dem Rückweg sah ich, daß die Basis der vielen Grashöcker, die immer in Mooren sind, der kleine *Juncellus* ist, *radice implicata, de quo antea*, dessen Wurzeln jährlich höher und höher über die Erde wachsen, *quod notabile*. Er ist auch die Basis der bekannten *insulae natantes*.

Ich hörte einige Schneehühner lachen, ich ging nahe an sie heran, ich sah, daß die Hälse braun waren, der

Körper weiß, drei bis vier braune Federn auf den Schultern und der Schwanz dunkelfarbig.

Auch zeigte man mir *Agaricus Abietis*, welcher das Haupt*remedium Laponum* gegen Mücken, womit sie sich und ihre Rene einräuchern, denn wenn der Mücken viele sind, kommen sie [die Rene] nach Hause, ja, auch die, welche das ganze Jahr fort waren, dann wird rund um sie herum auf kleinen Holzfeuern geräuchert, am Abend und am Morgen; da sie den Effekt kennen, legen sie sich hin und schlafen.

Auch *Agaricus Salicis*, den sie mir zeigten und der recht gut roch, von dem sie sagen, daß er früher von Junggesellen gebraucht wurde *ad incitandam venerem et procreandam favorem ancillarum.*

Chamaemorus stand nun in voller Blüte, abwechselnd mit vier, fünf, sechs bis sieben *petalis*, aber eigentümlich, daß ich sie in *summis montibus, ubi tantum umbrosum*, ebenso blühen sah, *quod idem valet de Empetro*. Wieder fand ich das Insekt, *quod antea, semicoleoptratum*, das Fisch frißt. Ebenso ein anderes schwarzes, *punctatum*, welches mit dem vorherigen zusammen zwischen den Fischschuppen herumhüpft, und das letztere stets in der Spreu auf dem Boden der Hütten. *Posterius olet odore Rutae.*

Der Kittel der Frauen hat auf dem Rücken ein eingesetztes Stück aus braunem Tuch.

4\. Juni. Bei einer Hütte sah ich einige schwarze, noppige Fetzen, rund, pechschwarz. Ich fragte, was das sei, man antwortete, umgestülpte Renmägen, im Sommer Renmilch hineinzugießen, die getrocknet bis zum Winter aufbewahrt wird, wo sie erst in warmem Wasser aufgeweicht wird; einige nehmen hierzu auch Blasen. In den Bergen kochen sie mit der Milch zusammen *acetosam et conservant.*

Ich wunderte mich und wundere mich noch immer, wie diese armen Leute ausschließlich von Fisch leben können. Einiger wird frisch gekocht, einiger getrocknet und gekocht, einiger getrocknet und auf einem Holzspieß über dem Feuer gebraten. Sie braten ihn gut und kochen ihren Fisch besser und mehr, als ich jemals gesehen habe. Sie haben überhaupt keine anderen Suppengerichte als Fischbrühe, und das ist nichts als pures Wasser, worin der Fisch gekocht wird. Mißrät der Fischfang, haben sie keine Möglichkeit, sich irgend etwas zum Essen zu verschaffen. Zur Mittsommerzeit erst fangen sie an, die Rene zu melken, und dann können sie von der Milch leben. Im Herbst schlachten sie ihre Rene, und von diesen zehren sie dann den Winter über, doch ziemlich notdürftig.

Die Kinder legen sie in längliche Lederwiegen, ohne den kleinsten Leinenfaden [am Körper]. Um sie herum legen sie *Sphagnum molle, palustre, exsiccatum* und innenhinein Renhaare, auf diese Weise bleiben sie in der stärksten Kälte gut geschützt.

Tormentilla, quod notabile, wuchs hier stets in den Mooren, deren Wurzeln mit *cortex internus Alni* gekaut werden; der Speichel wird dann auf Lederhaut gestrichen, wovon diese rot wird; damit färben sie ihr Zaumzeug, ihre Riemen, Gürtel, Handschuhe etc. Große Kiefernwälder stehen einsam und nutzlos, denn keiner braucht Bauholz, die Bäume fallen um und vermodern. *Quaeritur*, ob es sich nicht lohnen würde, Teer oder Pech daraus zu gewinnen? *Resp.:* Der lange Weg lohnt nicht die Mühe, *dicat judex*. In ganz Schweden könnte nicht so viel [Teer und Pech] werden wie hier. Könnte man das im Winter nicht zwanzig Meilen weit transportieren?

Wie Wacholder, wenngleich hier wenig davon wächst *et quod notabile semper in aquosis*, zu nutzen sei, davon haben sie nicht die geringste Ahnung, wie Mundius sagt.

Ich lehrte sie, aus Kieferntrieben Branntwein zu bereiten, ihr Wasser damit hinunterzuspülen, was ihnen unglaublich schien; auch nicht aus Birkensaft machen sie irgendein Getränk, das sich zur Lagerung eignet, sondern einzig und allein das pure Wasser verwenden sie.

Die Nacht war, wie ich bemerken konnte, nicht im geringsten dunkler als der Tag, lediglich *absentia solis erat*.

Die armen Lappen beklagen sich über die Gebetstage im Frühling, sie müssen oft, wenn der Fluß [*sc.* das Eis] weder trägt noch bricht, hinüber unter größter Lebensgefahr, ja, im Wasser gehen bis an die Arme, oft halb tot, andernfalls müssen sie zehn Silbertaler Strafe zahlen und drei Sonntage zur Buße stehen, *quod nimis durum est*.

Die Lappen essen nur zweimal am Tage und oft nur einmal, und zwar vornehmlich am Abend.

An den Ufern, wo es Rudimente von allem gibt, was im Gestein ist, fand sich Silbererz.

5. Juni. Auf den Felsen neben dem Flußufer fand ich eine Pflanze, die bisher noch nicht in Schweden beobachtet worden ist. Die Blüten hatten sich noch nicht entfaltet, aber machten sich bereit, in ein paar Tagen zu kommen. Ich öffnete sie und fand, daß die Blüten *papilionacei* waren, *vexillum apice rufescebat, ut et carina, quae (notabile) bifida erat.* Das ganze Aussehen sagte mir, daß es ein *Astragalus* war, worin ich auch bestärkt wurde durch *capsulis anno praeterito maturatis, eis simillimis. Dixi itaque Liquiritia minor.*

Zuletzt, wo ich so grausam gehungert, unterwegs ohne Brot und Trank vier Tage, ohne gekochtes Essen, ohne Suppe, nur mit ein wenig gepökeltem Renfleisch, das mein Magen nicht vertragen noch verdauen konnte – Fisch konnte ich *per vitam* nicht essen, denn Maden hingen überall an ihm –, kam ich endlich zu einem Pfarrhof und erhielt zu essen.

Hier hatte er [der Pfarrer?] Renken gefangen, *5 palmas longos, quod notabile.* Die Renke ist kurios darin, daß sie gegen Michaelis bei Lycksele-kyrka laicht, aber oben in den Bergen gegen Weihnachten, das Laichen verschiebt sich ganz allmählich flußauf. Die kleine Renke laicht hier unter dem Eise gegen Weihnachten, in Småland um Michaelis.

Die Renmilch ist notabel zur Zubereitung von Käse, indem ich aus einer Kanne Renmilch eine große Quantität Käse erhalten kann, deshalb wird sie auch von denen, die Kühe besitzen, in die Kuhmilch gemischt, woraus sie viel mehr Käse gewinnen als sonst.

Das Ren nimmt großen Schaden, wenn im Herbst Schnee kommt, der schmilzt, und es dann friert und die Rentierflechte zu Eis wird, denn es nimmt seine Nahrung im Winter größtenteils von *Coralloides montium*, hat es dies nicht, stirbt es, denn Heu frißt es nicht. Sie hauen fleißig Bäume um, daß es *Usnea arborea* fressen kann, aber das reicht doch nicht aus für seinen Magen. Ich wunderte mich sehr, daß es durch den tiefen Schnee, der hier fällt, seine Nahrung finden kann.

Das Ren frißt Frösche und Schlangen, ja *lemures*, hinter denen es oft so lange herspringt, daß es nicht heimfindet, wie es vor einigen Jahren geschah, als sie [die *lemures*] in Scharen von den Bergen herabkamen.

Der Hecht laicht hier, sobald sich nur das Eis öffnet. Die Fischer, die ich hier sah, hatten wohl sechs à acht Meilen oberhalb von Lycksele gelegen und seit Ostern gefischt, ich ging mit einem von ihnen nach Hause, sie hatten im Durchschnitt pro Mann zwanzig Liespfund getrocknete [Fische] bekommen. Es ist unbegreiflich, wieso sie die Lappen forttreiben können oder die Freiheit haben, da oben zu fischen, da sie über fünf Meilen unterhalb Lycksele-kyrka wohnen, wo sie nicht den kleinsten Bodenstreifen haben, der ans Wasser grenzt, auch nicht die geringsten Steuern zahlen, weder an die Krone noch an den Pfarrer im Kirchspiel, wo sie fischen (wie andere Fischer es tun müssen), noch an die Lappen Miete entrichten, die Steuern für ihr Land zahlen und sich auch beklagen, daß sie auf alle Weise übel behandelt werden, *ut ne quidam dehiscere audeant*. Ich fragte, weshalb sie nicht Klage führten. Antwort: »Ach, wir können nicht zur Obrigkeit reisen, sie mögen uns behandeln, wie sie wollen, auf welche Weise sie uns auch drangsalieren, wir können keine Zeugen auftreiben, denn du siehst, wir sind hier in der Wildnis zerstreut, *hinc illae lacrymae;* niemals glauben wir, daß dies unserer gnädigen Obrigkeit Wille ist, wüßten wir es aber, so wollten wirs zufrieden sein.«

Die Pfarrer beklagten sich, daß, seit sie hier in einer solch wüsten Einöde mit größter Beharrlichkeit und Fleiß ihren Dienst getan, sie keine Hilfe bekommen hätten wie andere bei Schulen und sonstwo. Ja, nachdem sie zwanzig Jahre Dienst getan, meinten sie ein kleines Stück Brot auf dem Lande wohl zu verdienen, um ihre Kinder, die allmählich größer werden, besser an Konversation mit honetten Leuten zu gewöhnen. Ein Schulmeister, der sich mit der größten Lust befleißigt hatte, in zwei Jahren so viel mit den Lappenknaben auszurichten wie sein Vorgänger in zehn, Schwedisch zu unterrichten, was wahrlich schwerer ist als den Pflug zu ziehen, muß bleiben, und also waren alle Meriten vergebens.

Hier und dort im Walde gibt es gute Viehweide, aber wenig Acker und Wiese, weniger Acker. Wenn die Moore gemäht werden im ersten oder höchstens zweiten Jahr, kommt kein Nachwuchs mehr, sondern Torfmoos wächst darüber, *adeoque sterilescit.* Ich finde, daß dieses wirklich große Land ebensogut kultiviert werden könnte wie Hälsingland, welches doch recht stark hügelig und weniger bequem ist als dieses. Ich habe große Moore mit morastigen oder ganz sumpfigen Wiesen gesehen und bin überzeugt,

daß sie beste Wiese werden könnten, erhielte nur das Wasser durch eine kleine Rinne einen offenen Weg und flösse ab. Sie haben es probiert, sagen aber, daß dann keineswegs Gras wächst, *sed tantum exarescit*, was von den Grasbuckeln kommt, und *Juncus radice implicata. Explicetur et deducetur ulterius* – trockenlegen und den Torf umwenden.
Was den Wald betrifft, wenn dieser großzügig umgehauen würde und Birke statt dessen dort wüchse, würde das Gras besser wachsen, wo aber wegen des felsigen Untergrundes der Boden sauer ist, wird es schwieriger. Am schwierigsten sind Heideflächen, wo, wenn der Wald weggebrannt wird, auf zehn à zwanzig Jahre nichts wächst, sondern nur der Sand weiterhin daliegt. *Quaeritur*, ob, wenn mehr Wald gefällt würde, der die Erde bedecken und allmählich vermodern würde, er nicht zu Schwarzhumus werden könnte? In Schonen säen sie auf ihren Sand Buchweizen, der hier wegen des Winters und der Kälte nicht gesät werden kann. *Quaeritur*, wie das Moos vertilgt werden kann?
Ich wunderte mich, daß die Lappen sich nicht sechzehn à zwanzig kleine Häuser bauen, in denen sie aufrecht gehen können, wo sie doch den Wald direkt neben sich haben. *Sed respondent*, den Sommer über sind wir an einem Platze, im Winter an einem anderen, vielleicht zwanzig Meilen von hier, wo wir Moos für unsere Rene bekommen. *Quaerebam, cur non colligant aestate muscum rangiferorum, ut eum praebeant hyeme in epula? Negant, quia aestate versantur ubi pisces, hyeme longe abhinc ubi crescit.*

Bei den Lappen wird ordentlich Fleisch gegessen, ein Haushalt von vier Personen ißt wohl jede Woche ein Ren auf, von der Zeit an, wo es mit dem Fisch zu Ende ist, bis er wieder zu laichen und zu steigen beginnt. *Quaeritur*, ob man nicht sparsamer haushalten könne? Wenn er keinen Fisch fängt, muß er entweder verhungern oder Rene im Sommer schlachten. Vieh oder Haustiere hat er keine außer Ren und Hund, andere kann er nicht mit sich führen. Er ißt, wenn er es schießen kann, Vielfraß, Eichhörnchen, Marder, Bär, Biber, ja alle *excepto vulpe et* Wolf, so daß seine ganze Nahrung aus Renfleisch, Geflügel, Fisch und Wasser besteht. Es schlachtet ein Lappe selbviert ein Ren pro Woche, was ungefähr $^1/_3$ Ochse entspricht, also dreißig Rene pro Winter oder zehn Ochsen, wo ein Bauer an einem genug hat.
Die Bauern ringsum essen, wenn teuere Zeit ist, Spreu und Kiefernrinde, die glatte, geschälte [Schicht], *a squamis liberatus*, mahlen und verbacken sie und leben davon. Sie nehmen sie auch fürs Vieh, zerteilen sie *oblique* in zwei Finger große Stücke und geben sie den Rindern, Ziegen und Schafen, wodurch ordentlich an Futter gespart wird. Sie wird abgeschält, wenn die Kiefer gefällt wird, und, in der Sonne getrocknet, für den Winter aufbewahrt. Sie mahlen sie und backen von diesem Mehl Brot, bereiten Schweinefutter, die Schweine damit zu mästen, wovon sie schön fett werden, und sparen auf diese Weise ordentlich Getreide.
Mit Blutwurz färben die Lappen meist ihr Wollzeug, mit Erlenrinde Leder rot.

Die Hosen der Lappen reichen bis an die Schuhe hinunter und werden von außen um die Schnürstiefel gebunden, wodurch wohl das Wasser abgehalten wird; der Fuß bleibt im Schuh nackt. Sie pflegen die Hosen nicht zu knöpfen, denn der Hosenbund geht in einen losen, schmalen Zug aus, woraus sich ergibt, daß sie den Riemen erst entsprechend ihrer Leibesfülle zuziehen und dann einen *externum nodum* binden. Keine *apertura* befindet sich *anterius pro pene*, sondern sie ziehen die Hosen herunter und hinauf über die Schenkel, denn das Hemd hindert daran nicht.

Morbi Lapponum: febres, rariss., die Pocken selten, *hinc saepe senes cani variolis moriuntur, eam ob distantiam incolarum, sic item aliae febres acutae. Intermittens* ein einziges Beispiel *et calculi totidem.* Husten, den sie mit Schwefel kurieren, indem sie diesen auf Zunder oder Feuer legen und den Rauch einziehen, *quod specif., sed admodum fallax.*

Schmerzen, Kopfschmerzen etc.: ein kleines Stück Zunder auflegen, wo die Schmerzen am stärksten sind, und es dort angezündet liegenlassen, bis es von selbst von der Haut abspringt; *hinc moxa Lapponum.*

Uvulae procidentia: Abschneiden des *apex uvulae* mit einer Schere; *hinc* Bartolinus.

Infantum Darmverschlingung *(quod prius colica falso):* Einschmieren der Nabelgegend mit Salz, außerdem Salz einnehmen.

Björnstut est planta diversa a Bosc. et Angelica. 3 diversae species hae sunt; [späterer Zusatz] *non, sed 2.*

Und indem die Natur dem Menschen alles im Überfluß gegeben und ihn so gut versehen, daß ihm nichts fehlt, so hat sie ihm auch Bettzeug in der wüsten Einöde gegeben. *Polytrichum prolif. maximum* Vaill. *Romsi Lappis*, wächst hier reichlich in feuchten oder sumpfigen Wäldern; man sticht eine Fläche aus, so groß, wie das Bett sein soll, schneidet es auch an der Unterseite ab und hebt es von der Erde weg. Es besteht zwar nicht aus Zweigen, aber ist doch so mit *radice implicatum, ut non possit* auseinanderfallen. Dieses Moos ist weich, fällt nicht zu einer harten Unterlage zusammen, wenn du dich darauflegst, ja, steht wahrhaftig dem schönsten Bette nicht nach. Dasselbe kannst du auch als Oberbett über dir haben. Ich würde fast sagen, daß die Oberbetten diesem hier nachgemacht sind, wenn ich jemanden wüßte, der es beschrieben hätte. Ich habe darin mit Admiration gelegen. *Hoc docuit necessitas Lappis.* Dieses ihr Bett können sie *a latere* zusammenlegen und es zu einem Bündel binden, gerade so dick, daß man es mit zwei Händen umfassen kann, und es bis zum nächsten Abend aufheben, es mit sich führen; mit ein wenig Wasser befeuchtet, erhält es seine frühere Elastizität zurück.

6. Juni. Um zu wissen, wie schnell der Fluß, welcher täglich zunahm, stieg, setzte ich einen Stock *erectus* an *margo* des Wassers, es war acht Uhr, und heute um fünf Uhr morgens war der Fluß ca. 2 *pedes in diametro* gestiegen, 1 *pes* aber *in perpendiculo.*

Unten am Ufer fand ich in dem Hügel, von dem der Fluß immer mehr wegfrißt, Steine, welche *ibidem* auf Sand gelegen und bei denen der Sand zu Stein koaguliert war, dies aber vornehmlich bei einer gewissen Sorte Stein, der *ferrugine veluti tactus* aussah und, in Stücke geschlagen, roch wie Pulver, aus einer Büchse geschossen.

Das Volk hatte vergangenen Winter vorausgesagt, daß diesen Sommer eine große Flut kommen würde (wodurch manche, die ihre Äcker nahe am Fluß haben, großen Schaden erleiden würden), denn so geht es immer, sagte man, wenn im Winter starkes Treibeis ist, wird den Sommer drauf eine große Flut kommen *et vice versa.*

Die Ansiedler in der Lappmark säen viel Rüben, welche oft recht gut wachsen, und die Lappländer, die die Rüben sehr gern mögen, geben oft einen Käse für die Rübe, *quae stultitia!*

In der Nacht regnete es, blitzte und donnerte.

7. Juni reiste ich von Granön ganz zeitig am Morgen ab, hatte auch Gelegenheit, im Walde auf dem Wacholder das herrliche *gelatina* zu sehen, *de qua et eius viribus heroicis vide Polonum de morbis Regis.*

Ich sah hier einen seltsamen Vogel, welcher zuvor noch nicht beschrieben. Wenn ich mich recht entsinne, nannte ihn Professor Rudbeck *Pica Lapponum.* Ich examinierte ihn durchs Perspektiv und fand, daß er alle *notas* mit dem Krammetsvogel gleich hat, *adeoque non vereor vocare eum Turdus cauda rubra, medio cinerea.* Außerdem schrie er wie ein *Turdus*, flog wie ein *Turdus etc., vide descriptionem quam in Ornithologia conscripsi.*

Gegen Abend sah ich *Pluvialem nigram, punctis luteo-viridibus.*

Ich schoß auch einen Seetaucher, *Lumme Vormi*, den ich ausstopfte.

Gegen Abend erreichte ich Stocknäsmark und Jämtbol, wo ich die kleine hübsche *Cameraria* fand, welche ich bislang noch nie gesehen, wuchs auf dem Sumpfboden recht üppig. *Est planta minima, annua*, über ganz Västerbotten verbreitet.

Eichhörnchenfallen sah ich, wie sie die Lappländer gebrauchen, und machte mir auch eine solche, besteht aus einem gespaltenen Stock. Als Köder nimmt man *Amanita petiolo bulboso, capitulo purpureo*, wovon man, nachdem man es getrocknet, ein Stückchen in die Stockspalte setzt, die bei Berührung zuschnappt.

Dies 8. Reiste ganz zeitig fort. Sah am Weg *Orchis palmata fl. viridi (rectius pallido)*, welche sich von allen andren durch ein *melissolena scrotiformi* unterscheidet, *hinc Satyrium dixi.*

Die Frauenzimmer hier geben ihren Kindern aus dem Saughorn zu trinken, und ich wunderte mich über die Bäuerinnen, die sich nicht die Mühe machten, ihre Kinder zu säugen. Niemand kochte die Milch ab, es wäre ihnen zu beschwerlich gewesen, weshalb es auch nicht verwunderlich ist, daß die Kinder Würmer kriegen.

Kam in Umeå um vier Uhr nachmittags an.

Sah auch am Wege einige große Mücken umhertanzen, mit großen schwarzen Flügeln, welche ich vorher für *muscas* gehalten, durch ihren *volatu* ich mich aber eines andren besann, worin mich auch *balancere appendices* und *alae integrae* bestärkten. *Vidi dies 27 maii eadem.*

Ich bestaunte, was in 14 Tagen alles geschehen war, denn als ich fortgereist war, hatten die Espen noch nicht ausgeschlagen, nun standen sie groß im Laub, das Gras, damals recht kurz, war nun eine Viertelelle lang etc.

Allerorten in der Lappmark auf kleinen Seitenwegen werden im Herbst Auerhahnfallen aufgerichtet, welche ich jetzt noch sah, konnte aber ihre Maschinerie nicht sonderlich assequieren bis heute auf dem Wege, wo ein Bauer eine solche hatte. Sie war aus sechs Stecken gemacht, allesamt an beiden Enden gespalten und mit einer Querstange zusammengefügt, dadurch ging eine *palea terra infixa.* Jetzt wird ein *hypomochlion* unter ihr vorderes Ende auf *paleas* gelegt, welches eine Weidenrute, die von oben durch eine Öse läuft, hochhebt. Daran ist ein Haken befestigt, dessen *apex* wider ein langes Stäbchen sitzt. Wenn nun der Auerhahn dazukommt und daran rührt, gibt der Haken nach, *hypomochlion*, welches *oblique* erhöht war (als eine Falle), schnellt zurück, *hinc pondus* schlägt herunter und erwürgt den Vogel.

Dies 8. Bettag. Umeå. So selten hier oben auch der Schüttelfrost ist, so häufig ist doch die Rose, über die man männiglich klagt. In Uppsala und Stockholm Schüttelfroste, in Lund *febres acutae in intermittente desinentes.*

Dies 9. *In Lapponia Lyks., nulla animalia domestica praeter rhenonem et canem, communiter griseo-canum, magnitudine mediocri.*

Potus artificialis nullus Laponibus.

Bei der Stadt Umeå auf einem Hügel, dessen Abhänge Quellen hatten, fand ich drei Arten interessante *muscos.*

Dies 11. regnete es den ganzen Tag, und der Sonntag hielt mich auf.

Dies 12. Am Morgen reiste ich ganz zeitig von der Stadt Umeå ab. Das Wetter war da so dunstig, daß ich auf einen halben Büchsenschuß nichts sehen konnte, ja, es waren nichts als Wolken, durch die ich ging, und durch sie war das Gras naß wie vom Regen. Die Sonne wanderte hinter den Wolken. Um neun Uhr verging das, und die Sonne fing an zu scheinen.

Die Tannen waren ganz dunkelgrün und begannen just, mit hellgrünen Trieben zu prangen, was meinen Augen eine rechte Herzensfreude war.

Chamaedaphne, Buxb. oder *Erica palustris pendula, flore petiolo purpureo* stand nun in ihrer schönsten Pracht und gab den Mooren einen herrlichen Zierat. Ich sah, wie sie, ehe sie ausschlägt, ganz blutrot ist, aber wenn sie zu blühen anfängt, vollkommen rosafarbene Blätter hat. Ich bezweifle, daß ein Maler imstande ist, auf das Bild einer Jungfrau solche Anmut zu übertragen und ihren Wangen solche Schönheit als Schmuck zu verleihen. Keine Schminke hat das je erreicht. Da ich sie zum ersten Male sah, stellte ich mir Andromeda vor, wie sie von den Poeten abgebildet wird. Je mehr ich an sie dachte, desto mehr wurde sie mit dieser Pflanze eins. Denn wenn sich der Poet vorgenommen, sie *mystice* zu beschreiben, hätte er sie auf diese Art nicht besser treffen können. Andromeda wird als eine außergewöhnliche Jungfrau beschrieben, als ein Frauenzimmer, deren Wangen noch diese Schönheiten besitzen. Diese Herrlichkeit hält indes

nur so lange an, als sie Jungfrau ist (wie es auch bei Frauenzimmern geschieht), *id est* bis sie sich entschließt, und das läßt nicht lange auf sich warten, Braut zu werden. Sie steht mitten im Wasser auf einem Grashöcker, auf der sumpfigen Wiese, gleichsam Andromeda, auf ein Felseneiland gebunden, bis an die Knie im Wasser, nämlich bis über die Wurzeln. Stets ist sie von vergiftenden Drachen und Getier umgeben, *id est* die häßlichen Kröten und Frösche, die hier im Frühling, wenn sie sich paaren, das Wasser nach ihr blasen. Da steht sie und läßt voller Traurigkeit ihren Kopf hängen, ihre rosenwangigen *capitula florum*. Die Wangen werden bleicher und bleicher, *capitula pallescunt magis magisque: hinc Andromeda dixi, foliis acutis!* Sie liegt halb am Boden, der Hals ist bloß, *hinc carneus.*

Um Kinder zu wiegen, verwendet man an vielen Orten verschiedene Modelle, welche alle differieren. In Småland sind die Wiegen an einer elastischen Stange aufgehängt, an der sie auf- und abschaukeln. Die Lappen in ihren Lederzelten wiegen ihre Kinder auf einem Baumast, Leute von Bildung ihre in einer Rollwiege, so konstruiert, daß das Kind darin von einer Seite zur andren schaukelt, hier oben wieder in Rollwiegen derart, daß das Kind in Längsrichtung, also mit Kopf und Füßen auf- und niederwiegt.

Am Weg sah ich den Unterkiefer eines Pferdes hängen, der *6 incisores satis obtusos et detritos* hatte, *2 caninos et, distincto spatio, 12 molares, utrinque sc. 6.*

Wüßte ich, wieviel *dentes et quales* und wieviel Zitzen jegliches *animal* hat, und *ubi*, so dünkte ich mich wohl fähig, *methodum naturalissimam omnium quadrupedum* zu machen.

Observierte *callos in tibiis equorum, 4 sc. in singulo.*

Bei den besten Wiesen, auf welchen ganze sechs à zehn Scheunen standen, sah ich, wie die ganze Wiesenfläche oft nur aus Grasbuckeln bestand, worauf nichts als *Polytrichum* wuchs, und zwar ganz trocken. Einige der Scheunen standen unbenutzt; ich schloß daraus, daß diese Erdhügelchen in jüngster Zeit entstanden waren. Ja, sie befanden sich oft so dicht beieinander, daß kein Gras zwischen ihnen wachsen konnte. *Quaeritur quae causa, quae cura?* welches für den Landmann eine gute Sache gewesen wäre. Überall, wo sie waren, sah ich, daß die Erde locker war, und zwar entweder schlammig oder lehmig. Als ich auf sie trat, gaben sie nach. Als ich tief in sie hineingrub, war gleichsam ein *vacuum* darunter, so daß, als ich den Fuß aufsetzte, dieser tief hineinsank; *causa,* so glaube ich, ist der Bodenfrost, welcher, wenn er aus der Erde geht, darin große *vacua* hinterläßt und die Torfschicht hochhebt.

Heute regnete es um elf Uhr eine halbe Stunde, *alias serenum.*

Dies 13. *Dies optimus, clarus et serenus.*

Der grünfüßige Wasserläufer, die größere Art, schwirrte über den Sümpfen.

Das Land war ziemlich flach, doch gab's hier und dort große Anhöhen, nicht sonderlich hoch und steil, sondern *oblique* abfallend. Die Steine darin waren wie aus gemasertem Holz, viele rostig und verwittert, gleichsam voll glitzernder Sandkörner. Ich fand auf einem solchen Hügel, über den die Straße führte, *terra purpurea,* welche mir als Farbe zu taugen scheint. Der Hügel hieß Hökmarksberg.

In den Poststationen von Grimesmark und Selet erzählten sie mir von einem Berg, zwei Meilen von dort, der Kupfer enthalten sollte, weshalb man auch vor drei Jahren einen vom Bergscollegio hingeschickt, um selbigen zu examinieren. Aber weil die Bauern scheu waren (von den Bürgern Umeås beeinflußt), wurden ihm ganz falsche Berge gezeigt.

Der Bauer Hans Person in Vebomark erfuhr davon nichts. Sein Vater hatte zuerst diesen Berg gefunden und war mit einer Ladung Steine nach Stockholm gefahren, aber dort hatte man ihn betrunken gemacht, ihm die Steine fortgenommen und gewöhnliche Feldsteine hineingelegt. Dieser Bauer wollte wohl gerne den richtigen Berg zeigen, wenn er mit dem Bergscollegio in Kontakt kommen würde. Ich hatte vorge-

habt, mir alles anzusehen, obschon der Weg dorthin recht weit war, allein der Bauer war nicht zu Hause, sondern beim Wegbau; hielt es also für sinnlos.
Heute bekam ich an ein paar Stellen Setzmilch, andre nennen sie Dickmilch. Man zeigte mir auch das Fettkraut *s. Pinguicula* mit seiner gar zu wunderlichen Blüte. Hat man sie einmal bekommen, wird sie das ganze Jahr gebraucht, ja, vom Winter zum Frühjahr hin wie Hefe getrocknet.
An den Herden wurden Kesselhalter gebraucht. Die Lappländer nehmen bloß einen Pfahl, rammen ihn schief in die Erde und hängen einen Kessel oder einen Fisch daran.

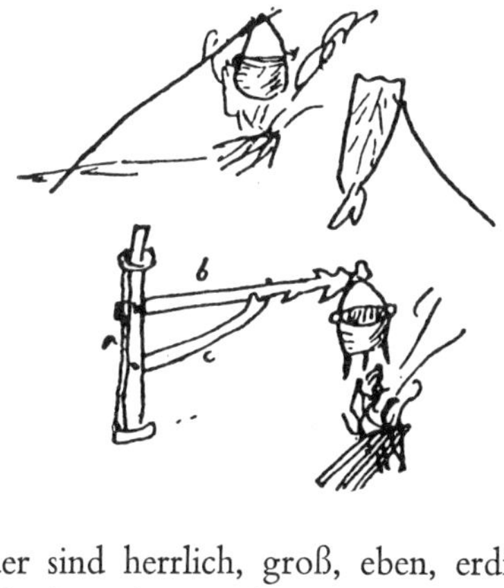

Die Felder sind herrlich, groß, eben, erdig, Lehm und Sanderde, geben reiche Ernten, wenn die Saat nicht erfriert, wie es voriges Jahr geschehen. *Hinc* wird heuer so viel Kiefernrindenbrot gegessen, Missnewurzeln werden selten gebraucht, da sie allzu bitter schmecken. Flachs wird selten oder nie ausgesät.

Am Abend ging ich von der Poststation Bureå hinunter an den Meeresstrand, um zu sehen, was die Natur dort triebe. Ich fand nahe beim Meer in den Wasserbächen unzählbare kleine *ovatae Notonectae, magnitudine lentium.*
Item kleine *Hydrocantharus minimus, ovatus, caesius, nebulosus:* Man erkennt sie an *osse ventrali, obtuso bifido.*
Am Strande hüpfen unzählige *Orsodachnae atrae, semicoleoptratae, alis destitutae.*
Item Ephemerae, die stets zwei Füße vorwärts setzen und drei *setas cauda obhiant;* ich machte einigen *vita brevissima adhuc brevior.*
Nicht weit vom Meer, an einer abgebrannten Rodung, fand ich *Rubus folio fragariae, petalis laciniatis,* recht schön und artig anzusehen.
Dies 14. regnete es viel während der Nacht, auch am folgenden Tag.
Die Äcker bestehen hierzulande teils aus Humus, teils Lehm, teils Sand, bisweilen *mixta,* geben jedoch im allgemeinen Ernten bei jeder Witterung, außer bei Frost, welcher den Ruin der Leute bedeutet.
Die Wälder herrlich, aus Föhren, Tannen und einem Überfluß von Birken, weshalb auch kein Ort in Schweden angenehmer im Sommer zu durchreisen ist. Ihr meistes Geld machen die Einwohner mit Brettern, für sechzehn Stüber Silbermünze das Dutzend, sowie mit Teer, sechs Taler Kupfermünze die Tonne.
Ich wünschte, daß diejenigen, welche abstreiten, daß bestimmte Pflanzen in bestimmten Ländern wachsen, mir den Grund angeben wollten, weshalb hier in sol-

chem Überfluß Birke, *Salix*, *Rubus fragariae*, *Chamaemorus* und *Campanula serpyllifolia* wachsen.

Item weshalb *Ranunculus* hier in solcher Menge wächst, davon die ganzen Wiesen gelb sind, wunderschön anzusehen.

Als ich zur Poststation von Sunnanån kam, sah ich auf der andren Seite eines großen Flusses, über den ich mit der Fähre setzte, bei der Skelleftekirche eine Menge Häuser, gleichsam eine kleine hübsche Stadt, mit weißen Schornsteinen, längs zwei Hauptstraßen mit Quergassen gebaut, aus 350 à 400 Häusern bestehend. Man antwortete mir, daß jeder Bauer im Kirchspiel ein Haus hätte, darin er zu den Feiertagen sich aufhielte.

Etwas weiter entdeckte ich, daß auf einem niedrigen Berg gleich an der Landstraße alles mit Tannenreisern bedeckt war; als ich diese hochhob, war der Berg abgebrannt und darin gegraben worden; vielleicht, daß jemand geglaubt hat, hier Erz zu finden, wofür ich jedoch nicht die Spur eines Anzeichens sehen konnte. Ich nahm ein paar Steine mit und verwahrte sie.

Als ich über die zweite Poststation hinaus war und auf halbem Wege zwischen dieser und der dritten über einen Fluß gesetzt war, zeigte sich eine Eule, die immer vor mir auf und ab flog. Ich griff mittlerweile zu meiner Büchse und wagte ein Viertel nach zwölf Uhr – die Nacht war nicht im mindesten dunkel – einen freihändigen Schuß, fehlte nicht, obgleich das Pferd in vollem Trab war, traf aber so, daß eine Seite vollkommen zerschossen wurde, und ich konnte den Vogel nicht ausstopfen.

Da ich eben anhalte, um es zu beschreiben, kommt eine andre Kreatur aus der selbigen *Noctua* herausgekrochen, welches ein Insekt war, *Scarabeolus oblongus, coeruleo et nigro mixto coloratus, ventre albo; Scarabeolus erat ex antennis.* Der ganze Körper war schwarz mit Blau vermengt. Die Brust und der Bauch allein waren weiß; berührt, hielt es still wie ein Falter.

Oniscus aquaticus war im Wasser zu sehen.

Der Probst in Skellefte erzählte mir, daß ein Lappländer beim letztvergangenen Gerichtstag seinen Nachbarn angeklagt hätte, daß dieser doppelt soviel Land hätte als er, jedoch dieselbe Steuer bezahle, worauf der Beklagte mit der doppelten Steuer belegt wurde. Er gibt aber aus Ärger eine Silbererzader an, wodurch er gemäß kgl. Verordnung von aller Steuer frei wird, geht darauf zu seinem Widerpart und hält ihm vor: »Ja, siehst du, jetzt bin ich steuerfrei, du aber nicht!«

Dies 15. Heut zeigte sich nichts Besondres. Das Meer kam hie und da längs des Weges an mich heran, brach an den steinigen Felsen seine schwermütigen Wogen, fraß auch an andren Stellen fortwährend an den Holmen, sie auf diese Art mit der Zeit vom Land trennend, teilweise auch den sandigen Strand mit Schlick düngend. Das Wetter war angenehm.

In einem Moor fand ich eine Abart *(forte)* von *Oxycoccus*, recht anmutig, welche bloß *foliis tenuissimis, floribus et baccis minoribus* differiert; die andre wuchs *mixtum*, hatte aber allezeit ihre besondre Proportion und erreichte niemals *magnitudine antecedentis;* wuchs hinter *Pinguicula rotundifolia et oblongifolia.*

Vaccinia nigra war da, einmal mit roten *(vulgariter)* Blüten, einmal mit weißlichen Blüten, *sed rarius* gelben. Im Sumpf wuchs hier *Gale*, was ich in Västerbotten noch nicht gesehen.

Als es Abend wurde, kurz bevor die Sonne unterging, geriet ich in eine gewaltig große Menge von Mücken, es war zum Verwundern. Es schien, als erfüllten sie alle Luft, besonders über feuchten Wiesen, fuhren einem in Mund, Augen und Nase, denn sie wichen nicht von ihrem Wege ab. Sie waren zwar nicht bösartig, da sie nicht stachen, aber ihrer waren so viele, daß man nicht atmen konnte. Ich langte in die Luft und kriegte Myriaden mit meiner Hand zu fassen, sie kamen alle um, waren aber so klein, daß ich sie nicht beschreiben konnte. Man nennt sie hier *knort*.

Da nun die Sonne hinter einem Wölkchen unterging, kam ich in der alten Stadt Piteå an. Ich fuhr zuerst mit der Fähre über einen breiten Fluß, bei der Landungsstelle war ein Galgen, zwei Finnen waren aufs Rad geflochten, ihre Körper waren ganz, der Kopf fehlte. Sie hatten reisende Leute in der Absicht, ihnen das Geld zu nehmen, ermordet. Ein Lappländer gerädert und gevierteilt, weil er eine Blutsverwandte beschlafen.

Ich hatte sogleich nach meiner Ankunft ein Zimmer bekommen und mich eben hingelegt, als ich an der Wand ein Licht erblickte. Ich fürchtete einen Brand, sah aber gleich darauf durchs Fenster, wie die Sonne ganz rot aufging, was ich noch längst nicht erwartet hatte. Der Hahn begann zu krähen und die Vögel zu singen. Allein der Sommer wollte nicht kommen.

Dies 16. Am Morgen ging ich nordwärts, um eine Quelle zu examinieren, die Sauerbrunnen enthalten soll und die eine halbe Viertelmeile von der alten Stadt liegt. Sie dünkte mich eine simple Kaltquelle zu sein, denn weder Geschmack noch Ocker oder Belag zeigte sich auf ihr.

Der Weg lief über einen steilen Berg, Bredviksberg genannt. Auf den stieg ich mit Mühe hinauf und fand schließlich oben in den Felsspalten Raben- und Krähenflügel, Hasenläufe etc. Ich sagte zu meinem Begleiter: »Schau, da hat ein Uhu sein Nest gehabt.« Da ich ein wenig höher bis zur nächsten Spalte gegangen war, sieh da, ich fand Uhus in einer Grotte, die Augen glosten wie Feuer und ihre *irides* hatten *lumen in se, sine alio, veluti ac lignum putridum, pisces et lampyris.* Groß waren sie wie Gänse, ich wagte mich gar nicht

mit den Händen an diese Uhujungen heran. Ich stocherte mit einer Stange hin und merkte erst da, daß es fast flügge Junge waren, wenn sie auch noch nicht fliegen konnten.

Dies 17. Obgleich man fleißig umherging, war nichts

Sonderliches zu observieren da, außer daß überall auf dem Gras etwas Speichelähnliches haftete, welches im Volksmunde Krötenspucke genannt wird, die, wenn man sie fortwischt, ein kleines Insekt freigibt, hautfarbig, einer kleinen Heuschrecke gleich, aber noch nicht ausgewachsen, wohl aber mit den klaren Anzeichen, eine solche zu werden, obschon sie noch keine Capriolen gelernt hat. Ich strich von dieser besagten Flüssigkeit ab und ließ das Kreatürchen sitzen. Eine Weile nachher, da ich wieder zurückkam, saß abermals ein gleicher aufgeblasener Geifer darüber, ein Zeichen, daß dieser Geifer von dem Insekt aufgeblasen wird und es sich damit vor der starken Sonnenwärme schützt, anders ihm seine zarte Haut nur zu bald vertrocknen würde.

Ein wenig darauf kam ein ganzer Haufen Rindvieh angesprungen, ja, die magersten Kühe, denen man sonst keinen Schritt mehr zugetraut hätte, sprangen hier wie Hirsche im Feld. *Hic pauper cornua sumit.* Mit aufgehobenem Schwanz sprangen und galoppierten sie, und da sie endlich an eine Pfütze kamen, blieben sie stehen, und es schien ihnen, hier ein freies *asylum contra hostem* zu haben. Ich eilte mich zu sehen, was sie gar so sehr angetrieben hatte, denn weder Peitschenschläge noch selbst der Tod hätten sie so antreiben können. Ich fand heraus, daß es dasselbe war, welches ich bereits weiter unten im Lande beobachtet, nämlich *Oestrum.* Unsre *historici naturales* bringen *Oestrum* mit *Tabanum* vollkommen durcheinander, wo diese doch so verschieden sind wie der Bär vom Hasen. Von Bremsen werden sie wohl sehr beunruhigt, wie auch von den schwereren Fliegen aber vor *Oestro* laufen sie wie vorm Teufel. *Oestrum* setzen sich nicht auf den Leib, sondern zwischen die größeren und kleineren Klauen, denn dieses Insekt fliegt niemals mehr als zwei à drei Spannen über dem Erdboden, doch meistens nur eine halbe. Die Rinder springen so lange, bis sie an ein Wasser kommen oder einen Sumpf; da sie die Füße hineinstecken, sind sie befreit. Das Insekt ist ein *Ichneumon*, hat das Aussehen von einem *Crabro;* im Hinterteil einen Stachel, welcher gerade heraussteht, ist gelblich.

Dies 18. Sonntag.

Man rief mich zu einer Bauerntochter, eineinhalb Jahre alt, die blind war, man fragte mich, ob es Star sei. Ich untersuchte das Auge, fand es vollkommen klar wie ein ordentliches, wohlgeratenes Auge und würde eher auf *gutta serena* geschlossen haben. Aber ich fand heraus, daß es auch das nicht war, denn das Kind liebte es, im Licht am Fenster zu stehen. Ich beobachtete, daß die Augen seltsame *motus convulsivos* hatten, und wenn man das Kind ansprach und es einen sehen wollte, wendete es die Augäpfel so hoch, daß man nur mehr das Weiße sah. Es war so geboren worden. Ich frug die Mutter, ob sie jemanden während ihrer Schwangerschaft gesehen, der seine Augen auf ebensolche Weise verdreht hätte. Ja, sagte sie, ich sah meine Mutter oder Schwiegermutter, als sie am Sterben war, ich lief nicht davon, sondern blieb bei ihr, bis ihr Todeskampf vorüber war. *Hinc illae lacrymae.* Ich stelle mir vor, daß das Kind nicht blind war, sondern daß *focus* so sehr in *bulbo oculi* seitlich lag, weshalb das

Auge auch nicht sehen konnte, denn es war, *quemadmodum videmus* bei Schieläugigen, *secundum metam radiorum* gestellt. *Status naturalis* des Auges *in hocce subiecto* war also unter dem oberen Augenlid, maßen das Kind mit dem halben Auge sehen konnte, weil die halbe Pupille unter dem Augenlid hervorkam, wenn es hochgezogen wurde. *Quaeritur quae cura?* Wenn besonders geschliffene Gläser nichts helfen, weiß ich mir keine. Ich riet auch, die Wiege mit den Füßen wider das Tageslicht zu stellen, damit das Kind gezwungen sei, das liebe Licht entgegenzunehmen, grade nun, wo alles noch zu biegen war, wie auch Bartolin auf solche Weise Schielende kuriert hat.

Nach dem großen Regen und dem Donnerwetter, das sich gegen vier Uhr nachmittags besänftigte, reiste man nach der neuen Stadt Piteå, wo ich einige Gärten besah, da ich wissen wollte, welche Gewächse diesen unerträglichen Winter ertrügen. Fand *Poterium, Balsamita*, einige kleine *Quercos*, die man im Vorjahr von *seminibus* gesetzt. Die meisten davon waren erfroren, ein paar spitzten mit einem Sprößling aus der Erde, gediehen aber nicht weiter.

Dies 19. begab ich mich ganz früh aufs Meer hinaus, um im Schärengarten nachzusehen, was sich dort für rare Gewächse zeigen würden. Eine Meile hinaus war das Wasser süß, denn die vielen Ströme, die hier allerorts aus dem Lande einmünden, verdünnen mit ihrem insipiden Gebirgswasser das salzige Wasser.

Keine besonderen Pflanzen zeigten sich, obgleich ich gewissenhaft nach welchen suchte. Am Strand, wo das Wasser im Winter oft zehn à zwanzig Faden steigt, zeigte sich jetzt ein weißer Erlenwald auf einer dünnen Schicht toter Pflanzenreste, aus der *Trientalis* und *Mesomora* wuchsen, wodurch die Ufer ganz weiß von Blüten dalagen.

Hier wurde viel von Bergen und Trollen erzählt, *exempli gratia* dem Schweinsberg zwischen der neuen und der alten Stadt. Von Seen, Fischplätzen, wo man nichts erwischt, es sei, man kommt ahnungslos hin, von Hexerei, wie man's macht, daß der Dieb nicht mehr kommt etc. Waren lauter Lügen, was teils an den Geschichten selbst, teils an der Erzählweise zu erkennen war.

An Fischen gab's: Karauschen, Groppen, Brassen *(aspi kurovpek, Lap. Piteå), Solken, Stemma, Isarv, Hornstaggare (aculeatus* 3 *cusp. dictus), Laxukel (truttae sp.)*

Auf der Insel Langön, drei Viertelmeilen Wegs von Piteå Altstadt, fand ich unter einer Fichte *Corallorhiza* in voller Blüte, hatte sie noch nie zuvor observiert, sie ist ganz selten, ja, findet man eine, findet man die zweite nicht.

Dies 20. Heute bekam ich zwei Arten *antea non descriptos pisces.*

Dies 21. Reiste ich von Piteå Altstadt fort und kam am Abend nach Luleå Neustadt.

Die Heiden lagen nun von *Linagrostis spica erecta* und *spicis dependentibus* ganz weiß vor mir.

Das Moor weiß von *Ledum; Chamaemorus* begann zu verschwinden.

Die Wälder weiß von *Trientalis* und *Mesomora,* welche aber jetzt abzunehmen begannen; *Myrtillus,*

Preiselbeeren, Rauschbeeren, Blaubeeren, *Melampyrum* und *Geranium.*
Die Wiesen ganz gelb von *Ranunculus erectus.*
Die Felder gelb von *Brassica campestris;* war dortselbst auch Ackerkohl, der sich anschickt, hervorzukommen, wenn jene verblüht sind.
Die Wasserläufe voll weißer *Menyanthes.*
Linagrostis und *Salices* fingen nun an, ihre Flugsamen auszuschicken.

Unten am Strand bei der Fähre von Gäddevik liegt zur rechten Hand ein starker Springquell, welchen sie Kaltquelle nennen, mit einer starken Strömung voller Ocker. Derselbige liegt in ansehnlicher Quantität ringsumher, mit Silberhaut; schmeckt sauerbrunnenartig, ziemlich lind jedoch, sprudelt, liegt achtzehn Ellen vom Fluß ab, friert winters nicht ein, erst wenn er zum Fluß kommt. Kein hoher Hügel liegt davor, sondern eine ordentliche *convexitas*, solche ist von *superficie fluvii in perpendiculo* ungefähr zwei Ellen hoch.

Apertura ist gegen Nordost gerichtet, liegt im Osten, die Leute waschen darin.

Sonst sah ich allerorten an der Landstraße, wo die Leute Brücken gebaut, wie dünn der Mutterboden war, Schotter und Heidesand eine Spanne, *communiter in humidis, in siccis longe majus*, Lehm *saepe* zwei Ellen, *iterum* Schotter zwischen dem dunklen Heidesand und dem Lehm, sowohl hier als auch dort, wo der Lehm aufhörte. Besonders aus dieser Lehmschicht floß ein Wasser aus, welches Schlamm absetzte; sollte es Ocker sein?

Dies 22. Bei der neuen Stadt Piteå fand ich *Viola aquatica, rotundifolia, flore prorsus niveo.*

Chamaecyparissus wächst hier genug, man färbt Wolle damit, sie kochen es mit Birkenblättern zusammen, welche um die Mittsommerzeit gepflückt werden, und färben damit groben Wollstoff.

Am Strand bei Alt-Luleå wuchs *Ranunculus minimus parisiensis.*
Neu-Luleå ist eine ziemlich kleine Stadt, liegt innerhalb einer Bucht und ist eine *peninsula:* das Erdreich ist ganz steril, die Stadt erhebt sich auf einer kleinen *convexité* aus Felsen, aufgefüllt mit Sand und lockerem Torf, dadurch scheint es, als ob das Meer alle fruchtbare Erde fortgefressen und gleich einem Raubtier nur die Knochen übriggelassen hätte, *id est* die Steine, um nachher Sand darüber zu streuen, auf daß es niemand sehen möge.
Ich verließ Neu-Luleå, weil es hier nichts zu profitieren gab, um elf Uhr und kam bald nach Alt-Luleå, eine halbe Meile Seewegs, denn in der Stadt hatte es keine Pferde gegeben.
Hier fand ich ein wunderliches Gras, welches in Småland Kaffebart, *id est Barba senum*, genannt wird.
An all diesem Gras, den Wäldern, Mooren und Äckern, Wiesen, Kräutern, Seen etc., die ich hier sah, bemerkte ich eine große Ähnlichkeit mit Småland und fand auch sehr viele Pflanzen, welche weder in Uppland, Södermanland, Östergötland noch Schonen wachsen, sondern nur noch in Småland etc.
Ich ging auf einer Wiese zu einem Sumpfsee hinunter. Ich hörte, wie es schmatzte und bubbelte, wie wenn das Wasser gekocht hätte, denn hier und dort lag der Schlamm bloß, das Wasser war weggetrocknet. Ich bemerkte, daß fast der ganze Boden voller Schnecken war, die ein solches Schmatzen verursachten. Auf andren solchen Stellen sah ich ein gleiches, wieder auf andren überhaupt keine, aber da ich ein wenig im

Schlamm stocherte, fand ich ihn ebenfalls voll Schnecken, sie graben sich tiefer, sobald das Wasser oben forttrocknet, *hinc est quod ad millena, in locis antea siccis, ut accesserint aquae, reperias, de quo antea saepius dubitavi.*

Unter diesen zogen *Svammerdamiae* wie Sonnenstäubchen umher, aber ich beobachtete eine, *corpore magnitudine lentis globoso*, welche ich vorher nie gesehen. Sie war *flavescens*. Im Gras sah man unzählbare Tausende von kleinsten Mücken, die Männchen hatten behaarte Fühler.

Im Wasser lagen unzählige kleine just ausgeschlüpfte Fischchen, waren *pellucide*, hatten ganz große Augen, so daß ich mit Verwunderung ausrufen mußte: *Die ganze Welt ist voll Deiner Ehre!*

Ich nahm nun allerorten *Stellaria minima* wahr, welche von den *botanicis* für rar gehalten wird, und kam darauf, daß diese nicht irgendeine vom Schöpfer erfundene Species sei, sondern eine durch die Kultur verdrehte Species der Natur. Wir wissen, daß die gewöhnliche *Stellaria* allezeit im Wasser ist und in der Strömung treibt, *minima numquam crescit ubi aquae; sed ubi aquae periere per tempus calidum;* nun kann sie nicht *erecta* wachsen, vielmehr muß sie kriechen und wegen *frustrato alimento* klein bleiben. Der, welcher solches bezweifeln sollte, setze sie in einen Bach, darin ständig Wasser fließt, oder die größere dorthin, wo das Wasser wegzutrocknen beginnt, *et erit confirmatus.*

Dies 23. ging ich zur Kirche von Alt-Luleå hinauf. Neben der Türe wurde mir ein Loch gezeigt, das der alte Mönchsorden in die Steinmauer hatte machen lassen, *diameter* und *perpendiculus* waren gleich tief, doch ganz rund und *finis ovaliter obtusus;* das war ein Beweis, daß man im Domkapitel *a mulieribus despectorum* nach der *glans penis* richtet. In der Kirche wurde mir ein kostbares Altarbild gezeigt, alte Märtyrerplastiken, alle mit einem Loch im Kopf, durch welches man, wie man mir sagte, ehedem Wasser goß, damit aus den Augen Tränen kämen.

Um die Morgenzeit ging ich aus der Stadt, wandte mich nordwärts, eine Viertelmeile, um einen Brunnen zu besehen, den der Probst und einige andre gebrauchten. Der Probst, welcher *artriticus* war, hatte durch ihn einige Steine verloren. Der Brunnen lag an einem moosigen und sumpfigen Orte, kam jedoch aus Sand, das Wasser war klar, sprudelte im Glase, zeigte, wider die Sonne gehalten, eine Sauerbrunnen-*iris*, schmeckte etwas nach Vitriol, trank sich leicht; wenn es schwappte, roch es nach Schießpulver, *solutio gallarum* wurde davon rötlich, fleckte jedoch weißes Papier nicht. Blaues Papier veränderte es nicht, Ocker nicht viel darin, Silberhaut gab es.

Das Wetter war heute, gestern, vorgestern, ja, schon seit *dies* 18 sonnig, warm und zumeist windstill gewesen, die Wiesen erfreuten sich eines schönen und herrlichen Prospektes, und alles war Aug und Gesundheit günstig. Wenn hier der Sommer gleich kürzer ist als in andren Ländern, so muß ich doch gestehen, daß er hier angenehmer als sonstwo ist. Niemals habe ich meine Tage gesünder zugebracht als hier.

Dies 24. Mittsommertag. *Amoenitas aestivalis et ver-*

nalis des Landes, *quae si quod reliquis omnibus praeferenda, aere, aqua, herbis, color., cantu adoratorum etc. sexcenta alia.*

Am Morgen ging ich botanisieren, aber außer *Arisarium riv.* und *Corallorhiza* kam mir nichts Interessantes unter.

Hier wurde mir von einer Viehkrankheit berichtet, die in dieser Gegend schwer wütet und solcherart ist, daß, wenn die Rinder *adhuc sanguine suo calentes* abgehäutet worden sind und dabei ein Tropfen Blut auf die Haut derjenigen, die sie abgehäutet, gekommen ist, diese dort schwarz geworden ist, zerätzt und wie von Brand angegriffen. Manchen sind die ganzen Hände aufgeschwollen und rissig geworden, ja selbst das Gesicht bei einem, dem Blut darauf kam; ja, viele sind davon gestorben, so daß keiner sich traut, die Tiere abzuhäuten, sondern sie sogleich vergräbt. *Praeservatio* pflegt man sie einmal am Tage zu baden, wodurch sie, so sagte man, befreit würden.

Man erzählte mir, daß in Torneå die Rinder im Sommer zu zwei, drei Hunderten eingehen, welche auf einer Sumpfwiese weiden, *quaeritur an causa Cicutaria?*

Das Heideland düngt man mit Sumpferde, lehmiges mit Sand.

Hier bekam ich Silbererz aus Nasafjäll und das seltsame Eisenerz aus der lulensischen Lappmark, Greisensilber genannt, bislang noch nicht geschürft, ehedem ein wenig abgebaut, jetzt wieder gefördert, gibt sechzig Prozent, eine Meile von Kvikkjokk, heißt Rutivari.

Item bleiartige *mica* aus dem Kirchspiel Piteå, welche

die Finger schwärzt. Das Wetter war behaglich, was nach der alten Bauernregel eine gute Ernte bedeutet.

Dies 25. Sonntag. Nach beendetem Gottesdienst reiste ich nach der lulensischen Lappmark ab. Der Lulestrom.

Der Lachs, sagte man, sei im Winter in der westlichen See und steige jedes Frühjahr *gradatim* aufwärts, um hier oben zu laichen, er beginnt frühestens Mitte Mai an der Mündung und ist hier um Mittsommer etc. In ihnen gefundene Angelhaken wurden mir, wie auch schon an der Westseite, gezeigt.

Hier gab es *Subularia, Melampyrum novum, Pedicularis alba* in Synnerby. Rentierflechte in den Mooren, pulverisiert für wundgelegene Kinder.

Aus einer Sandbank am Lulestrom holte ich einen losen Sandstein mit Eisengehalt, drei Prozent.

Dies 26. *Gramen paleac., Tetrahit*, Dan. Westbottnia; *Geranium flore pallide albo ad* Bredåker; *Conyza, Millefol. purp., Cirsium.*

Die Lappländer kochen ihr Essen stets gut, traktieren mit Schmalz, welches mit dem Löffel gegessen wird, melken ihre Renkühe zweimal am Tag, gibt jede *pro dosi* nicht mehr als eine halbe Achtelkanne, höchstens ein viertel Maß.

Die Lappländer gerben mit Birkenrinde. *Nota bene:* kaufen die Häute vom Bauern und gerben sie selbst. Dieses Leder wird viel besser als das der Bauern und auch weicher, aber der Bauer ist nicht von seiner alten Gewohnheit abzubringen.

Iuxta oras fluvii variae species Salicis e descriptis crescebant und zierten den Fluß recht hübsch, die Wälder

waren aus Kiefer und Birke, doch hier wohl weniger als in Umeå-Lappmark, gemischt, insbesonders in den Niederungen.
Blätter der Bärentraube verwendet der Färber zum Beizen, wodurch auch eine Menge Alaun gespart wird, von dem man in Stockholm jährlich viele Fässer verkauft.
Lappones et Wbotni fructum immaturum alni 10 à 12, dosis variat pro aetate, coquunt et eo infantes laxant et purgant.
Von Füchsen gibt es hier in der Lappmark unterschiedliche Arten, je nördlicher, desto besser:
1. *Schwarze*, die teuersten. Sechzig à zweihundert Taler Kupfermünze pro Stück, ist das *capillitium* für den Reichsrat in Rußland, und aus schwarzem Fuchs haben alle Räte dort Mützen.
2. *Brandfüchse*, grau an den Läufen, werden bis zu sechzig Taler verkauft.
3. *Kreuzfüchse*, drei à vier Kupferblechmünzen, schwarz an den Lenden und Schultern und am Rückgrat.
4. *Blaue Füchse*, sechs à zehn Taler.
5. *Rote Füchse*, gelb von Farbe.
6. *Polarfüchse*, drei Taler.
Die Beißgnitze ist eine kleine Mücke, weitaus kleiner als alle andren Mücken, groß wie ein großer Floh, weißgrau *sive nebulosa*. Beißt grausam, worauf ein schwarzer Fleck zurückbleibt, groß wie ein großer Flohbiß.
Zwischen Svartlå und Harads sah ich wieder das von *P. Rudbeckio* entdeckte *Sceptrum Carol.*, welches in trockner Erde wuchs, aber noch nicht geblüht hatte.

Dies 27. Bei Harads gab's schöne Tonerde, blau, ziemlich feuerfest. *Item*, nicht weit davon ab, Eisenerz, rar. Im Acker waren *Echioides et Equisetum tenuissimum in sylvis.*

Bei Laxeden gab's *Acetosa folio in medio deliquium patiente* am Strande, ohne Blüte.

Auf der anderen Seite des Flusses war eine Kiefer, in die man den jährlichen Höchststand der Flut eingezeichnet hatte. Diese Flut nimmt von Jahr zu Jahr ab, *anno* 1669 stieg sie 8 *pedes in perpendiculo* höher als heute, seit 1667 einen *pes* mehr, hat somit ständig abgenommen.

Nicht unfern von hier ein Sauerbrunnen, welcher unter allen, so ich bis jetzt gesehn, die größte Quantität an Ocker führt, war dem Geschmack nach sehr *adstringent*, einige hatten ihn mit etwas Effekt getrunken.

Am Strande war *Pinguicula*, überall *Juncus bombycinus, minimus.*

An die Ufer war ein schwarzer Sand angespült, der Eisen enthielt.

Der Frauenzimmer *vagina uteri* wird durch *pinguetudine* nicht *amplior*, vielmehr *angustior* und je magerer, desto größer *vagina.*

Wer befürchtet, daß seine Kinder durch fahrlässig entstandenen Brand Male davontragen würden etc., pflegt, wenn *umbilicus* durchgeschnitten wird, dem Kinde einige Tropfen von dessen Blut ins Gesicht, auf die Hände und die Brust zu streichen, dann entsteht solches nicht.

Ein *specificum* wider die *gryllos domesticos*, wurde mir

gesagt, seien Mohrrüben, gerieben und mit *arsenico* gemischt, diese fressen sie gerne und sterben alle.

Dies 28. Nachts lagen wir ein wenig in Stumne, dorthin waren wir zum größeren Teil *per* Boot avanciert.

Gegen Morgen kamen wir mit dem Boot bis Storbacken, eine und eine halbe Meile, von dort sind es fünf Meilen zu Fuß nach Jokkmokk, wir gingen heute diesen Weg aber bloß bis nach Pajarim, wo wir die Nacht über in einer Rauchhütte lagen, die war mit einem Loch im Dach gebaut.

Ich fand hier *Barbaraeam*, aber seine *folia inferiora* waren nicht so *lata*, auch nicht *aurita ut hortensis; alta 4 pedes in nemoribus*.

Hier standen an vielen Stellen krumme Föhren, ihre untere Seite wird stets hart, wie ein *Buxus*, daraus machen sie Schlittenaufbauten und Schlittenkufen, man nennt solches *lignum kör*.

In der Nähe von Storbacken, wo der kleine und der große Lulefluß zusammenkommen, befindet sich ein Markstein: die Grenze zwischen Lappmark und Västerbotten. *Dies* 29. Gemeinhin ist hier die Kiefer an der Nordseite ärmer an Ästen, *hinc a vulgo aquilo per Pinum dignoscitur.* Zimmerholz liegt hier in großer Fülle herum, jedoch völlig ungenützt. Aus selbigem, wie auch aus Vogelbeeren, bereiten sie einen Branntwein.

Etwa eine Meile von Pajarim gelangt man auf den Koskevari, einen ziemlich hohen Berg, von dem man, wenngleich auch aus großer Entfernung, den Schnee der umliegenden Gebirge sehen kann. Auf diesem hohen Berge wuchs *Myrtillus,* Preiselbeere, jedoch von der gewöhnlichen Art ganz abweichend, denn sie wuchs *duplo longiora,* vollkommen *erecta, non ramosa, contra ac alias.*

Auf manchen Bäumen wucherte *Usnea arborea,* welche die Lappländer gebrauchen, wenn sie wundgelaufen sind, also sie es zwischen *clunes* legen, *quod etiam dudum usu receptum sit apud milites.* Mit arger Mühsal erreichte ich Jokkmokk, welches die Mutterkirche der nördlichen Hütte ist. Auch der Pfarrer wohnt hier. *Calceis imponunt Lappones Caricem palust. maximam, sterilem (spicae ni fallor dependentes),* kämmen es mit einem Eisen- oder Hornkamm, damit es schön weich wird, zwischen den Händen. Später, getrocknet, legt man es in die Schuhe und schützt sich so, wenn man ohne Strümpfe läuft, gegen die starke Kälte.

Dies 30. Die geistlichen Herren, Herr Malming, welcher zugleich auch der Schulmeister ist, und Högling, der Kaplan, inkommodierten mich mit ihren starrsinnigen Pfaffengrillen. Ich konnte nicht umhin, mich über soviel Hochmut und Ehrgeiz, über soviel Starrsinn und banales Gerede höchlichst zu wundern, und es schien mir ganz unglaublich, daß in zwei Geistlichen, die doch als studierte Männer gelten sollten, eine derart sträfliche Dummheit stecken könne. Ach, einer, der zwölf Jahre Studiosus gewesen, hätte seine Bücher wohl besser verstehen sollen! Nun wußte ich auch, weshalb solche Gesellen so weit von aller Zivilisation gelandet waren.

Der gelehrte Herr Kaplan begann alsdann seine *conversatio* mit scharfsinnigen Bemerkungen über die Wolken Lapplands und führte aufs trefflichste aus, wie besagte Wolken über die Gebirge hinzögen, alles lose Gestein und selbst das weidende Vieh mit sich tragend, ja sogar festverwurzelte Bäume. Ich wagte dagegen einzuwerfen, daß solche Gewaltakte eher dem starken Winde zuzuschreiben seien, aber keinesfalls den Wolken, die nie und nimmer Dinge entführen. Er lachte mich daraufhin aus, sagend, daß ich gewiß noch nie eine Wolke gesehen hätte (und ich sei ja auch nie in *alpibus* gewesen). »Doch«, antwortete ich ihm, »wenn es neblig ist, denn dann bewege ich mich in den Wolken, und wenn der Nebel fällt, so regnet es auf meine Schuhe hernieder!« Auf diese Perlstickerei meinerseits lächelte er mit einem rechten *risu sardonico*. Viel weniger noch aber behagte ihm meine Erklärung *de bullis aquosis in aerem elevatis*, nämlich wie's möglich wäre, daß sich Wasserblasen in die Luft erheben. »Ha«, rief er aus, »er weiß wohl nicht, daß Wolken feste Körper sind!« Da ich dies bestritt, stärkte er sich mit irgendeinem *dictum scripturae* und lachte meiner Einfalt. Daraufhin verstieg er sich gar so weit, mich belehren zu wollen, daß nach jedem Regen eine Art Schleim die Berge bedecke, dort wo die Wolken darübergezogen. Ich sagte ihm, dieser Schleim sei ein *vegetabilium* und hieße *Nostoc*, worauf er mich, wie weiland Paulum, für toll und rasend erklärte; zuviel Studierens hätte mir den Kopf durcheinander gebracht. Auch spottete er über *philosophis naturalibus*, die glauben, alles mit ihrem Verstand erfassen zu können, wie Sturmius, der glaubte, man könne mit *globis excavatis* fliegen. Statt dessen riet er mir, lieber verständigen Leuten Glauben zu schenken und nicht etwa, wenn ich wieder zu Hause angelangt sei, eine Disputation über solche Narrheiten zu verfassen, wie ich sie eben vorgetragen.

Der andere *(paedagogus)* reprehendierte mich mit dem Vorwurf, daß man sich heutigentags leider allzuviel auf säkulare Gaukeleien verlege und solchermaßen, Gott sei's geklagt, seine geistigen Güter verdürbe. Beide Herren wunderten sich sehr, wie es überhaupt möglich sei, daß die Kgl. Societät einen jungen Studiosus ausschicken könne, als ob es nicht genug fähige Männer (sie selbst) im Lande gäbe, die diese

Aufgabe gerne übernehmen würden. Aber *meo iudice asini certe ad lyras, si unquam proverbium quadrat!*
Die Anzahl der Schüler dieser Herren war um diese Zeit nicht mehr als vier. Die Kirche selbst ist ganz klein.
Einige, wenn sie Kopfschmerzen durch Rausch oder anderes haben, halten den Kopf nahe ans Feuer, bis er brummt, was meistens hilft, *alias* werden gemörserte Tannennadeln auf den Kopf gelegt.
Eine halbe Meile von der Kirche entfernt fand ich *Cirsium minus, Cacalia* ohne Blüte und *Botsko Lappis*, in Västerbotten *björnstut* genannt *sive Magistrantia. Similis erat Angelica, umbella universalis nuda.* Der Lappe, der mich begleitete, nahm sich sogleich eine, schälte ihren Stengel, der noch keine Blüte trug, und aß sie, als wäre es die größte Delikatesse, wie eine Rübe auf. In der Tat, sie schmeckte auch recht gut, besonders der obere Teil, welcher am zartesten ist. Dieser Leckerbissen ist unter den Lappländern sehr begehrt.
Wir erreichten Purkijaur, eine kleine Insel, die an der nördlichen Seite von Fichten bewaldet ist, in West und Ost aber mit Birken bepflanzt, um auf diese Weise die Saat vor Schaden zu bewahren. Ein Ansiedler, der hier lebte, sagte mir, das Getreide litte niemals durch die Kälte, denn außer dem umliegenden Wald schwächt auch das Wasser den Frost ab. Die Lage dieser Insel ist günstig. Ich entdeckte in mehreren Buschgegenden *Sceptrum Carolinum* und *Pedicularis teuchrii folio, coma purpurea.*
Randijaur-See, eine Meile. Von ihm aus sahen wir

nichts andres mehr als hohe Berge, stumpfkeglig und langgestreckt, deren Gipfel einer über den anderen hinwegsah, und auf dem entferntesten lag noch Schnee, wenngleich auch ein Frühlingsschnee, halb abgeschmolzen schon.

Dies 1. Julius. Purkijaur, der erste See, den ich nach Verlassen meines Nachtlagers erreichte, ist eine knappe Meile lang. An seinem jenseitigen Ufer ragt ein hoher, spitzer Berg, Archikoivi oder Tornberget, empor, auf dessen Gipfel die Lappländer früher um Rensegen opferten. Nun vom Blitz abgebrannt.

An der Westseite des Sees wohnt ein Lappländer, und von dort aus war es nicht ganz eine Viertelmeile Landwegs zum nächsten See, Skalk genannt, woselbst ich, da ich eben an einem Wasserfall vorüberkam, *Barbaream* und *Pedicularis* fand, beide schon erwähnt, sowie Asphodelen und den kleinen *Astragalus*.

Als ich mich auf dem See Skalk etwa eine Meile vor Kiomitis befand, öffneten sich im Nordwesten die Berge, durch welche man aus zehn à zwanzig Meilen Entfernung eine weiß schimmernde Gebirgskette gewahrte, die jedoch von der Stelle, an der ich stand, nicht mehr als eine Meile entfernt schien. Die Gipfel dieses Gebirges reichten bis in die Wolken, und wahrhaftig, das Ganze glich eher einer weißen Wolkenkette, die aus dem Horizont hochsteigt, denn einem Gebirge. Ja, mir kam bei diesem Anblick so recht das Frontispiz von Rudbecks *Lapponia Illustrata* in den Sinn, mit einem Wort: ich sah das Hochgebirge.

Abends langte ich in Kiomitis an und sah hier, auf

dem Gipfel des hohen Berges Harrevarto, *solem inocciduum*, genau gegenüber dem Küsterhofe. Ich hielt dieses Schauspiel nicht für das kleinste Mirakel der Natur, und welcher Bewohner eines anderen Landes sollte nicht wünschen, solches zu sehen?

O Herr, wie wunderbar doch Deine Werke sind!
Dies 2. In Kiomitis blieb ich den ganzen Sonntag über und ruhte aus. Hier stand die Gerste ganz herrlich in den von Schneegebirgen umgebenen Tälern und war schon so hoch, daß sie an einigen Stellen von Wind und Regen zu Boden geknickt war. Die Gerste war, wie in Umeå auch, am 25. oder 26. Mai ausgesät worden.
Ich fand viel *Tripolium pratense, corona calyci breviori s. Aster folio non acri; fl. purpureo. NB* auch *idem flore albo.*
Item Euphrasia, ungefähr so groß wie die gemeine, aber die Blüten ganz verschieden, waren ziemlich klein *ut Tetrahit flore majori et minori.*
Dies 3. Schon in aller Morgenfrühe reiste ich mit dem Regimentsquartiermeister, Herrn Joachim Kock, und dem Bergmeister, Herrn Seger Svanberg, eine halbe Meile weit nach Kiurivari, welches ein hoher Berg ist, wo man erst kürzlich begonnen hatte, eine Silber-

mine abzubauen. Auf dem Berge beobachtete ich eine Art *Uva ursi* mit schwarzen Früchten, und ich entsinne mich nicht, daß diese jemals durch einen Autor beschrieben wurde. Zuoberst auf diesem Berge standen Birken von sonderlich kleinem Wuchs. Ihre Stämme waren dick und niedrig, und die obersten *rami* schienen dem scharfen Frost anheimgefallen zu sein, weshalb die jungen Blättlein auch aussahen, als sproßten sie aus Zweigen hervor, die in Meilern verbrannt worden sind. Man sagte mir, daß die Bäume jährlich nur ganz wenig Saft hochtreiben und ihr Holz deshalb bei weitem härter sei, als das der gewöhnlichen Birken. Auch die kleinen Bäume waren ziemlich alt, und je höher ich nach Norden kam, desto niedriger wurden sie.

In dieser Gegend schmieren die Leute ihre *kängor* oder Halbstiefel sowie das Zaumzeug mit Fischfett, andre kaufen Wichse aus Norwegen.

Dies 4. Die Molke, welche nach dem Käsemachen zurückbleibt, kocht man so lange, bis sie dick wird, mischt sie hierauf mit ein wenig Renmilchsahne und läßt sie in einem Renmagen trocknen. Schmeckt gut.

Den Schaum der kochenden Molke schöpft man ab und sammelt ihn ebenfalls in einem Renmagen. Das wird *kappa* genannt.

Die sogenannte *jumo melke* wird zubereitet, indem man ein halbes Quart Sauerampfer in ein wenig Wasser aufkocht, fleißig umrührt und mit Renmilch vermischt in einen Magen oder andre Gefäße abfüllt *et servetur ad usum l. statim edetur.*

Medicamenta Lapponum:
Moxa wird aus einem dünnen Schwamm, der auf Birken wächst, gewonnen. Man löst diesen stets von der Südseite des Baumes. Von diesem Schwamm legt man ein erbsgroßes Stück auf *locum dolentem*, entzündet es mit einem brennenden Birkenzweig und läßt es *sensim* verglosen. Dieser Vorgang wird bisweilen zwei- oder dreimal wiederholt. Man legt *moxa* immer dort auf, wo der Schmerz am heftigsten scheint. Dadurch entsteht eine Wunde, die oft an die sechs Monate nicht abheilt und auch nicht geheilt werden darf, sondern sich von selbst schließen muß. Dieses Mittel wird gegen alle Arten Schmerz gebraucht: Kopfweh, Zahnweh, Stechen, Magenweh, Rheuma etc. *Medicina universalis Lapponum, hinc ipsis* kleiner *medicus.*
Kattie ist eine Art Zugpflaster und wird auf folgende Weise hergestellt: feine, lockere Birkenrinde verbrennt man, legt sie darauf in Wasser, kaut sie hernach und mischt diese Masse mit frischem Tannenharz. Diese Mischung wird so lange durchgeknetet, bis ein elastisches schwarzes Pflaster entsteht. Das ist ein recht ordentliches Mittel gegen unreife Geschwüre etc., denn es öffnet sie unter kurzem und macht sie ohne Schmerz weich.
Unguentum ad ulcera ex igne: Brandsalbe macht man so: süße Sahne wird bis zum Dickwerden gekocht und auf die Wunde gestrichen. Das nimmt jeden Schmerz und heilt vortrefflich.
Adeps caninus, Hundefett, wird gerne gegen Kreuzschmerzen gebraucht.
Gegen Zahnweh *moxa Lapponum.*

Das einzige Bartmesser der Lappländer ist die Schere. Das Haar schneidet man nie, doch macht man es von Zeit zu Zeit an den Enden etwas gleich. Keine Wäscherinnen.
Bibergeil *est ipsis panacea, item* Bärengalle.
Dies 5. Wir setzten unsren Weg nach der Eisenhütte fort und kamen zuerst an einem jener sumpfigen Orte vorbei, welche die Lappländer *murki* nennen, und sah dortselbst eine Fülle von *Thalictrum minimum*.
Sceptrum Carolinum und das fahle *Aconitum luridum* blühten am Strand. Kurz hernach wurde ein ovaler, ziemlich hoher Berg sichtbar, lag zur Rechten und hieß Kasavari. Er ist aus einer Art schwarzem Schiefergestein, das von gediegenem Alaun überdeckt wird, *vide* Bromell.
Dem vorgenannten Berg ganz nahe befindet sich ein zweiter, Tarevari, der sich dadurch auszeichnet, daß von seiner höchsten Spitze zwei kleine Flüsse herabstürzen.
Kappa-tialmas oder *kappi*, ein Gericht bei den Lappen. Wenn die Renmilch, aus der Käse werden soll, warm wird, bevor man das Lab zusetzt, bildet sich auf ihr eine *epidermis*, welche abgeschäumt oder mit dem Löffel heruntergenommen, in eine Renblase oder einen Blättermagen getan, an der Wand getrocknet und so gegessen wird. Es schmeckt ihnen delikat, oft werden Beeren hineingemischt.
Zu Brei gerührte und mit Renmilch gemischte Moltebeeren ergeben bei ihnen ein Gericht, das gut schmeckt. Renmilch gibt doppelt soviel, wenn nicht mehr Käse als alle andere. Butter macht man selten, und nicht

von der Sahne, die sich nicht besonders stark absetzt, sondern aus der Milch selbst, in einer Schüssel geschlagen; sie wird weiß.

Talglicht verwenden die Lappen nicht, aber Rentalg könnte doch gut dazu gebraucht werden. Er ist weicher als anderer Talg. Die Lappen heben ihn in Blasen auf und verwenden ihn als Nahrung. Das Ren hat jedoch nicht viel Talg, nur soviel wie ein Schaf. Es hat keinen Talg zwischen den Muskeln wie Ochsen und andere Rinder.

Dies 6. Am Nachmittag reiste ich von der Eisenhütte fort, von wo es eine Viertelmeile bis zum Berg Vallavari war, der wohl eine Viertelmeile hoch ist. Da ich ihm nun zur Seite kam, schien's mir, als sei ich in eine neue Welt geraten, und als ich hinaufstieg, wußte ich nicht, ob ich in Asien oder Afrika sei, denn alles, der Erdboden, die Lage und alle Pflanzen, war mir unbekannt. Nun war ich ins Hochgebirge gekommen. Überall rundum lagen schneebedeckte Berge, und ich selbst ging wie im stärksten Winter im Schnee; all die seltenen Pflanzen, die ich früher gesehen und an denen ich mich so erfreut hatte, fanden sich hier wie in Miniatur und in solchen Mengen, daß ich erschrak und mehr zu bekommen glaubte, als mir zu bewältigen möglich war.

Die hohen Berge, deren einer über den andren ragte, waren nicht steil abfallend, sondern mit Steinen überstreut. Alle Steine waren *fissiles, hinc facile distinguibiles.* Der Schnee, der auf den Bergen lag, gab ständig Wasser ab, uns Wanderer zu erquicken, ganz wie eine Quelle. Das Wasser war recht gut und grub sich wie ein Fluß durch den tiefen Schnee.

Die kleineren Bergschneehühner, *scolopacino colore, alis albis,* hatten gerade Junge. Ich nahm eines in die Hand, die Mutter lief auf mich zu, sprang ständig um mich, ich hätte sie hundertmal ohne viel Mühe töten können, tat's aber aus Rücksicht für die kleinen, in ihrem geringen Alter schutzlosen Jungen nicht, und ich bedachte auch das Mutterherz. Ich gab ihr wieder ihren kleinen Sohn.

Dies 7. Nachdem ich die Nacht hindurch vier à fünf Meilen gegangen war, legte ich mich gegen Morgen in eine kleine Hütte.

Die Leute, sechzehn Personen waren es, lagen nakkend, wuschen sich nach abwärts streichend, doch nicht aufwärts, trockneten sich nicht ab, reinigten die Töpfe mit den Fingern, spritzten mit dem Mund Wasser auf die Löffel, schöpften damit ihre gekochte Renmilch, die dick war und mächtig wie Eiermilch.

Am Morgen kamen einige tausend Rentiere heran, wurden von den Männern und Frauenzimmern gemolken, welche sich dabei auf ein Knie stützten.

Ich öffnete einigen Renen die Beulen mit den nagenden Würmern darin. Hier sah ich *copiose muscas magnas, collare flavo, antea invisas, quae forte eaedem, quia cauda longa.*

Man gab mir *mesen* zu essen, *id est serum post caseum excoctum quod coagulatur ad instar zytogale.* Es wird sehr hart, schmeckte gut und deftig, aber die Art, wie man den Löffel gewaschen, verschlug mir den Appetit, denn der Hausvater nahm Wasser in den Mund und spritzte es darauf, scheuerte und trocknete mit dem Finger, ebenso tat es die Frau mit dem Topf, wobei sie nach jedem Wischer den Finger ableckte.

Ich kostete auch von der *jumo*, die mit Milch gemischt wird, aber sie schmeckte mir nicht.

Aves vidi Schneeammer *et Pluvialis, hutti lappis, copiose.* Steinschmetzer.

Hier schießen die Lappländer nicht so viel, haben selten eine Büchse, sondern liegen, wenn sie nicht gerade die Rentiere versorgen, in größter Ruhe, genießen bloß Milch *et ex hisce paratum.*

Die Frauenzimmer rauchten Tabak wie die Männer, alle rauchen, wenn sie zwölf à fünfzehn Jahre alt sind.

Überall fand ich *Cerastium flore maximo* und *Lycopodium echinat.* Immer wenn ich meinen Wirten eine Elle Tabak gab, bekam ich dafür einen Käselaib. *Id est 6 pro 3.*

In den Bergen sah man *lapis nigricans, scissilis, aluminaris.* Der Schnee war wie ein zitterndes Wasser oder ein großes weißes Trinkgefäß, vom Wetter *excavatus.*

Alle Leute gingen hier in Lappenkitteln aus Pelz.

Acht Pflanzen heute gefunden.

Allerorts im Erdboden waren Löcher von roten Mäusen gegraben. Lemminge.

Hasen gibt es im Gebirge, grau zur Sommerszeit.

Keine Pflanze, kein Baum ist über eine Elle hoch im Gebirge, in den Tälern knapp zwei à drei *pedes.*

Die Birken, welche außerdem selten sind, kriechen unterm Erdboden, hier und dort *apices* von Zweigen weisend, eine Viertelelle hoch, bisweilen wird auch ein schmächtiger *nodosus caulis* sichtbar, ebenfalls *depressus.*

Ganz spät in der Nacht suchten wir noch nach einem Lappenzelt, fanden aber keines. Im Moor sahen wir überall Renspuren, die uns jetzt dorthin, jetzt wieder dahin wiesen, ich marschierte, bis ich mich kaum mehr auf den Beinen halten konnte, und dachte schon vollkommen zu verschmachten, legte mich hin und wollte eher solcherart den kalten Sturm ausstehen als weiterlaufen. Endlich kam der Lappländer, der mich und den Knecht führte, durch Zufall auf ein wenig Rendung. Der Führer nahm ihn in die Hand, drückte daran herum und roch an ihm, gab ihn dem Knecht zu riechen und wollte sogar mich daran riechen lassen, zog daraus den Schluß, daß die Lappen verzogen wären (*id est* ihre Zelte verlegt), und ging den Spuren, die *sparsim* im Schnee waren, nach. Eine halbe Meile von dieser Stelle schließlich fanden wir den Lappländer, er war gestern umgezogen, nun konnte ich ausruhen.

Dies 9. Müde von der letzten Reise, blieb ich, wagte mich in meiner Erschöpfung nicht über das Eis. Auch war ein *dies sanctus.* Am Gletscherberg friert der See ein Klafter tief zu.

Im Herbst wüchsen genug *fungi* im Gebirge, sagte man mir.

Keine Art Fische im See außer Saiblingen.

Dieser Fisch findet sich in den Lappseen im Überfluß. Das Fleisch war rot, schmeckte gut. Man fing mit ein paar Netzwürfen fünfzig Stück. Mir und sich richteten die Lappen eine Mahlzeit an.

a) war frischer gekochter Saibling, den ich nicht gut essen konnte, denn er war nicht genug gesalzen.

b) der andre, ein ganzer Saibling, frisch, an einem Holzspieß über dem Feuer gebraten, wurde dick und *inflatus*, war nicht gesalzen, weshalb ich auch diesen nicht essen wollte.

c) der dritte war gesalzen, ein getrockneter Saibling, den ich mir ausbat. Schmeckte gut.

Sie tranken die Kochbrühe vom Fisch dazu, mit der ich aber ebenfalls nicht gemein werden mochte, war alles dennoch eine reich bemessene Mahlzeit *et certe laudandus, similia enim solvuntur a similibus.*

Die Rentiere oder *rhenones* waren unzählig, wurden morgens und abends heimgetrieben zum Melken. Ich sah, wie sie heimgetrieben werden sollten und nicht wollten, wie die Hunde sie dorthin bugsierten, wohin das Mädchen, das sie trieb, zeigte. Ich sah auch, da man sie wegbrachte (es war starker Ostwind), wie man sie herumtreiben mußte, denn dorthin, wohin sie wollten, wollte das Mädchen nicht, und wo das Mädchen hinwollte, wollten die Rentiere nicht. Die Rentiere liefen zurück, rundherum, wieder vorwärts, der Hund umsprang sie hurtig. Es wurde mir gesagt, daß das Ren stets wider den Wind will, und wenn es nicht darf, so springt es in einem fort, sehr schnell, und glaubt sich so Kühlung zu verschaffen. Ein wenig später sah ich die Rentiere hinter einem hohen Berg im Schatten stehen, denn die Sonne schien warm, auf einem Schneeflecken, gleichsam *compacti*, denn wenn es heiß ist, fressen sie nichts. Mücken waren auch arg.

Das Ren ist dem Hirschen, abgesehen vom Geweih, sehr ähnlich, aber außer dem Ren haben in der ganzen Sektion sonst *foeminae* nie ein Geweih.

Wenn das Ren geht, so knackt es stets in seinem Fuß. Ich wunderte mich darüber und suchte nach der Ursache. Da ich frug, antworteten alle, der liebe Gott hätte es so erschaffen. Ich frug sie, wie der liebe Gott es so erschaffen habe, daß es immer knackt. *Sed ad hoc Forbesius nihil.* Ich ergriff ein Fußgelenk, zog, bog,

streckte es, drückte es zusammen, hörte aber dennoch kein Knacken; schließlich fand ich heraus, daß *ab ipsis ungulis, introrsum excavatis ut dum in eo steterit, fuerintque expansae ungulae, mox cum pes retrahitur, coincidunt ungulae apicibus et crepituram faciunt, quod manu mea in pede feliciter expertus sum.*
NB. *foemina aeque ac mas cornuta est.*
Castrati amittunt et renascuntur cornua, quod non obtinet in cervis, ovibus.
Wenn die Rene zum Melken herbeigetrieben sind, legen sie sich alle hin, mit fliegendem Atem, so daß ihr Bauch in schneller Bewegung ist, und käuen wieder (so ist es völlig falsch, was Scheffer *de eis non ruminandis tradit*, und folglich hat Rajus eine richtigere Vermutung als Scheffer).
Wenn das Kalb die Mutter aus seiner Nähe verliert, rennt es herum und sucht sie wie verrückt und schreit wie ein Schwein, bis es sie findet; rennt von der Herde nach Hause, zum Zelt etc.
Wenn alle Rene sich nun niedergelegt haben, nehmen die Lappen jeder sein dünnes Seil, das sie sich in einem Ring um die Hand legen und über das Ren werfen, das sie haben wollen. Dann wird ein Halfter über das Geweih und den Hals gelegt. In den Boden sind dünne Pfähle geschlagen, an jedem Pfahl werden vier Stück angebunden, dann werden sie gemolken, von Mann und Frau, Knecht und Magd. Wenn die Milch nicht schnell fließen will, schlagen sie ziemlich hart mit der Hand auf das Euter, worauf sie besser kommt.
Mammas habent 4 lactantes, rarissime 6, nullas steriles; pullos tamen non separant a matribus.

Als sie sie gemolken hatten und die Rene wieder fortgegangen waren, sah ich, wie die Magd den weichen schwarzen Dung aufnahm, ihn mit den Händen bearbeitete und in eine Schüssel legte; ich fragte, wozu er gut sein solle. *Resp.:* Das Euter damit einzuschmieren, damit die Kälber nicht so viel daran saugen; bis zum Morgen ist es getrocknet und kann leicht weggerieben werden.

Die Kühe kalben Anfang Mai und werden zum 24. Juni oder zur Mittsommerzeit zum ersten Male gemolken; dann geben sie Milch bis Allerheiligen in den Wäldern, hier aber bis Michaeli.

Maris praeputium dependet unc. 2, alius fere cylindraceum habet.

Vituli cornua simplicia, digitiformia primo anno accipiunt.

Ich wunderte mich, wie die Melkenden wissen konnten, welche sie gemolken hatten und welche nicht, und wie sie sie auseinanderhalten konnten. Denn sobald eine Kuh gemolken war, wurde sie freigelassen. *Resp.:* Alle Rene haben ihren besonderen Namen, den die Melker ganz genau kennen, welches mir aber sehr merkwürdig vorkam, denn *figura* ist *eadem, color similis, qui singulo mense variat, variat magnitudo pro aetate*, und ein solches Gewimmel wie Ameisen im Ameisenhaufen auseinanderzuhalten, schien mir recht erstaunlich.

Dies 10. Ich sah hier die *summa tranquillitas,* welche das Volk genoß. Nachdem man gemolken hatte und die Hausfrau ihren Käse zubereitet, die Molke aufgekocht und gegessen hatte, legte man sich zum Schlafen und Ausruhen hin; *crede mihi, qui bene latuit, bene vixit, raro ulla contentio.* Die Nachbarn eines Dorfes hatten ihre Zelte zusammen in einer Reihe aufgerichtet, von Osten nach Westen, oder *alio modo.*

Als mein Bursch kam, tat er seine Nase wider die eines andern, auf welche Art er grüßen wollte, gleich als ob er küßte, und sagte die Grußformel *purist.* Ich frug, ob er küßte. *Resp.:* nein, er berührt bloß die Nase, welches nur unter Verwandten Sitte ist.

Ein Knabe war fort gewesen und hatte einen ganzen Kessel voll *foliis acetosae majoris, cum petiolis sive caulibus* gesammelt. Darüber wurde nun ein wenig Wasser gegossen, verrührt, lange gekocht, bis alles sich aufgelöst hatte, dann in großen Fässern mit Milch vermischt, was, nachdem es etwas gestanden hatte, einen angenehmen säuerlichen Geschmack bekam, ganz anders, als wenn es frisch ist. Diese Fässer werden in hierfür gegrabene oder gemauerte Gruben gestellt, rundum kommt Birkenrinde, damit die Mäuse es nicht auffressen.

Ein andrer kam mit einem ganzen Armvoll *caulis Angelicae*, deren *flores* noch nicht ausgeschlagen hatten. Die Blätter wurden entfernt und ihre *tunica* mit dem Messer abgeschält, sie ging ab wie Hanf, worauf man den Stengel mit dem größten Vergnügen wie einen Apfel aufaß. Ich bekam auch meinen Teil.

Vaginas foliorum umbellas includentes wurden gesammelt, man konnte sie nicht roh essen, sie wurden zusammengeschnitten und mit Sauerampfer vermischt, der gekocht mit halbwarmer Milch angerichtet wurde.

Das Kind lag in seiner Lederwiege, über dem Kopf

befand sich ein Lederschirm mit Tuchvorhängen vorn, zwei *valvae sibi incumbentes*, welche man mit Schnüren zuziehen konnte. Um den oberen Teil des Kindes lag Renpelz, aber Achseln und Brust sowie der Kopf waren bloß. So lag es während der Nacht im kalten Zelt und, ohne zu klagen, unter freiem Himmel in der kalten Luft, fror aber nicht.

Ich bekam sehr viel Quark oder Molken zu essen. Es beschwerte mir den Bauch stark, denn ich hatte ja zuvor schon so viel Käse und Molke gegessen, daß ich fast *tenesmus* wurde.

In den Nächten lag ich zwischen zwei Renpelzen.

Die Frauen rauchten Tobak wie die Mannsleute, ja trugen auch meistens Hosen.

Gewöhnlich kochen hier die Mannsleute; die Frauenzimmer bereiten nur den Käse zu und die Milchgerichte, Fisch aber und Fleisch der Mann, und wenn die Frau einmal nicht zugegen ist, dann auch Milch und Käse.

Im Winter sind keine Leute im Gebirge, die Lappländer halten sich unten im Waldlande auf, denn oben gibts nicht genug Rentierflechte, mit einem Wort *deficit lignum*, und die Schneekruste wird den Tieren zu hart.

Von den ärmsten Lappen halten sich einige hier auf, um Schneehühner zu fangen, welches folgendermaßen geschieht. Man nimmt einen *ramulus bifurcatus, spitamalis*, macht sich eine Schlinge aus Segelgarn oder Roßhaar, spaltet den Zweig ein wenig, worauf die Schlinge in der Spalte befestigt wird. Die Schlinge ist frei beweglich, jedoch *ad latera* (denn der Galgen ist aus Birke) schabt man vorsichtig die dünne *epidermis* ab, die sich aufrollt, und legt dieses *crispulum* über die Schlinge auf jeder Seite, so daß sich die Schlinge mit der Gabel auf gleicher Höhe hält und nicht *opposite*. Beide Basen dieses Galgens befestigt man in der Schneekruste im niedrigen Birkenwald und läßt ein Klafter Zwischenraum zwischen ihnen, legt Reisig von einer zur andern, wie einen kleinen Zaun. Wenn nun die Schneehühner daherrennen, fliegen sie nicht darüber hinweg, sondern laufen und kommen nicht anders vorwärts als durch die Galgen. In einer Nacht bleiben oft vierzig à fünfzig darin hängen.

An Vögeln hörte und sah ich heute *Cuculus (geeka)* und *Piscator magnus, dorso cinereo (staule)*.

Als ich über den Schnee ging, brach ich ein, bekam aber mit den Händen gerade noch Halt. Das Schmelzwasser hatte den Schnee von unten weggefressen. Da das Dorf nicht weitab war, kamen zwei mit Seilen und holten mich unversehrt, obgleich naß und mit einer Prellung am Schenkel, heraus.

Ich kam zu einem Lappländer, der schwedischer und dänischer Bürger zugleich war, er gab mir Branntwein, ich renoncierte, mußte aber dann doch trinken, auch Tabak rauchen.

Das Wasser im See Virijaure war weißgrün oder vollends wie Wasser, das in einer Schale steht, darinnen zuvor Milch gewesen, was von seiner *summa puritas et levitas, item pelluciditas* herrührte. War kälter als Schneewasser.

Ein kleines Stück vom See, linker Hand an der Flanke des Berges Kaitsoniunni, war an einem Bach ein seltsamer *lapis sive fluor* von *radiis coerulescentibus* mit vierkantigen Steinen.

Am Abend regnete es, und purpurgetupfte Schmetterlinge flogen umher.

Omnes lapides waren meistens *fissiles, cornei*, etliche *nigri aluminarii*, gewöhnlich *cornei*, verwittert mit einer *mica argentea, raro quarzii*.

Dies 11. Diesen Morgen waren wir schon in aller Frühe auf, bald (nach einer Viertelmeile) kamen wir auf den hohen Gletscherberg, welcher ein hoher Berg ist, ganz hart, wie gefroren; wir gingen teils auf seiner festen Kruste, teils sanken wir durch diese, dann war's, als ginge man im Sand. Hier und da gab es Bäche, die unterm Schnee flossen, an einigen Stellen war der Schnee durchbrochen, so daß man sehen konnte, wie er *strata* auf *strata* lag, sehr viele. Hier begannen alle Bäche nach Westen zu fließen, ein Zeichen, daß wir in der nördlichen Lappmark waren. Der liebliche grüne Boden, der zuvor noch mit dem Schnee abgewechselt, und die lieblichen Blüten zeigten sich hier nimmer; das ganze Gefild war mit weißem Schnee bedeckt. Der kalte Ostwind saß uns im Nacken, zwang uns, sehr auf unsre Hände zu achten, wir mußten einen Mantel anlegen. Wir gingen an der Nordseite des Bergs und wurden vom Wind so getrieben, daß wir das eine ums andre Mal hinkollerten, lange Stücke des Bergs wieder hinunterrutschten, ja, einmal purzelte ich einen Büchsenschuß weit, gelangte fast an einen Abgrund, und damit hätte die *comoedie* ein Ende gehabt; so sehr ging der Wind. Der Regen, der von den Seiten auf uns fiel, war eisig, bildete an Schuhen und Rücken eine Eiskruste, und hätten wir diesen Wind *wider* uns gehabt, wir hätten einen so langen und beschwerlichen Weg nicht durchgestanden. Nachdem wir solcherart drei à vier Meilen gekommen waren, wurden die felsigen, unfruchtbaren Klippen sichtbar und schließlich, zwischen den Felsen, das Westmeer. *Antea habuimus perpetuum ver, nunc hyems perpetua deinde aestas perpetua.* Auf dem Eis sah man einzig *Pago Lappis, Hiaticula* mit schwarzem Kragen, *pedibus croceis, gula alba.*

Da wir nun gegen die Mittagszeit die Berge hinter uns hatten, kamen wir ans Hochgebirge, sahen unter uns die höchsten Bäume wie kleine Pflanzen und ein anmutiges grünes Gefilde. Dieselben Gebirgspflanzen, welche man auf der andern Seite gesehen, fand man auch hier. Wir stiegen hinunter, ich glaube noch jetzt hinunterzusteigen, so lange dauerte der Abstieg, und es ging steil hinunter. Gebirgspflanzen sah man unten aber nicht.

Als wir endlich unten ankamen, was wurde mir nicht für meinen müden Körper an Erquickung! Ich kam aus einem kalten, gefrorenen Gebirg in ein warmes, siedendes Tal, ich setzte mich nieder und aß Walderdbeeren, an Stelle von Schnee und Eis sah ich grüne Gewächse in ihrem lieblichsten Flor, und der starke Wind brachte einen angenehmen Geruch nach *Trifolio florente* und andern Pflanzen. *O formosissima aestas!* Hier sah man meistens dieselben Pflanzen wie in Uppland, außer *Aconitum lycoct.* und *Muscipula parva montana, fl. albo erecto,* sowie *Coronopus marit.*

punctata Kyll. und *Mesomora* samt Multbeeren. Ich war ganz müde, erfrischte mich mit Kuhmilch, labte mich mit Speise und recreierte mich auf einem Stuhl.

Ich wunderte mich, daß, nachdem ich einen so starken Marsch hinter mir hatte, bei dem mich zwei Lappländer, der eine um die siebzig, der andere fünfzig Jahre, begleitet hatten, diese noch immer laufen, springen und Fangen spielen konnten etc., hatte doch jeder sein Reisegepäck zu tragen gehabt, und obgleich dieses nicht besonders groß war, so doch genug für diesen Weg. Also erwog ich, die Frage Dr. Roséns, mit der er mich seinerzeit kommittierte, *cur Lappones adeo pedibus celeres*, zu lösen.

Responsum sequens est, et causa non unica, sed plurimae coincidentes:

1. *Lappones* gehen mit *kängor* (Schuhen), die keine Absätze haben (wir *contra*), wie ja auch Tanzmeister und Seiltänzer wenig oder gar keine Absätze haben und also *operationes celerrimas* exerzieren, *quas calcaneis efficere non possent.* So auch andre, Schnelläufer und Ausländer, die schnell gehen. Dagegen die, so hohe und große Absätze haben, gehen schwerfällig. Man beschlägt auch Pferde, die einen gleichmäßigen Gang haben sollen, solange sie noch jung sind, mit schweren Hufeisen. Und der Bauernbursche hier unten in den Dörfern, will er springen, so legt er die Schuhe ab. Denn der Absatz nimmt den *musculis palmae pedis* die halbe Richtung, schwächt sie. Bleiben auch durch hohe Absätze und minderen Gebrauch steif; ein Holzbein geht schwerfällig.

2. *Cursus a teneris assuefactio.* Sobald ein Lappenjunge gehen kann, muß er die Rentiere beisammen halten; wird er etwas größer, muß er den Rentieren folgen, die ständig schnell gehen, ja, ihnen ist schwerer als Geißen zu folgen und mit ihnen schwerer um die Wette zu laufen als mit Kälbern. Kann nun ein Schnelläufer oder Seiltänzer, der sich von Jugend an mit den Füßen übt, behend werden, weshalb dann nicht auch der Lappländer, der doch, bis daß er sich verheiratet, immer hinter den Rentieren her sein muß, ja oft sogar sein ganzes Leben lang.

3. *A laboribus duris libertas.* Alle harte Arbeit, wie Pflügen, Dreschen, Holzhacken, Baumfällen etc., macht das Blut dick und den Körper steif. Sieht man alsdann, wie Bauernfleisch hart und zäh ist, Jungfrauenfleisch zart und geschmeidig, so versteht man, daß derselbige Bauer nicht die behenden Capriolen schlagen kann, die gelenkigen Stücklein, die eine Jungfrau zuwege bringt. Wann auch sind wir geschmeidiger, als da wir Kinder sind, wann steifer, als da wir abgenutzt und alt? Ein Knabe vermag den Fuß über die Achsel zu legen, ein Bauer bringt es nicht fertig, sich in den Zeh zu beißen, bleibt also der Lappländer leichter und geschmeidiger bei all seiner Arbeit, weil diese nicht grob ist und er auch keine *Herculeos labores* verrichtet.

4. *Musculorum flexura.* Ein Seiltänzer streckt und biegt so oft als möglich seine Gelenke, damit sie geschmeidig werden sollen. Ein Tanzmeister lehrt zuerst, wie man seine Muskel mit Gewalt zwingt, das Bein weit abspreizt. *Ex assueta flexura sequitur assuefactio natu-*

ralis. Sic etiam Lappones musculos ambulationi paratos semper flectunt, sie sitzen mit gekreuzten Beinen, was ein andrer nicht lange sonder Mühe und Incommodität machen könnte; man will bequem sitzen. Mir schien es anfangs schwer, jetzt aber bequem, nun geh ich auch wirklich viermal weiter denn zuvor.

5. *Esca carnium.* Man sieht, daß alles Getier in der Welt, so *vegetabilia* ißt, *rigidior* ist, *ut cervus, taurus etc.* Dagegen *carnivora, ut canis, felis, lupus, leo etc. omnia magis flexibilia; rationem facti ignoro et tamen res facti.* Die Lappländer sind allesamt *animalia carnivora*, sie haben überhaupt kein Gericht aus *vegetabilibus*, und wenn sie nun gleich einen *caulis Angelicae* roh aufessen, wie ein andrer etwa einen Apfel, oder hier und da einen Sauerampfer, so ist das, *proportione ad caetera ut* 1 *ad* 1.000.000, gar nichts. Sie sind *carnivora*, denn im Frühling essen sie Fisch, im Winter das reine Fleisch, im Sommer Milch und *ex his parata s. caseus.* – Salzfleisch macht schwer.

Hier kann ich's nicht unterlassen, *ex incidente* ein wenig von denen zu reden, die beweisen wollen, daß der Mensch dazu geschaffen sei, allerlei Arten Speisen zu essen, und das wegen seiner Zähne, wie es da heißt, er hätte *incisores* gleich *fructivora, ut lepus, cuniculus etc., canini ut carnivora, canis, felis etc., molares ut phytivora, vacca, equus etc.* Aber diese *raison* genügt mir nicht. Denn wenn man *primo dentes incisores* untersucht, so sind sie von andrer Beschaffenheit als die der *nucifragorum, ut murum, leporum etc.*, deren Zähne *ad angulum erecto magis patentem* hervorstehen, *nostri autem perpendiculariter apicibus coincidunt.* Weshalb die

ihrigen ganz lang sind. *Vide dentes castoris etc. Animalia quaedam carnivora* haben auch *incisorios ut* . . .[1]
Caninos haben wir; diese halte ich für wichtig, obschon es nur vier sind.
Molares führen uns nicht zu *phytivoras*, wenngleich sie Ochse und Kuh haben, denn der Hund, die Katze etc., ja alle *carnivora* haben ebenfalls *molares.*
Ich habe noch kein Exemplar *phytivorum* gesehen, das *simplicem ventriculum* gehabt oder nicht wiedergekäut hätte; *ab his nec unquam excipiendus est mus cum familia murum.*
Nun wollen wir uns unserer Gattung zuwenden: Siehst du auf *notas classicas*, auf die Zähne, auf *manus et digitos*, so wirst du bald herausfinden, wie ganz nahe wir mit den *babianis et simiis* verwandt sind, ja *satyris sylvestris.* Sieh sie an, ob sie nicht *carnivora* sind, so erübrigt sich jede Antwort.
6. *Parvis contenta.* Ein Lappländer ißt nicht so viel Grütze als im Bauch Platz hat, sondern jetzt ein bißchen und später wieder ein bißchen. Der finnische Bauer Rüben und der schonische Grütze etc. Sie schlagen sich aber damit den Bauch so voll, als es dieser nur aushält, ja, die Dalekarlier essen, daß der Bauch wie eine Trommel steht, deshalb sind sie auch beim Graben und Pflügen geschickter als beim Laufen im Gebirg. Der Lappländer hingegen ist mager und zart. Ich habe noch keinen Lappen mit einer Wampe gesehen. Die Milch macht ihn auch geschmeidig.
7. Ich sah auf Knie, Füße etc., sah aber, daß sie nicht anders beschaffen sind als bei den übrigen. Nichts-

1 Lücke im Manuskript

destoweniger deuchte mich, daß *palma pedis* an der inneren Seite mehr konkav als bei andern Menschen war. Was das zu besagen hat, mögen *mechanici* besser beurteilen als ich.

8. Sind alle Lappländer klein, ich sah noch keinen, der so groß wie ich gewesen wäre. Ein großer und schwerer Körper vermag nicht so flink wie ein kleiner zu sein, obschon bei jenem die Organe viel stärker und länger sind. Also man auch bei allen kleinen Dingen das gleiche sieht: ein kleines öländisches Rößlein oder ein Norwegerpferd läuft ganz schnell, und wenngleich ihm ein großes schonisches davonläuft, so kann man doch staunen, wie hurtig das kleine die Füße rührt, und man sieht, daß bei ihnen die Füße schneller als bei den größeren gehen.

Es ist zum Staunen, wenn man sieht, wie groß ein Helsingländer und wie klein ein Lappländer ist; *ratio clara.*

1. Gibt man einem jungen Hund genug zu fressen, wird er groß, wenn aber wenig, klein.

2. Läßt man einen kleinen Hund in der Wärme, wird er groß, aber friert er, klein.

Ergo etiam Lappones. Causa cur Lappones adeo salubres.

1. *Aer purissimus, ego novam vitam.*

2. *Esculenta bene cocta.*

3. *Esca frigida.* Gekochte Speise muß kalt werden; nicht nach dem Essen gestiefelt und gespornt laufen.

4. *Aqua purissima.*

5. *Mentis tranquillitas. Aetas aurea et argentea deducatur; non lites nec de suis admodum sollicitudo, non pecuniarum.*

6. *Esca non gravans, ut rusticus*, bis daß der Rock zerreißt, sich wohl befinden.
7. *Spiritus vini, quo caret nisi interdum; quod si careret melius valeret.*
8. *Frigoris assuefactio et a teneris induratio.*
Carnium (esus), animalia carnivora longaeviora.

In der Lappmark sah ich keine Fliegen, aber sobald ich nach Norwegen kam, waren alle Häuser voll davon. Dagegen waren aber die ziemlich vielen Mükken nun ganz verschwunden.

Hier gab man mir *Kved*fisch zu essen, schmeckte beinahe wie Lachs, war groß, mit einer *pinna dorsi a medio ad caudam protensa.*

Ich war nun von der Reise ganz müde und überließ mich der Ruhe.

Dies 12. Am Tage danach war ganz starker Wind, so daß ich mich nicht aufs Meer hinauswagte, ging des Morgens an den Strand, es war gerade Ebbe; die Flut kommt zweimal innerhalb vierundzwanzig Stunden und nimmt alle sechs Stunden ab und zu. Also *4 spatio* pro Tag, *2 sc. decidentiae*, 2 *fluvii;* nimmt nach dem Mond zu. Auf dem einsamen Strand lagen verschiedene *fuci*, auf Steinen oder Schneckenschalen wachsend.

Die Lappländer kamen hier in den Törrfjord her, um Branntwein zu kaufen, tranken erst einmal so lange, als sie stehen konnten, hatten dann getrocknete Rentierblasen, die sie zuerst aufbliesen und dann Branntwein hineinfüllten, banden sie zu und trugen sie mit sich. Haben übrigens kleine Tassen, einen halben Löffel groß, mit denen sie einen um den andren saufen, oft ein ganzes Quart.

Wenn die Lappen sich herausputzen wollen, kleiden sie sich in weißen Wollstoff ohne Futter, mit hohem

Kragen, ringsum zehnreihig mit Draht bestickt, der Kragen blau, *margine brunnea.* Es kostet die Elle einen Taler Kupfermünze. Acht Ellen gehen auf einen Kittel, *ergo* so viel wie ein kleiner Lappen-Pelzkittel.

Die Lappländer legen eine Hand auf die andre, wenn sie das Gesicht waschen.

Heute war es ziemlich heiß, und es regnete nach Mittag ein paar Tropfen.

Dies 13. Wie sich das Wetter nun beruhigte, fuhren wir aufs Meer hinaus, um zu erfahren, was die Natur dort für uns bereithält. Bald bekamen wir an den Angelhaken, der aus dem Boot gelegt worden war, einige Köhlerfische.

Rund um den Törrfjord standen allerorten hohe Berge mit Schnee darauf. Hier und dort zwischen den Berggipfeln stiegen von der Erde schwarzgraue Wolken hoch, aber *apex* und *basis* waren sichtbar. Schließlich verschwanden sie wieder.

Missne, Schlangenwurz fürs Volk, ist *Dracunculus aquaticus.* Rinder*missne Menyanthes.*

Den Pferden hacken sie die zartesten Tannenreiser ganz fein, mischen sie mit einer Halbscheid Gerste; das den Pferden in Notzeiten zu geben, ist recht *egregium.*

Sobald wir die Angeln ausgeworfen hatten und sie hinter dem Boot treiben ließen, gleich bekamen wir Köhlerfisch, wir konnten ihn kaum so schnell herausziehen, wie er anbiß. Aber am Tag darauf, als es aufklarte, war es keineswegs so. Am Angelhaken nichts, was zum Essen getaugt hätte, immer nur ein Stahlhaken, an einer Zithersaite befestigt. Aber heute bekamen wir einige sechzig Stück.

An den Schären, zwischen den Hügeln verstreut, lagen viele vereinzelte Bauernhöfe. Ich sah, daß keiner mehr als ein kleines Tal besaß, also ein oder zwei Äcker, wohl noch ein wenig Wiese beim Hof, vielleicht auch etwas mehr, weiter davon ab, wovon natürlich keiner existieren könnte, wäre hierorts nicht ein so reicher Vorrat an Fischen, davon zu verkaufen und zu leben. Hier oben sind viele *species* und ziemlich viel *individua* im Meer. Viel hörte ich hier von Walfischen etc. reden. Ich sah hier, wie sie Lachs fangen.

Die Kirche war sehr klein.

Dies 14. Am Abend kamen wir auf den Pfarrhof von Rörstad zum Herrn Joh. Rask, *pastor secundarius*, welcher in Westindien und Afrika gewesen. Hat auch seine Reise artig, mit verschiedenen Fischen und Gewächsen, beschrieben; empfing mich honett. Am Morgen reiste ich mit dem Schiffer nach dem Törrfjord zurück. Ich sah nun die ganze Reede der Westsee vor mir liegen, und es hieß, wenn man geradeaus weiter nach Westen führe, würde man gen Grönland kommen.

Hier war eine schöne Tochter, die Sara Rask hieß, um die achtzehn Jahre herum, ganz außerordentlich schön; werde ihr schreiben müssen, denn sie hat gesagt, sie könne nicht glauben, daß jemals ein redlicher Schwede zu ihr kommen werde.

Wünschte, daß Herr Ingvald uns aufsuchte, damit ich ihm meine Schulden bezahlen könnte, wozu ich sonst nicht imstande bin.

Unterwegs erzählte man überall von einem Västergötländer, der hier mit Lug und Trug durch die Gegend gezogen sei.

Fladenbrot (Västerbotten) macht man solcherart aus Gerste und Spelzen:

Wenn man gedroschen hat, nimmt man ein grobes Sieb, siebt das Getreide, die Spelzen und Grannen, ja oft ein wenig Stroh mit hindurch. Dann wird alles getrocknet und gemahlen. Die Reicheren nehmen reine Gerste, andere einen Teil Gerste und zwei Teile Spelzen, wieder andere zwei Teile Gerste und einen Teil Spelzen. Das Mehl, solcherart gemahlen, wird mit kaltem Wasser (warmes macht brüchiger) zu Teig verarbeitet, ohne Hefe oder Ferment. Wenn Mehl und Wasser lange und gut zu Teig verarbeitet worden sind – doch muß es ein geschmeidiger Teig werden, denn ist er hart, kann man nicht damit hantieren –, so wird er auf dem Tisch geknetet. Für jeden Kuchen wird ein guter *manipulus* Teig genommen. Kein Mensch würde je glauben, daß aus so wenig Teig ein so großes Brot entstehen könnte. Es wird mit der Hand geformt, doch nicht hochgehoben, sondern nur geklopft und mit einem schmalen Spatel auseinandergedrückt, also nicht ausgerollt – wobei man reichlich Mehl nimmt –, bis der Fladen so dünn wird wie Pergament. Nun wird er mit einem ziemlich großen Brotschieber gewendet, nachdem er zuerst auf der einen Seite mit einem Perforiergerät oder einem guten *manipulus pennarum remigum lagopi, perdicis etc.*, und, wenn er gewendet worden ist, auch auf der anderen Seite durchlöchert wurde, und dann in den Ofen geschoben. In den Ofen geht immer nur ein Kuchen hinein und nicht mehr, jemand muß ständig dabeistehen und den Kuchen ein wenig bewegen oder hochheben, daß er nicht verbrennt oder Feuer fängt; es dauert auch nicht sehr lange, bis er ausgebacken ist, worauf er wie ein Steinkuchen über eine Bettstange gelegt wird, so daß er an beiden Seiten herunterhängt. Doch wird er nicht beidseitig getrocknet, denn es würde nie genug Platz zum Trocknen geben. Dann wird der eine unter den anderen geschoben zu einem großen Haufen und so *ad usum* konserviert.

Andre backen Brot aus Kiefernrinde, die sie von solchen Kiefern nehmen, die groß und unten astfrei sind, denn die astreichen und jungen sind harziger und bitterer; die unterste Rinde, an der Wurzel, ist die beste, doch muß die harte äußere Borkenschicht vorher gut abgeschält werden, welche oft für den Winter aufgehoben wird. Bevor die so gewonnene Rinde zu Mehl gemahlen wird, legt man sie auf ein schwaches Glutfeuer und röstet oder erhitzt sie ein wenig, wovon sie ganz porös und dick wird, darauf wird sie gemahlen und verbacken *ut prius*, sie hält besser zusammen als Gerstenteig, beinahe wie Roggenteig, aber das Brot ist bitter.

Schlangenwurzbrot im Frühling, bevor die Blätter an *Dracontio* ausschlagen: Man nimmt die Wurzel aus der Erde, wäscht sie sehr sorgfältig, trocknet sie an der Sonne oder im Hause, befreit sie von den kleineren Wurzeln, trocknet sie dann im Ofen und stampft sie wie Kiefernrinde im Stampfer (*id est* der Stamm einer großen Kiefer *excavata*, hat etwa Taillenhöhe; die Rinde wird hineingelegt, mit einem Spaten gestampft, wie Sauerkohl, bis sie klein ist wie Erbsen oder Grieß, riecht süß und gut), dann wird sie gemahlen, das Mehl mit Wasser zu einem Brei gekocht und umgerührt, wird so lange gekocht wie Brei und steht dann im Kessel drei à vier Tage lang, je länger desto besser, denn zuerst ist es *acre*, was aber *per requiem abit;* dann wird dieser Brei mit Kiefernmehl oder anderem Mehl gemischt, denn er selbst gibt nicht viel her, weil die Wurzeln so schwer zu finden sind. An einigen Stellen findet man allerdings ganze Pferdeladungen davon. Dieser Brei wird nun mit anderem Mehl verbacken, und das daraus gewonnene Brot ist zäh wie Roggenbrot, ziemlich süß und recht gut, weiß, besonders wenn es frisch gebacken ist. Von Rinderschlangenwurz bäckt man ziemlich selten Brot, denn sie ist zu bitter, vielmehr gibt man die Wurzeln dem Vieh, welches sie ganz und gar auffrißt; man findet sie reichlich in Flüssen und an ihren Ufern.

Norwegerbrot. Aus Roggenmehl oder Gerste mit einem Drittel Zusatz von Roggenmehl macht man einen Teig mit kaltem Wasser, knetet ihn so lange, bis er sich von der Hand löst, und rollt ihn dann mit einer Teigrolle, die rund und *sulcatus* ist, in alle Richtungen aus; *exterior margo reflectitur* und auf dem Brotfladen angedrückt, damit die Kante nicht einreißt, wird dünn wie Papier und ganz glatt. Dann wird der Fladen auf Steinkucheneisen gebacken, gedreht und gewendet und dann mit einem in Wasser getauchten,

gleichmäßigen *fasciculus spicarum enucleatarum secali* glattgestrichen.
In schlechten Zeiten, wenn es nichts anderes als *Spergula vera* auf dem Acker gibt, wird deren Samen genommen, getrocknet und gereinigt und mit einem kleinen Zusatz von Getreide verwendet; daraus erhält man einen schwarzen, aber guten Teig.
Da ich nun zwischen den Bergen hochging, um Walderdbeeren zu pflücken, wurde ich eines Lappländers ansichtig, der mit seiner Büchse auf Vögel aus war. Ich kümmerte mich zuerst nicht um ihn, aber dann knallte es, und wie ich mich umdrehe, sehe ich, daß er mir ziemlich nah ist, jedoch unterhalb. Die Kugel schlug über mir an einen Stein, ich, Gott sei Lob und Dank, entkam ihr, und er lief auf und davon. Ich sah ihn nicht mehr, verfügte mich aber bald heim.

Norwegischer Käse aus Sauermilch.

Man nimmt Sauermilch, kocht sie so lange, bis sich das Dicke an den Boden legt, seiht es darauf durch ein Linnentuch, so geht das Dünne durch, das Dicke aber bleibt wie Weizengrütze zurück. Dieses steht in einem überdeckten Gefäß acht Tage, wird dann auf einem Teller (oder anderem) mit Sahne zusammen *in formam conico-obtusam* geknetet, hernach an einen kühlen und windgeschützten Ort gestellt. Bekommt der Käse Risse, knetet man ihn wieder *in formam pristinam*, stellt ihn aufs neue *in loco pristino* zum Trocknen, was jedoch oft nicht vor ein bis zwei Monaten geschieht; setzt dann eine *epidermis* an, die *rugosa s. cellulosa ut in ventre reticulato* wird, was indes nichts andres ist als altes, abgestandenes Zeug, das man später abkratzt.

Dies 15. In diesen Gegenden Norwegens gebraucht man keine Gartenzäune, weil das Holz rar ist. Das Vieh wird stets von einer Magd begleitet. Es ist kein Unterschied zwischen Wiese und Wald, nur daß der Wald ein wenig Buschwerk enthält, die Wiese aber ganz bloß ist. Man mäht hier sowohl die Wiesen als auch im Wald, in beiden steht das Gras ganz hoch, obgleich das Vieh hier weidet. In den Nächten oder wenn sie gemolken werden sollen, führt man die Tiere nicht heim, sondern hält sie in einem viereckigen Gehege, das versetzt werden kann, da werden sie gemolken, denn die Bewohner wollen auf solche Weise die Weide düngen. – Pferde gehen ohne Aufsicht, Schweine werden angepflockt, die Kühe dreimal gemolken, morgens, mittags und abends. Geißen und Schafe laufen zusammen mit dem Rindvieh.

Manche haben Kachelöfen aus *lapide ollari*, auch Kochtöpfe.

Die Herde haben keinen Schornstein, sind nur eine kleine Grube mit einem Ofen darin. Im Ofen ist stets Feuer, damit es warm bleibt. Mit der Glut bäckt man, im Ofen selbst nie. Aller Rauch steigt unter das Dach und zieht dort durch eine hierfür vorgesehene Öffnung in der Mitte der Decke, die ganz schwarz ist. Die Tür läßt man auf, damit der Rauch besser abziehen kann. Dies tut man, damit nicht alle Wärme gleich durch den Schornstein verschwinden soll. Aber das ist wirklich *excusatio calva*, denn dafür verschwindet um so mehr durch die Tür. Auf den Rauchabzug legt man einen viereckigen Deckel, der an einer Stange befestigt ist, so kann man das Rauchloch von innen öffnen und verschließen. An Lehm und Steinen ist kein Mangel. Die Wände in den Häusern sind niemals *perpendiculariter* gehauen, sondern jeder Stamm ist konvex, innen und außen, jedoch geschält. Die Scheunen sind klein und niedrig, mit einer Tenne.

Keiner kann im Winter übers Gebirge reisen:

1. Ist es so kalt, daß es niemand aushalten kann.
2. Halten sich die Rentiere nicht im Gebirg auf, sondern im Wald, wo sie Futter finden.
3. Kann ein Rentier nicht übers Gebirge, denn es ist zu weit.
4. Kann man auch nicht genug Kleider mitnehmen, die wärmen, und Speise, um sich zu nähren.

Also reist man im Herbst oder im Sommer.

In *diebus canicularibus* ist es bei uns für jeden, der sich schlecht bei Gesundheit fühlt, allgemeiner Brauch, einen Sauerbrunnen aufzusuchen. Ich kann sagen, daß ich während einiger Jahre so ziemlich, gottlob, bei Gesundheit war, aber doch nicht so recht, wie man's hätte wünschen können. Sobald ich aber ins Gebirge kam, war es, als bekäme ich ein neues Leben, und es schien, als würde mir eine schwere Bürde abgenommen. Nun hatte ich einige Tage in Norwegen geweilt, und obgleich ich keinesfalls debauchiert bin, so hatte ich mich stets etwas schwer gefühlt; jetzt aber im Gebirg bekam ich ein neues Leben, wozu die reine und bewegte Luft nicht wenig beiträgt. Man glaubt, daß in höheren Lagen die Luft dünner sei, also man einen nassen Schwamm vor die Nase halten müsse, damit man durch eine dickere Luft Atem bekäme. Ich möchte meinen, solches hinge bloß davon ab, daß man auf einen Berg geht und gleich einem, der läuft oder eine andre starke Bewegung *accelerata circulatione sanguinis* hat, atemlos wird, zeigte mir nicht *barometrum*, daß *pressio aeris* hier schwächer ist. Scheint mir auch wider *rationem* zu gehen. Man weiß, daß die Gebirge höher als alle anderen Berge in der Welt sind, denn kein Fluß durchfließt sie, die westlichen gehen ins Westmeer, die östlichen ins Ostmeer. Nimmt man nun die ziemlich zahlreichen Wasserfälle, die zwischen Gebirge und Meer liegen, so kommt man zu dem Schluß, daß dieses Gebirge eine ordentliche Höhe besitzen muß, sowohl dem Meer als auch dem Land gegenüber. Wird nun die Luft vom Land zum Meer getrieben und muß über diese ziemlich beträchtlichen Höhen, so wird sie zusammengedrängt *(hinc tantus flatus communiter, hinc cur frigidus)* und verdickt. Friert also hier öfters selbst im stärksten Sommer; *frigus consistit in pressione et calor in rarefactione aeris, adeoque sequeretur aerem non esse rariorem in montibus.* Ich komme wieder auf mein voriges zurück:

Viel besser und heilsamer würde es sein, hierher ins Gebirg zu reisen und Schneewasser zu trinken, als irgendwo am Sumpf in der dicken Luft eine Brunnenkur zu betreiben, deren Regeln – die Versuchungen sind groß – ja doch stets gebrochen werden, denn wer trinkt gern, gleich nach dem Mittagessen, Sauerbrunnen statt starkem Bier etc.

Das köstliche, perlende und wohlschmeckende Wasser dependiert stets vom Schnee. Der Schnee nämlich konserviert das Wasser, wie etwa Salz das Fleisch. Man sieht ja, je länger Wasser in der Wärme steht, desto verdorbener wird es, aber *vice versa* in der Kälte. Dieses Wasser hält die Lappländer so gesund wie der delikateste Wein. Ich habe in Stockholm gesehen, wie man jetzt auf portugiesische Manier Wasser zu trinken anfängt, aber es ist ein Unterschied zwischen Wasser und Wasser und zwischen Wärme und Wärme. Hier schmeckt es außerordentlich delikat. Als ich in Norwegen auf dem Meer fuhr, sah ich dem Lappländer, der mir diente, mit Vergnügen zu, wie er, sobald es heiß wurde, mit der Schöpfkelle ins Meer um Wasser fuhr, so war er's von zu Hause gewohnt. Aber statt frisches bekam er salziges Wasser. Die Lappländer haben stets eine Schöpfkelle bei sich, mit der sie, sobald ihnen trocken und heiß wird, Wasser trinken und sich, sonder Furcht, krank zu werden, erfrischen. Ich machte es auch so. Würde dieses herrliche Wasser hier fehlen, so könnte hier niemand reisen und kaum einer wohnen, da ja auch *Bacchus* und *Ceres* hier unbekannt sind, wenngleich *Venus* keine Not zu leiden hat. Aus dem Gebirgswasser nehmen auch die meisten Quellen und Ströme ihren Ursprung, weshalb, wenn es warm im Gebirge ist, die Ströme auch doppelt, ja dreifach so stark fließen.

Ich zeigte einem Lappländer einige Zeichnungen in meinem Buch. Er wurde furchtsam, nahm die Mütze ab, verneigte sich, ließ das Haupt sinken und hielt zitternd die Hände vor der Brust, murmelte etwas wie in höchster Verehrung, wollte ohnmächtig werden.

In Norwegen hörte ich von einer sonderbaren Finte, mit der einer den Lappländern Zaubertrommeln und einige Bilder ablockte. Witterte er, daß so etwas vorhanden sei, bat er den Lappländer, er möchte doch die Trommel hergeben, dieser verweigerte sie. Nachdem er lange umsonst gebeten, legt er die Arme um den Lappen, zieht ihm das Wams hoch, öffnet ihm, bevor er überhaupt etwas merkt, eine Ader, worauf der gute Lappländer umfällt und ums Leben bittet, verweigert auch die Trommel nicht mehr, da wird er sogleich verbunden. So trieb ers bei vielen. Ich hatte einen Wegführer, der mich zu seinem nächsten Nachbarn führte. Aber dieser Nachbar war drauf und dran, davonzulaufen, und wollte mich nicht empfangen. Auch der Wegführer hatte mir zuerst nicht folgen wollen, und ich hatte ihm gar mit dem Degen Hiebe versprechen müssen, bezahlte ihn jedoch für seine Dienste gut und bat sehr um seine Hilfe. Da ich nun Hand an den Degen legte, wollte er sich auf die Beine machen, was ihm aber mißlang, denn mein Diener hatte ihn gar bald beim Kragen. Er erschrak ordentlich, zitterte, sagte, er würde mich schon führen, und weil er sich so oft umblickte, ließ ich ihn vor mir gehen. Als ich zum nächsten Nachbarn kam und zu diesem hineinging, sprang mein Lappe eiligst davon, aber nicht nach rückwärts, sondern seitlich den Berg hinauf, so schnell, daß ihn der Teufel nicht hätte erwischen können, ließ beides, Geld und Adieu, zurück. Da hilft keine Gewalt. Der Dolmetsch sagte mir, wenn der Lappe gesehen hätte, daß sich eine Büchse wider ihn richtete, so wär er hundertmal weniger erschrocken gewesen.

Unter den seltenen Pflanzen, von denen ich hier und dort in der Lappmark die eine oder andre fand, gabs hier *vulgares*, woraus ich schloß, daß ihre Samen von den Flüssen hergetrieben worden waren, zumal es sich bei den seltenen um *aquaticae*, wie *Sceptr. Car.*, *Astragalus, Acetosa emarg.*, *Pedicularis alba et coma purp.*, *Asphodelus etc.* handelte.

Als wir den Berg hinaufstiegen, war die Hitze groß. Da wir dorthin kamen, wo wir glaubten, daß der Gipfel sei, sahen wir vor uns den Berg noch einmal um die gleiche Höhe ansteigen, ja, dieses wiederholte sich sieben- à zehnmal; ich glaube, dieser Berg hat nicht seinesgleichen in der ganzen Welt. Mit keinem *instrumento geometrico* kann er vermessen werden, denn sein *apex* ist auf Meilen hin nicht sichtbar. Ich glaube, daß er über eine Meile hoch ist, aber schlimmer als zwei Meilen hinaufzusteigen, und hätten wir nicht so reichlich Wasser gehabt, wir wären verschmachtet.

Am Berghang fand ich den kleinen *Astragalus flore albo et Gentianella.*

Vorher waren wir, unten am Fuße des Bergs, vor lauter Schwitzen zerflossen; nun aber, da wir hinaufgekommen, begannen die Kleider, die voll Schweiß waren, vom Frost steif zu werden.

Wir eilten nach einer Hütte und mußten über einen Abhang hinunter, so steil, daß ich ihn gar nicht gehen konnte, sondern mich auf den Rücken legte und hinunterrutschte, welches auch so geschwind ging, als wär ich ein abgeschossener Pfeil, und knapp vor einem Schneewasser endete meine Fahrt.

Da wir nun weiterkamen, sah ich einige Rentiere, deren Geweihe nicht über eine halbe *uncia* Länge gingen, denn die Bremsen hatten sie, als sie noch weich waren, fortgefressen; die Bremsen in Norwegen sind schlimmer als die Mücken der schwedischen Lappmark.

Kurios war das Verschneiden der Rentiere.

Der Hausvater läßt das Ren, sobald es zweieinhalb Jahre alt ist, vierzehn Tage vor Michaelis an einem Horn halten, kriecht zwischen die Schenkel des Tieres und beißt mit den Zähnen in dessen Hoden, doch gerade so, daß die Haut nicht verletzt wird, denn sonst stürbe das Ren. Dann drückt er die Stelle ein wenig mit den Fingern zusammen und ebenso auf der anderen Seite, wobei das Ren nicht mit den Füßen tritt. Das Ren wird in einer Woche wieder gesund, vorerst aber ein wenig krank, kann auch kaum in dieser Zeit der Herde folgen. Ich halte das für einen interessanten und bemerkenswerten Kunstgriff; *ulterius deducatur.*

Die Mägde hier, sonderlich wenn sie adrett sein wollen, legen das Haar in zwei spitze Locken, eine an jedem Ohr, und binden sie dann hinten mit einem Band zusammen, so daß die Locken am Rücken hinunterhängen. An beiden Bandenden sitzen Quasten.

Dies 16. gingen wir über den Gletscherberg. Nachdem wir ein Stück gewandert waren, erblickten wir eine dicke Wolke im Nordosten; sie reichte vom Himmel bis zur Erde. Endlich erreichte sie uns wie ein dicker Nebel, machte unsre Kleider feucht, aber das Haar, *quod notabile*, ganz naß, ja, sie verdeckte uns so den Horizont, daß wir weder Sonne noch Mond zu sehen vermochten, auch nicht die umliegenden Bergspitzen. Wir wußten nun nicht, wohin wir uns wenden sollten, fürchtend, wir könnten in den Abgrund stürzen, der an der einen Seite lag, und, gleich wie es vor einigen Jahren einem Lappländer geschehen war, unsre *comedia* würde auf der anderen Seite des Gletscherstromes enden, der sich hier so tief in den Schnee gegraben hatte, daß man beim Hinabsehen schwindlig werden konnte. Wir sahen keine zwei Ellen weit. Wir waren wie ein unkundiger Seemann, der dem wilden Meer ausgesetzt ist und kein Land erblickt, aber an allen Seiten Riffe fürchten muß und keinen Kompaß zur Hand hat. Selbst die Lappländer käme dieser Kampf hart an. Zum Glück aber fanden wir, die wir keinen kundigen Begleiter hatten, eine Renspur, die irgendwer kurz zuvor hinterlassen hatte, um Sachen nach Norwegen zu führen. Diese wies uns den Weg.

Omnes Lappi communiter lippi sunt, ut ex uno alterum vocabulum profluxisse videretur. Causae sunt variae; praesertim

1. *Flatus.* Als ich meine Reise begann und in einen Sturm geriet, wurde ich rotäugig und konnte die Augen nicht völlig öffnen, sondern mußte sie halb geschlossen halten. Um wieviel mehr die, welche im Gebirg leben, *ubi flatus perpetuus.*

2. *Nix et quidquid album, praesertim* wenn die Sonne scheint, was auch mich sonderlich beschwert hat. *Ergo Lappones alpini ubi nix perpetua.*

3. *Nebel.* Heute auf dem Gletscher fand ich mich sehr wohl zurecht, bis dann der Dunst, der Nebel oder die Wolke, *quod unum est,* auf mich und meinen Dolmetscher kam und uns so die Augen schwächte, daß wir kaum sehen konnten, obwohl wir es mit viel Gewalt versuchten. *Ergo Lappi.*

4. *Fumus.* Wie auch möchte es anders sein, als daß alle triefäugig werden, die ständig in der Hütte hausen müssen, wo doch drinnen der Rauch in aller Augen geht, ja in alle Winkel dringt, so flink, als wärs durch das Rauchloch?

5. *Frigus, quid Lapponia frigidius?* Die Berglappen haben keine gebauten Hütten, sondern einzig Zelte. Wenn sie beim Liegen nicht heiß haben wollen, so hängen sie eine Decke mit einem Haken eine Elle über den Boden und darunter liegen sie dann.

Die Frauenzimmer tragen an ihrem Gürtel (Silbergürtel) einen Beutel mit

1. Löffel im Beutel,
2. Messer in Messerscheide,
3. Pfeife im Beutel,
4. Fingerhut aus Leder, auf *digito indigitorio* zu stecken,
5. Nadelbüchse, über die *cupulae ad instar* ein Messingdeckel gestülpt wird,
6. Ringe, einige Stück, große, aus Messing.

Derselbe Gürtel ist mit Zinn oder Silberperlen beschlagen.

Wenn die Rentiere gemolken werden, fliegen überall die Haare herum (die Renc lassen den ganzen Sommer über Haar) und hängen sich an den Melkeimer, so daß dieser ganz zottig wird. Soll nun ein Ren gemolken werden, dann tauchen sie schnell die Finger in die Milch und machen die unsauberen, trockenen Euter weich. Geschieht es nun, daß Rentiere aus der eigenen Herde zum Nachbarn kommen, *amant enim societatem et quo plures, eo etiam meliorem agunt vitam; hinc saepe ex una grege in alteram excurrunt*, so melkt sie der Nachbar, der sie grade bekommt, *sine* daß ihms der andre neidete.

Die Rentiere werden wie die Kühe an den Ohren gekennzeichnet.

Das Hausgerät besteht aus Kesseln, bald aus Messing, bald aus Kupfer, *raro* Töpfe, *ob pondus*. Schalen mit Griff, *semiglobosae*, meist aus Maserholz gemacht, oft von vier à fünf Kannen Fassungsvermögen, so fein, daß man schwören möchte, sie seien gedrechselt. In diese füllen sie, was gegessen werden soll. Teller verwendet man nicht, aber statt dessen längliche Bretter, wenn Fleisch gegessen wird, obwohl dieses auch *ante divisionem particularum* in runden Holzbütten aufgetragen wird; geflochtene Käsegefäße, alle rund, *item* eine längliche Tonne für die Jumomilch.

Im Lappenzelt liegen auf beiden Seiten zottige Renfelle ausgebreitet, *cum pilositate superius*, auf denen man sitzt und liegt, *erectus stare nequit*, dazwischen der Herd oder statt dessen einige Steine um die Asche. Hinter dem Feuer liegt das Brennholz, aber Reisig und Zweige liegen auch vor dem Feuer, und dort befinden sich ebenfalls die Hausgerätschaften. Unter dem Zeltgestänge *utrinque supra* den Fellen hängen zwei Abstellraufen, auf denen vorn die Käse zum

Trocknen liegen, *ad claudentes* Mägen hängen, mit Milch gefüllt *ad hyemem seram.*
Nialmiphata ist eine Kapuze aus rotem Tuch, die sie über ihre Mützen ziehen, so daß nur noch Augen und Mund zu sehen sind. Das Kinn, der Nacken, die Schultern etc. sind ganz bedeckt. Hinten an der Kapuze sitzt eine Öse, durch die ein Band gezogen und unter den Achseln befestigt wird, damit der Umhang dem Wind widersteht; solcherart schützen sie sich vor Schnee und Sturm.
Im Winter tragen die Frauen Hosen, wie die Männer, und Lappenstiefel, die jedoch nicht übers Knie gehen. Ich kann nicht begreifen, daß diese Leute in den kältesten Winternächten es draußen bei den Renen aushalten können, die sich nie ruhig halten, sondern Tag und Nacht fressen wollen. Doch haben die Leute an manchen Stellen Hütten, bei denen sie, soweit es nur geht, mit Hilfe der Hunde die Rene zu halten versuchen.
Dies 17. Nachts fuhren wir über den See Virijaure, es war kalt, und ein kalter Nebel fiel. Kamen am Morgen zum Länsmann Kock, woselbst ich mich über die schneeweißen Leiber dieser schwarzgesichtigen Leute verwunderte, welche die Hellhäutigkeit aller Frauenzimmer übertrafen.
Sah hier auch Lemminge, *Lummick Lappis*, deren *corpus griseum* ist, *facies nigra, humeri nigri et regio epilumbaris nigricans, cauda et aures brevissimae, edit* Gras und Rentierflechte, lebt zumeist im Gebirg, kommen in manchen Jahren zu Tausenden ins Waldland, gehn direkt über See, Sumpf und Morast, *hinc multi* ster-

ben, sind nicht sonderlich *timidi*, sondern jaulen aus ihren Höhlen die vorbeigehenden Leute an wie ein Hund.

Die Lappländer sitzen stets mit gekreuzten Beinen oder ein Bein *parallelismo* und eines *opposite*.

Dies 18., als wir übers Gebirg gingen, dürsteten wir, das Wasser schmeckte nach Erde, obgleich noch genug Eis und Schnee lag, woraus es auch floß. Der Lappländer schnitt mit dem Messer ein Loch ins Eis, sog aus diesem Eis Wasser, das gut schmeckte, und ich und er tranken ordentlich. Er sagte, das sei gut für die Brust. *Aqua enim pura nil nocet, si moderate sumitur, licet frigida potatur; didici a Lappis et experientia.*

Ich wollte meine Leibwäsche gewaschen haben, worauf sie sich nicht besser verstanden als die Kuh auf Muskat. Denn ihre Kleider sind nicht ein bißchen aus Linnen, denn da sie Fleischesser sind, sind sie auch mit Tierhäuten bekleidet, entweder mit Pelz oder mit Wollstoff, den sie kaufen.

Im Winter tragen sie Lappenstiefel, die bis zur Mitte der Oberschenkel reichen, und haben keine Strümpfe, sondern um den Fuß Schuhgras. Auf dem Leibe zunächst eine Wolljacke, dann einen Pelzkittel, die Haare nach innen, im Sommer aber nach außen.

Dies 19. sah ich mit größter Verwunderung, wie sich die Rentiere in der Hitze verhielten, ja, sie mochten nicht eine Minute stille stehen. Sie beutelten sich, stampften, prusteten, stießen etc., und das alles nur wegen einer kleinen Fliege; und obgleich nur zehn Fliegen eine große Herde von 500 Rentieren umschwirrten, war doch jedes Ren in hellem Aufruhr.

Die großen Fliegen hatten es nun mit größter *force* auf sie abgesehen, und sobald sie am Körper waren, versuchten die Rene sie abzuschütteln. Jetzt hatten die Fliegen die beste Zeit, denn den Rentieren waren die meisten vorjährigen Haare ausgefallen. Ich fing eine, die mit *vulva exserta* flog, hatte ganz außen in ihrem *osculo* einen kleinen *semen*, groß wie ...[1], ganz weiß, ihr Hinterleib bestand aus vier à fünf *tubulati*, die ineinandergingen wie ein Perspektiv; sie konnte ihn einziehen wie eine gewöhnliche Fliege. *Quam antea dixi esse causam* zu den Renbeulen.

Wenn die Lappenkinder in die Wiege gelegt werden, sind sie schön stille, obwohl ihre Hände festgebunden werden, schreien aber, wenn sie hungrig sind, und werden dann schräg gestellt, so daß der Kopf *semierectus* steht. Die Wiege ist unten *excavata*, aus Tanne, *hinc* leicht.

Die Lappländer und ihre Weiber, wenn sie sich gegenseitig die Pfeife ausborgen, das heißt im Kreise gehen lassen, behalten so lange, bis sie wieder an der Reihe sind, den Rauch im Mund, damit er sich festsetzt. Alte Männer kauen.

Wenn sie ihre Kinder hochnehmen, so haben sie kleine Pelzkittel, in die sie sie kleiden. Sie stehen auf den Füßen, wenn sie vier Monate alt sind, bewegen Augen und Kopf etc. ganz verständig, was man bei unseren kaum sieht.

Wollstoff, den sie im Sommer tragen, wird nie mit Sehnenzwirn genäht. Jedoch alle Fellwaren näht man mit diesem, ja selbst die Schuhe, wenn sie verfertigt

1 Lücke im Manuskript

werden, und auch beim Reparieren. Das Leder wird gekauft, und die Frau näht.
Eine Kuh kostet in Norwegen, wenn sie gut ist, drei Reichstaler.
Eine Renkuh kostet einen Reichstaler.
Ein Ochse kostet zwölf à achtzehn Taler Silbermünze.
Ein Renbock kostet zwölf à achtzehn Taler Kupfermünze. *Ergo* gelten drei Rentiere soviel als ein Rind.
Ich reiste am Abend fort, ging die ganze Nacht und den 20. bis drei Uhr nachmittags durch, was sechs Meilen ausmachte, fand jedoch nichts Besondres am Weg außer *Andromeda*.
Kam zur Lappenhütte.
Ein Stein wie Alaun oder Sandstein oder Lappmark-Kalk.
Die Lappen stillen Blut, indem sie den Finger mit einem weißen Wollfaden umwickeln, und zwar zwischen dem langen Glied am Finger und dem *apex digiti minimi sinistrae manus*, und dann den Faden dreifach verknoten etc.
Glutbrot wird aus kleinen frischen Fischen gebacken, die zerstampft und mit ein wenig Mehl gemischt werden; wird auf einer Pfanne über dem Feuer gebacken und gebraten, in Notzeiten.
Die Lappländer essen zweimal am Tag, Winter und Sommer.
Keine Flöhe, Schlangen und Wanzen im Gebirg.
Im Winter läßt der Lappländer die Läuse totfrieren, schlägt sie mit der Rute herunter, wenn sie rot geworden sind, denn er hat keine Bürste. Wenn sie er-

frieren, werden sie rot. Im Sommer zerdrückt er sie mit den Fingernägeln, nachdem er vorher in die Sonne gegangen ist, damit sie herauskriechen.

An Pocken, wenn sie von *cultis* hereingetragen werden, können sie noch in einem Alter von über siebzig oder achtzig Jahren erkranken und sterben daran wie an der Pest; fliehen, was sie können, in die Berge und sterben in Massen. Mit den Masern *idem*, denn dann können sie die Kälte nicht mehr ertragen und sterben elend. Der Hals schwillt oft an.

Augenkrankheit überall, besonders im Frühling, wenn sie in die Berge ziehen und das Schneegeflimmer ihnen die Augen blendet (am meisten im Frühjahr). *NB.* alte Leute werden oft blind.

Menstruorum obstructio rara, nec nimia, nec adeo magna ac nostris, album ignorant.

Hysterica. Eine Magd von vierundzwanzig Jahren einmal im Jahr, eine andere von dreißig Jahren menstruiert nur im Sommer.

Fallsucht, Kopfschmerzen *(hinc multi* viele Narben auf der Stirn*)*, alte Leute schwaches Gehör. Der Schlaf gut und normal, sie schlafen und bleiben wach, wie sie wollen. Sie kennen auch Halsgeschwülste. Gaumenzäpfchengeschwulst, *hinc* abgeschnitten *in multis, vide Bartolinum.*

Kinder, die geschwollene Mandeln haben, sticht man ins Fleisch, bis Blut austritt, denn, so sagen sie, wenn das Herzblut der Mandeln fortgeht, so verschwinden sie bald, sonst dringen sie in den Kopf und sprengen ihn.

Husten selten, obwohl sie dauernd Schnee- und Eiswasser trinken, wenn, dann durch sehr fettes Schmalz, selten durch Kälte.

Schwindsucht hie und da, Stiche hie und da, *copiose* im Herbst und vor allem im Frühling. Rückenschmerzen meist im Sommer, werden oft ›gebrannt‹; Nasenbluten bei solchen, die klobige Füße haben, *id est menses supressae*, doch meist bei denen, die bei Neusiedlern oder ähnlichen dienen.

Von Gelbsucht habe ich nichts gehört. Schweratmigkeit bei alten Leuten, einige hin und wieder heiser, im Frühling und Winter. Hysterie bei einigen.

Die Klauen der Rene oft geschwollen oben an *margine cuti proxima*, faulig, heilen selten, die Tiere hinken und sind nicht imstande, der Herde zu folgen.

Die Rene haben auch *vertiginem* und irren dann herum. Die mit der Sonne gehen, so sagen die Leute, kommen durch, die aber gegen die Sonne gehen, stechen sie ab, denn sie sagen, daß diese sich nicht erholen. Die ersteren schneiden sie in die Ohren, daß es ordentlich blutet.

Gicht und Podagra niemals. Geschwollene Beine selten, denn sie wickeln die Beine, *hinc* alle schöne Beine haben. Wassersucht *raro*, nur ein Exempel. Von Verstopfung kenne ich nur einen Fall, obwohl sie so viel Käse essen und so viel Wasser trinken. Magenkrankheit oft mit Durchfall, in manchen Jahren ansteckend.

Dies 21. Rhenorum morbi. Wenn es so friert, daß eine Eiskruste entsteht, und die Rentiere sie nicht aufscharren können, sterben sie in Massen, was der Lappe so fürchtet wie wir die teure Zeit, denn wenn

die Rentiere sterben, muß er entweder verhungern, betteln oder stehlen.
Korm-Krankheit, *Kurbma Lappis*, jedes Frühjahr, befällt vor allem die jüngeren Rentiere. Die, welche im Sommer geboren sind, bleiben im ersten Frühling verschont, aber im zweiten Frühling gehen viele von ihnen daran ein, später, wenn sie größer geworden sind, weniger, doch kommt keines ungeschoren davon.
Die Renkälber sind zuerst rötlich, haben große Vorderzähne; im Herbst werden sie schwarz an Füßen und Stirn.
Maulkrankheit bei den jüngeren, so daß sie nicht fressen können.
Pekke kattiata Lappis oder *Fäll*-Krankheit, wenn am Körper der Tiere faulige Stellen auftreten. Heilt meist von selbst und ist *epidemica*. Können die Tiere diese Stellen belecken, so geht die Krankheit auch nach innen, und dann sterben sie, denn innen heilt die Krankheit nicht, sondern frißt immer weiter.
Der Renbock ist fetter als der Renochse (braucht aber der Ochse nicht zu arbeiten, wird er fetter; das Wildren ist viel größer als das zahme), ehe er brünstig wird, was eine Woche vor Matthäi geschieht und bis Michaelis, also etwa vierzehn Tage, anhält. Während dieser Zeit ist er wild, stößt ganz gefährlich mit den Hörnern und magert oft so sehr ab, daß er daran eingeht. *Hinc* kalben die Renkühe meist um die Zeit der Erichsmesse, selten kommen einige Kälber danach. Während der Brunstzeit geht das Haar aus und löst sich die Haut vom Geweih.

Die Renkühe nehmen im ersten Jahr niemals einen Bock an, und selten im zweiten, sondern meist erst im dritten, wenn sie kräftiger geworden sind. Mit zwei à drei Jahren sind sie voll ausgewachsen, und auch die *masculini* nicht eher.

Das Kalb heißt im ersten Jahr, männlich wie weiblich, *messi*, im zweiten das männliche *orryk*, das weibliche *vhenial*, im dritten das weibliche Tier, nachdem es beim Bock gewesen ist, *vatjana, id est vaja sive uxor*, aber *sterilis* heißt sie im dritten Jahr: *vhounialrotha* – der Bock *vubbers*; im vierten Jahre *koddutis*,im fünften *kossitus*, im sechsten *machanis* und im siebten *namma, lappo tachis*; ältere Renböcke haben sie nie, denn die Brunst verzehrt sie. Die Renochsen aber werden alt.

Alter: Kein Ren lebt über zwölf à vierzehn Jahre. Wenn der Ochse im Herbst besonders fett wird und ein gehöriges Alter erreicht hat oder die Kuh *rotno* wird *(i. e. rådno, sterilitas)* und alt ist, werden sie im Herbst geschlachtet, denn die Lappen sagen, sie müßten doch im nächsten Jahr sterben und seien dem Tod geweiht.

Die unverschnittenen Rene werden vor ihrer Brunstzeit geschlachtet, in den Wind gehängt und dem Frost überlassen, bis sie abgezogen werden. Das Fleisch, durch Sonne und Rauch getrocknet sowie leicht gesalzen, wird in Schlitten zu den Vorratshäusern geschafft, wo man es bis zum Frühjahr aufhebt, denn im Frühjahr, um Matthiastag herum, wenn die Renochsen ihre *korm*-Krankheit bekommen, taugen sie nicht zum Schlachten. Deshalb leben die Lappen in dieser Zeit vom Fleischvorrat (vorher schlachten sie nach Bedarf), bis sie mit dem Melken beginnen können.

Das Blut wird in kleinen Fässern frisch gehalten, und im Frühjahr wird daraus Suppe gekocht; man richtet es mit ein wenig Mark, Fett, Mehl und Wasser an.

Bis der letzte Schnee geschmolzen ist, fährt der Lappe zu seinem Vorratshaus, sich Speise zu holen. Das Blut ist nun dick wie Schweineblut, sie transportieren es in Blasen und Pansenmägen.

Wurst wird recht fett zubereitet und meist ohne Mehl.

Marfi Lappis. Die Leber, die sehr groß ist, wird gekocht und gleich gegessen. Die Lungen werden bisweilen leicht gesalzen und getrocknet gegessen oder auch nur getrocknet den Hunden gegeben. Die fetten Därme werden aufgeschlitzt, gewaschen, in frischem Zustand gekocht und schmecken ganz gut. Das Euter und die *testiculi* essen die Lappen nicht. Der Unterschenkel wird bis zum Fußgelenk abgezogen, weiter geht das Fell trotz aller Kunst nicht herunter, wenn man es auch noch so sehr abbrüht, das Fleisch bleibt immer an der Haut hängen. Die Klauen werden fortgeworfen.

Stercus im Sommer wie kleine Kuhfladen, im Winter wie der von Ziegen.

Korm-Würmer hat das Ren auch in Nase und Gaumen; wenn es im Frühling zu schnauben beginnt, kommen sie aus den Nüstern heraus. Die Würmer, die im Rücken sitzen, werden, wenn sie reif sind, vom Tier durch Muskelbewegungen herausgedrückt, so daß sie nicht weiter zehren und reizen können. Sie sitzen nicht im Fleisch selbst, sondern zwischen *tunica musculorum* und *cutis*. Im Frühling entsteht an diesen Stellen wie bei der Kuh eine offene Wunde.

Der Lappe geht nie barfuß und hat keine Strümpfe, sondern Heu in den Stiefeln; das Leder dazu wird gekauft.

Man kocht das Fleisch in Wasser ohne irgendwelche Zutaten und trinkt die Brühe.

Jumomilch das ganze Jahr über delikat.

Alle möglichen Sorten Beeren werden mit Milch gekocht, einige ungekocht in Pansen und Fäßchen aufbewahrt.

Renken kochen sie vorsichtig bei schwachem Feuer (Fleisch hingegen nicht so ordentlich, es löst sich kaum von den Knochen), damit der Fisch nicht wässerig wird, und trinken die Brühe. Frische Fische werden auch gebraten, einige, jedoch *rarius*, gesalzen und getrocknet.

Das Fleisch wird gleichzeitig von Wind, Sonne, Feuer und Rauch im Schornstein getrocknet.

Bei den Mahlzeiten haben sie niemals mehr als einen Gang.

In Medelpad wird Molkenkäse topfweise verkauft.

In Dalekarlien und Medelpad haben einige ihr Vieh oft zwölf à sechzehn Meilen weit in den Bergen, denn unten sind Wespen und hartes Gras. Dort oben haben sie ihre Melkhütten. Wenn der Käse zubereitet ist, wird die Molke zu einem dicken Brei gekocht, wobei zwei Drittel verdampft, und dann wie Butter gegessen oder in Teig gemischt oder auf andere Weise verwertet.

Im Gebirg ist oft so starker Wind, daß man nicht

stehen kann, ja, Mensch und Schlitten werden umgeworfen. *Angustia loci compensat nubes celeratas.* Im Pfarrhof flog ein ganzes Fenster in die Stube.

Die Waldlappen schießen gut, aber die Berglappen nicht so, jedoch erlegen sie trotzdem ziemlich viel Wintereichhörnchen mit dem Bogen.

Im Winter gehen sie umher, um ihren grimmigsten Feind, den Wolf, aufzustöbern, der ziemlich viele Rentiere tötet, zwanzig à dreißig, falls sie ihm vors Maul kommen, *id est circuitus*, je nachdem, wie weit die Rentiere um jedes Zelt herum weiden. Der Lappe flieht, wenn er nicht schießen kann. Der Bär reißt kaum ein Ren, es entwischt ihm stets, es sei denn, er schleicht sich an. Aber in Vorratsböden sowie in Bergschluchten, wo die Lappen vieles aufbewahren, haust er fürchterlich und stellt alles auf den Kopf.

Der Vielfraß haust in den Vorratsböden noch ärger, aber für die Rentiere ist er keine Gefahr.

Die Arbeit des Mannes: Schlitten und andres Holzgerät herstellen. In den Waldgegenden Gewinnung von Holzkohle etc., die die Lappen als Brennmaterial in die Berge mitnehmen.

Frauenzimmer: machen Kleider für die ganze Familie.

Spiele: Die Kinder machen sich aus Zwergbirken Renhörner und stoßen sich damit. Bauen aus Steinen kleine Häuschen und Hütten. Spielen Verstecken in Höhlen. Erwachsene sind recht ordentliche Ballspieler, tun's aber selten, spielen Blindekuh, Fingerhakeln.

Die Berglappen sind viel lustiger und umgänglicher

als die Waldlappen, die mehr *sylvestres* sind, auch spitzbübischer, von den Städtern verdorben etc., betrügen gern. Die Berglappen wohnen in Dörfern, nicht aber die Waldlappen.

Keine Instrumente, außer Luren und Vogelbeerrindenpfeifchen.

Singen nicht in der Kirche, außer, man hat es ihnen beigebracht.

Die Rentiere haben nicht jedes Jahr ein gleichgeformtes Geweih. Die Spitzen sind oft deformiert, was davon kommt, daß sie sich mit den Füßen den Kopf kratzen, denn die Hörner jucken beim Wachsen und sind weich wie ein frischer Fisch.

Die Lappländer leiden nicht mehr an Erfrierungen als andre. Ihre Backen halten viel Frost aus.

Die Frauen tragen ein bestícktes Stirnband, die Männer aber einen abnehmbaren Pelzkranz um ihre Filzmütze.

Spetto heißt ein Spiel bei den Lappen, das sowohl Männer wie Frauen spielen. Man hat dreißig oder fünfzig oder sechzig Stäbchen, jedes eine Querhand lang, legt sie auf einem Renfell etc. aus; dann nimmt einer eine Kugel aus Stein oder Marmor, groß wie ein *judaicus*, wirft sie ungefähr eine Elle hoch in die Luft, und während sie noch in der Luft ist, nimmt er vom Fell ein Stäbchen auf, aber so geschwind, daß er auch die Kugel noch mit der gleichen Hand auffangen kann, in der er das Stäbchen hält; mit der anderen Hand nimmt er acht weitere Stäbchen, die ihm zufallen. Wenn er einen Fehler macht, nimmt der andre die Kugel und wirft in der gleichen Weise, worauf sein Gegner ihm seine Stäbchen ausliefern muß, bis er alle los ist, und der hat gewonnen, der alle bekommt.

Leges:

1. Der, welcher die Kugel erwischt, aber nicht das Stäbchen oder *vice versa*, muß das Spiel dem anderen überlassen.
2. Wer mehr als ein Stäbchen aufnimmt, überläßt das Spiel dem anderen.
3. Der Gegner darf von den Stäbchen, die er hat, so viele auslegen, wie er will und auf welche Weise er will; aufeinandergelegt gilt als das schwierigste und wird meist verwendet, denn dann muß der Spieler mit einer Hand sowohl die Stäbchen auseinanderbreiten als auch eins davon aufnehmen, was sehr schwer ist.
4. Zum Schluß, wenn alle Stäbchen gewonnen sind, legt der Gegner die beiden letzten Stäbchen aus, und zwar weit voneinander entfernt, und der Gewinner soll nun beim letzten Umgang statt nur eins alle beide auf einmal aufnehmen oder das Spiel dem andern überlassen, *hinc* oft das Spiel noch durch die beiden letzten Stäbchen verlorengeht.
5. Wenn der Gegner einen Fehler macht, gehören alle Stäbchen, die auf dem Spielfeld liegen, dem, der gerade ausgelegt hat. Der Gegner muß die gewonnenen Stäbchen nun gleich wieder auslegen, auf daß der andre sie durch erfolgreiche Würfe gewinne. Die Stäbchen aber, die er vorher selbst ausgelegt hat, braucht er nicht im Spiel aufzunehmen, sondern gewinnt sie *jure*.

Cortex med. alni wird gekaut, auf die Haut gespuckt und verstrichen.
Grober Wollstoff, weiß, kommt aus Rußland, ist zur Not auch hellgrau.
Der Lappländer loht seine Häute mit Birkenrinde, will es aber jetzt aufgeben, denn er behauptet, diese Prozedur mache das Leder zu spröde, hat auch wenig Zeit dazu.
Brot aus Schlangenwurz wird hier nicht so sehr als das aus Birkenrinde gegessen.
Rep. man nimmt zarte Fichtenwurzeln, frische, schabt ihre Haut ab (mit dem Messerrücken, wobei die Wurzeln auf den Oberschenkel gelegt werden), spaltet dann die Fasern drei- bis fünfmal mit dem Messer, wickelt sie über die Hand zu einem Knäuel, bindet sie zusammen, kocht sie mit viel Asche in einem Kessel (eine oder zwei Stunden); darauf, solang sie noch vom Kochen weich sind, streicht man sie drei- bis viermal mit dem Messerrücken (über dem Knie) aus, dreht sie zu einem Seil zusammen. *Item* mit Birkenwurzeln, *sed rarius.*
Die Wurzeln aber, aus denen man Körbe flicht, werden nicht gespalten, man nimmt sie lieber ganz (Kiefernwurzeln ergeben eine schlechte Qualität); auch Käsebottiche macht man daraus.
Der Lappländer setzt sich, wenn er einen Gast hat, stets zuvörderst in seiner Hütte. Sein Gast aber setzt sich neben ihn, auf ein besonderes Renfell, damit er gleich am Trinkkessel ist, welcher ganz vorn steht.
In Hyttan fließt der Fluß Sommer und Winter. Wenn also das Flußwasser, wie man glaubt, Schmelzwasser

wäre, könnte es im Winter, wenn es in den Bergen friert, doch nicht fließen. *Ergo ex scaturiginibus circumambulantibus.*

Die Zeiten:

Mitternacht	*kaskia*
Nach Mitternacht	*pojela kaskia*
Der erste Morgen	*teleeteits*
Sonnenaufgang	*peivi marotak*
Zwei bis drei Stunden nach Sonnenaufgang	*areiteet*
Ums Renkühemelken (etwa acht bis neun Uhr)	*arrapeivi*
Mittag	*kaskapeivi*
Fünf bis sechs Uhr	*eketis peivi*
Sonnenuntergang	*peiveliti*
Nacht	*iä*
Sonntag	*sotno peivi*
Montag	*mannutaka*
Dienstag	*tistaka*
Mittwoch	*kaska vokku*
Donnerstag	*tourestaka*
Freitag	*perietaka*
Sonnabend	*lavutaka*

Namen der Monate und Wochen. Monate *nullos*, Wochen *quaedam*.

Mittsommer	*mitsomar vakku*
St. Petermesse	*pelamessu*
Gänsewoche	*gassu vakku*
Mitten im Sommer	*gaskakis*

Margretentag	*markit*
St. Olavsmesse	*vollis*
...	*vehak*
St. Laurenzmesse	*lauras*
Renkalbswoche	*orrik* (die zweijährigen Renkälber reißen die Haut von den Hörnern)
Bartholomäi	*barti*
...	*hoppmil*
Margaret	*margi*
...	*beharris*
Matthäi	*mattus*
...	*mikkel*
...	*perkit*
Winterwoche	*talvi*

Der Lappenstock:
Oben ein eherner Spieß, mit dem er auf Wolf und Bär geht, im tiefen Schnee. Unten daran ist ein Kranz aus Wurzeln, der mit einer Schlinge aus Renleder durch ein Loch im Stab an denselben angebunden ist. Der untere Teil des Stockes ist mit Eisen beschlagen. Den Stock verwendet der Lappe beim Skilaufen, und der Kranz dient dazu, daß der Stock nicht im Schnee versinkt. Der Stock ist rund, aus Birke.
Wenn Gäste kommen, sieht man zu, daß recht viel Reisig unter den Renfellen liegt, die auf dem Boden ausgebreitet sind. Andernfalls wird gelästert und, wieder daheim, über den Gastgeber und die Hausfrau gescholten.
Der Fremde wird so bewirtet:
Zuerst gibt man ihm gefrorene Milch, Beerenmilch,

Käse oder *kappi*, kocht dann Fleisch, schneidet Käse (nachdem man das gare Fleisch herausgenommen) in die Suppe, was recht gut sein soll, und hernach gibt's vielleicht getrocknete Renmilch.

Lappländisches Lied:

jejeee vu vu aa vujáá, ai
teelee, e eee,
uau tali tuu
z, etc. lei . . .

Dies 22.

Verlobung:

1. Zuerst spricht er mit dem Mädchen und neckt sie, um zu sehen, ob sie böse wird, spricht vielleicht einige Male mit dem Vater, sagt diesem, wann er kommt, öfters auch nicht.

2. Er nimmt alle seine Verwandten, die er in der Gegend hat, auf die Freite mit. Alle versorgen sich mit Essen, der Bräutigam auch, er geht als letzter in der Reihe.

3. Kommen sie an, treten sie ein. Manchmal, wenn ein anderes Zelt in der Nähe ist, läuft die Braut dorthin, damit sie nichts hört. Zwei bis drei sind immer die Wortführer, deren vornehmster, er wird *sugno oivi* genannt, sich setzt. Gießt nun der Vater des Bräutigams den Branntwein ein (der Bräutigam selbst ist draußen bei den Rentieren oder in einem anderen Zelt, wenn eines da ist), fragt der Vater der Braut, in welcher Absicht der Vater des Bräutigams mit Branntwein aufwarte?

Bräutigamsvater: »Ich bin mit guter Absicht hergekommen. Gott gebe Erfolg, das hoffen wir.«

Zögert der andre, will er nicht recht, trinkt er nicht, dankt aber dennoch für das Angebot, so sucht ein jeder mit einem guten Wort nachzuhelfen. Lenkt er ein, so gehen alle hinaus, um ihre Gefäße, Silber etc. zu holen. Sie legen alles in der Hütte vor dem Vater und der Mutter des Mädchens auf ein Renfell. Entweder verteilt nun der Vater oder die Mutter des Bräutigams die Brautgabe, etwas für den Brautvater, etwas für die Brautmutter, soundso viel für die Tochter. Scheint dies der Brautmutter zu wenig, dann begehrt sie mehr. Auf diese Weise feilscht man so lange hin und her, bis man endlich eins wird. Manchmal, falls sie nicht so viel erhalten, wie sie möchten, geben sie alles zurück. Wenn die Werbung angenommen ist, gehen sie mit zweien aus der Verwandtschaft, die Tochter zu holen. Hat die Braut nun eine Freundin oder Schwester, die ihr besonders zugetan ist, so hält diese sie fest umschlungen, und die Mutter des Bräutigams muß ihr, weil sie so jammert, einige Messingplättchen oder Messingringe zum Troste schenken.

4. Ist nun alles abgemacht, so kommt die Braut herein, und der Vater fragt sie *pro forma*, ob sein Entschluß gut sei. Sie stellt sich in die Obhut des Vaters und sagt, er wisse sicherlich am besten, was für sie das Rechte sei.

Dann legt ihr die Mutter des Bräutigams die ihr zugedachten Gaben auf den Schoß. Scheinen ihr diese zu wenig, ziert sie sich, dreht sich hin und her und tut, als wolle sie sie nicht annehmen. Vielleicht bekommt sie dann noch etwas, oder man verspricht ihr mehr für später. Alle Gaben verbirgt sie.

Dann geben Vater und Mutter des Bräutigams dem Paar Branntwein zu trinken, den sie gemeinsam aus einem Gefäß trinken. Alle fassen einander an den Händen und bilden einen Ring ums Haus, nehmen die Mützen ab, danken Gott, weil dieser doch jedem eine Frau gibt etc.

Dann packt die gesamte Verwandtschaft des Bräutigams ihr mitgebrachtes Essen aus, meistens hat jeder einige Käse mit und ein Stück Pökelfleisch. Das Fleisch wird am Feuer gebraten, trockne Milch etc. dazu. Man verteilt und ißt gemeinsam, jedoch wird Braut und Bräutigam gesondert aufgetragen.

5. Jetzt ernennt man zwei Wirte: einen von des Bräutigams, einen von der Braut Seite. Die Leute des Bräutigams bringen rohes Fleisch, ein oder anderthalb Pfund. Mann und Frau kochen, die Wirte auch, sie kochen in mehreren Kesseln, zwei in jeder Hütte, falls Nachbarn da sind, denn ein Lappe hat nie mehr als ein Zelt, oder sie kochen in wiederholten Umgängen. Dann seiht man das Schmalz ab. Es wird in Schalen gegossen, Wollkittel oder Decken werden ausgebreitet, darauf stellt man das Essen. Die Angesehensten, soviel ihrer eben Platz haben, essen im Zelt der Gastgeber, Kinder und andere in denen der Nachbarn, sprechen ein Tischgebet, Bräutigam und Braut sitzen nebeneinander beim Eingang, ihnen wird das Beste vorgelegt. Das Fleisch wird an die Messerspitze gesteckt, ins Schmalz getaucht und gegessen. Sie trinken die Fleischsuppe. Manchmal kommen Leute aus andren Dörfern und glotzen durch die Tür herein. Da bleibt den Gastgebern nichts übrig,

als diesem Bettelvolk auch was abzugeben; alsdann gibt man ihnen zwei bis drei Stücklein, soviel man sich eben grade leisten will. Zum Schluß werden die Essensreste von den Gastgebern zusammengetragen, auf eine Decke gehäuft, eingepackt. Die Reste von der Speise der Brautleute jedoch werden gesondert gelegt, davon darf kein andrer essen. Man spricht ein Tischgebet, gibt sich die Hand und dankt, indem man *kusslån* sagt. Nachdem sie ein wenig Branntwein getrunken haben, legen sie sich hin (die Rentiere hat man, als man mit dem Kochen anfing, freigelassen); Bräutigam und Braut liegen zusammen, jedoch in Kleidern und allem.

6. Am nächsten Morgen, wenn sie aufstehen, trinken sie weiter, wenn der Vater des Bräutigams oder auch dessen Angehörige noch etwas übrig haben, denn der Brautvater hat selten etwas, und aller Branntwein muß gekauft werden. Alsdann machen sie sich über das kalte Fleisch her, nämlich das, welches man am Vorabend nicht aufgegessen. Dann holen die Leute der Braut Käse, trockene Milch hervor und essen, *item* trocknes Fleisch.

Dann beginnen ihre Leute zu kochen, vor allem frisches Fleisch. Wenn sie gegessen haben und satt sind, machen sich alle auf den Weg. Ein Aufgebot erfolgt nur einmal, dann wird gleich darauf die Hochzeit gehalten.

7. Ist die Hochzeit vorbei, bleibt er die erste Nacht bei ihr oder begibt sich auch zu den Seinen, bleibt ein, zwei à fünf Tage daheim und kommt dann erst zu ihr, nimmt seine Renmacht mit und bleibt eine

Zeitlang dort. Die reich sind, geben für eine Frau
a) dem Vater eine *krano s.* Bettdecke, einen kleinen Silberbecher, Wollkittel (die Lappländer verwenden an ihren Kleidern keine Falten), einige Reichstaler, Silberschnallen, Löffel etc., so daß dies manchen seine hundert Taler Kupfer kostet;
b) der Mutter Silbergürtel, Wollrock.

Angelica heißt bei den Bewohnern Västerbottens *björnstut*, allein die Lappländer haben dafür ganz komplizierte Ausdrücke. Im ersten Jahr, da es zu wachsen anfängt, nennen sie die Wurzel *urtas*, die Blätter aber *fatno*, im zweiten Jahr aber *posko*. Ist aber ihr Stengel getrocknet worden, so heißt das *rasi*, *id est* Gras.

Elli rasiist puro etnach: Gib acht, tummle dich, daß du so viel Gras wie möglich bekommst!

Zinndraht wird hergestellt, indem man die zuvor in doppelter Drahtstärke gegossenen Zinnstränge mit Fett von gekochten Rentier- oder Rinderfüßen oder aber mit Vogelschmalz einfettet, die Stränge, solcherart geschmiert, *a latere concavo* durch ein Stück Horn

zieht und schließlich den so gezogenen Zinndraht auf Füßen und Händen aufwickelt. Die Frauen und Mädchen halten hierbei die Füße zur Seite.

Heu, Haufenheu in Västerbotten. Das frische Heu

wird über Nacht gehäuft gelassen, damit es halbwarm bleibt, am Tag gespreitet, wird dadurch ergiebiger und kräftiger, ähnlich dem Hopfen in Jämtland, denn auch dieser wird frisch fest zusammengepackt und, wenn er Hitze entwickelt hat, wieder zum Trocknen gespreitet, *hinc* kräftiger.

Diversitas exsiccandi segetes:

Scani mähen es, spreiten es aus und sammeln es nach dem Trocknen mit dem Rechen.

Smolandi schneiden es und trocknen es auf Heureitern.

Ostgoti setzen je zwei und zwei Garben in einer langen Reihe zusammen.

Uplandi mähen es, binden es, bauen Heuhaufen.

Angerm. hängen ihre Jahresernte über Heureiter.

Vbotni hängen es auf Reiter *cruciatim.*

Dies 23. verließ ich am Abend die Gebirgsgegend und begab mich von Hyttan über den Seeweg nach Luleå zurück.

Cheruna oder das Bergschneehuhn lebt von Beerentrauben, kriecht des Nachts unter den Schnee wie der Auerhahn etc., wird deswegen auch leicht vom Fuchs gefangen. Im Frühjahr findet man seinen Mist *copiose* am Erdboden.

Die Rotmäuse sind in manchen Jahren überall, zerfressen die Saat und das Gras zu Millionen, sind im Nu wieder verschwunden und keiner weiß, wohin. Sie richten jedoch keinen Schaden in den Häusern an.

Hermelin, weiß zur Winterszeit, rot im Sommer, findet sich im Gebirg selten, wohl aber im Wald.

Die Füchse haben die meisten Hasen gefressen; *item* fressen die Wölfe die Füchse.

Spitzmäuse und Feldmäuse gibt es in der Lappmark, Ratten aber keine.
Die Bärenjagd wird oft von einem einzigen Mann betrieben. Hat er die Spur eines Bären aufgenommen, so nimmt er seinen Hund, legt ihn an die Leine, bindet ihm das Maul zu, damit er nicht bellen kann. Wittert nun der Hund den Bären, wird er unruhig und zieht an der Leine, worauf der Lappländer wohl versteht, daß der Bär nicht mehr weit sein kann. Weiß nun der Lappländer, in welcher Richtung sich der Bär befindet, stellt er sich so, daß der Wind vom Bären zum Mann geht und nicht *vice versa*, damit ihn der Bär nicht wittert, denn, durch helles Licht geblendet, vermag er ihn nicht auf größere Entfernung zu sehen. Der Lappe kriecht ihm auf einen Büchsenschuß entgegen. Wenn er nun auf den Bären schießt, der im Herbst friedlich auf Beerensuche geht, und der Schuß sitzt nicht, weiß der Bär sofort, wohin er sich wenden muß, und setzt dem kleinen Lappen nach, dieser springt hurtig davon, den Eßranzen zurücklassend, wo er grade gestanden. Wenn der Bär nun den Ranzen entdeckt, so reißt er ihn in tausend Fetzen. Inzwischen hat aber der Lappländer, nachdem ihm der erste Schuß mißlungen, wieder geladen, brennt den andern Schuß ab, und seine Hand braucht nicht zu zittern, denn entweder fällt der Bär oder gibt Fersengeld.
Dies 24. In den Hütten entdeckte ich ein Instrument, welches ich vorher nie gesehen, ist zum Umrühren in den Kesseln, war aus Zinn.
Mittwegs nach Hyttan, westlich von Vallevare, gibt

es schönes Eisenerz, dürfte sich aber kaum lohnen, es abzubauen, wegen des beschwerlichen Wegs bis Luleå.
Heute nacht sah ich nach langem wieder einen Stern, waren mir vorher keine erschienen, da ich ja während *solstitium* gekommen, doch war es nicht dunkler als so, daß ich, was ich wollte, schreiben konnte. Der Lappländer, welcher einige ausgewachsene Zwergmaränen gefangen hatte, steckte sie an einen Spieß, und zwar so, daß der Rücken des einen Fisches immer den Bauch des vorderen berührte, also wurden sie flach dem Bratfeuer zugewendet. Er briet sie, aß sie fast ungesalzen.
Der Handbogen besteht aus besonders hartem Nadelholz und Birke, zusammengeleimt.
Der Leim wird so gemacht: Große Barsche werden gehäutet, die Haut getrocknet, später in kaltem Wasser wieder naß gemacht, damit man die Schuppen abschaben kann. Die Schuppen von vier à fünf Häuten werden in eine Blase getan oder in Birkenrinde eingewickelt, daß kein Wasser daran kann, legt das in einen Kessel kochenden Wassers, einen Stein oben drauf, so kann's nicht schwimmen. Mit diesem Leim, der sich niemals auflöst, und mit einem Band wird der Bogen umwunden, so daß *latera sibi appropinquant.*
Die Lappländer haben auf ihren Fahrten keinen andern Eßranzen als den Überrock, zwischen ihm und dem unteren liegt alles, denn sie sind ja stets gegürtet und ihre Jacken immer weit und lose, oben wie unten.
Lysimachia purpurea s. Epilobium macht die Wiesen

recht herrlich anzuschauen. *Virga aurea* stand hier in Blüte, nicht aber im Gebirg, *hinc serius floret in alpibus.*

Noch kein einziges Tier habe ich je so hoch aus dem Wasser ragend schwimmen sehen wie das Ren, welches fast bis zum halben Rumpf trocken bleibt.

Das Wasser des Kiomitis-Sees war ganz weißlich, als hätte man's mit Milch vermischt. Sie nannten es Kalkwasser und sagten, es käme aus den Bergen, aber solches *a colore, non causa et origine.* Dieser Fluß mündet bei Kiomitis in den großen Strom und macht dessen Wasser ganze vier à fünf Meilen weißlich, solches sah ich in Virijaur.

Mit viel Vergnügen sah ich, wie die Lappländer, wenn sie Branntwein trinken, zuerst den Zeigefinger hineintauchen und ein wenig auf Stirn und Brust streichen. Da ich um die Ursache fragte, erfuhr ich, es werde getan, damit weder Kopf noch Brust vom Trunk beschwert würden.

Im Winter, wenn das Ren nicht an *coralloides* kann, weil ja der Boden gefroren ist, werden Bäume gefällt, damit es sich an den Flechten sättigt, *sed vix sufficit.*

In den Hundstagen quälen sich die Rentiere der Waldlappen gewaltig ab, denn sie können sich nicht im Schnee wälzen, um sich abzukühlen, *hinc* die Berglappen reicher sind.

Einige Lappländer, die frische Zwergmaränen gefangen hatten, kochten diese so sehr, daß sie wie schmutziger Brei aussahen, und verzehrten sie mit den Fingern.

Die Lappländer schützen ihren Hals recht gut mit

ihren dicken Krägen, ohne die sie niemals bei starker Kälte hinausgehen. Denn anders würde dieser empfindliche Körperteil, der mit so vielen *nervis, musculis, trachea, venis et arteriis speciosis instructa*, gewiß Schaden leiden. *Hinc male virgines nostrae, male item juvenes*, wenn sie sich das Tuch um den Hals schnüren, daß sie so rot im Gesicht werden, als würden sie erwürgt und erdrosselt.

Nos Sveci sind in die Kleider gezwängt. Halstuch, Rock, Weste, Beinkleider, Strümpfe, Wämser etc. spannen uns grausam, ja, je grausamer desto *elegantius; Lappones* hingegen *duo tantum leviter constricta habent*, sc. Beinkleider *superius*, doch nie strenger, als daß man sie grade bequem *sine apertura* an- und ausziehen kann, dazu einen Fellgürtel; doch *semper angustior contractio violentior, haec lata.*

Dies 25. Hier in den Seen gibt es nicht so viele Gewächse wie im Süden, sondern der Boden ist ganz klar und *nudus*, auch die Ufer sind nackt, weder *Nymphaea* noch *Juncus* etc. wächst hier, nur draußen auf den Seen *Ranunculus foliis rotundis et capillaceis*, wovon der See ganz weiß ist. Ich staunte, als ich die Seen hier an gewissen Stellen ganz weiß vorfand, sah man doch vor vierzehn Tagen, da ich aufwärts reiste, noch keinen einzigen *ramus* von ihnen, wogegen jetzt *rami ulnares* überm Wasser treiben. *Caulis* war ganz weiß, weil er so stark gewachsen, manchmal drei Faden tief. Am Strand, wohin er vom Wasser getrieben wird, werden seine *folia capillacea radix*, wie ich sah, welches sie auch im Wasser sein dürften. Ich sah auch ein wenig *Potamog. foliis amplexicaulibus.*

Ebenfalls bemerkte ich ein *Gramen maximum natans, fluitans, ramosum, spicis cylindraceis. An Gramen aquaticum geniculis spicatis?*
Norwegische Armbrust: man kann mit ihr so gut schießen wie mit einer Büchse, Eichhörnchen auf zwanzig à dreißig Schritt. Mit Staunen sah ich, wie einer eine schmale Gerte, die ich ihm auf dreißig Schritt aufgesetzt, wegputzte.
Im Winter, zwischen Andreastag und Weihnachten, werden die Netze auf Renken ausgelegt, man schlägt Löcher ins Eis, zieht wie bei einem Eisschleppnetz mit einer Stange.
Der *akkja* oder Schlitten dient den Lappländern auch zum Befördern von Sachen. Sie bauen ihn geschlossen, ein wenig konvex, mit einem kleinen Spund oben in der Mitte, wodurch sie ihre Sachen hineinlassen, wird drauf verzapft. Das macht man, damit die Sachen nicht naß werden.
Die Hälse der Eistauchervögel werden zum Kapuzenmachen verwendet. Sie haben einen grauen Ring um den Hals, das ist der *Lumme Wormii.*
Die Lappländer, was erstaunlich ist, haben keine Kalender, sondern eine Art Runenstäbe, aus sieben kleinen Hölzchen gemacht. Sie haben für ihre Monate zwar Namen, rechnen damit aber nicht auf unsre Weise, sondern zählen nach den Feiertagen, die sie haben. Für jede Woche haben sie einen Namen. Sonn- und Mondfinsternis wissen sie nicht voraus. Der Jahreskalender beginnt Freitag vor Weihnachten etc.
Um Sonnenuntergang langten wir in Purkijaur an,

wo es aber kein Boot gab, also wir genötigt waren, ein Floß zu machen. Die Nacht wurde vor Nebel ganz undurchdringlich, so daß wir keine drei Klafter weit sehen konnten. Wir kamen endlich in die Strömung, und da fingen die Stämme an, auseinanderzugehen. Wir wurden fast eine halbe Meile auf diese Weise getrieben. Nach großer Lebensgefahr erreichten wir den Hof, der auf einer Insel lag.

In Purkijaur heuerte ich einen Mann an, der mir das Perlfischen zeigen sollte, ich gab ihm dafür sechs Taler. Er baute aus fünf Stämmen ein Floß, jeder Stamm so dick wie ich, zwei Klafter lang. An einem Ende wurde ein Keil eingeschlagen, der den Anker halten sollte. Der Anker war ein Stein, ca. ein Liespfund schwer, mit Birkenbast umwickelt und mit einem Basttau von zwei Klaftern Länge daran. Eine zwei Klafter lange Stange hatte der Mann bei sich, auf größere Tiefe kann man den Grund des Stromes nicht mehr klar sehen. Solcherart fuhr er in die starke Strömung und steuerte mit der Stange. Wo er nun den Grund gut sehen konnte, legte er seinen Stein aus und befestigte das Tau an dem Keil. Da lag das Floß still. Wollte er an einen andern Ort, so nahm er den Stein wieder auf.

Wo es nicht sehr tief war, stand er *erectus* auf dem Floß, wurde es aber tief, lag er der Länge nach ausgestreckt.

Die Perlmuscheln holte er mit einer zwei Klafter langen Holzstange herauf. Die Zange daran war eine Spanne lang und zwei Finger breit, *apice abscissa;* geschlossen lagen die beiden Zangenteile flach aufeinander. Er hielt *summa apice* und nahm so die Muscheln vom Stromgrund herauf. Gewöhnlich lagen die Muscheln offen da, weshalb man ganz leicht erkennen konnte, daß ihre *interna* weiß waren, aber sobald man ein wenig im Wasser herumrührte, schlossen sie sich, obgleich sie weder Augen noch Ohren hatten.

Er öffnete sie mit einer Muschelschale, welche er kräftig zwischen die beiden *valvas* drückte (denn mit *digitis* wär's unmöglich gewesen); dann suchte er die Innenseite der *valvae* nach Perlen ab. War *valva* weiß, erhielt er eine weiße Perle, aber bei einer roten oder dunklen eine rote oder dunkle Perle.
Dieser Fluß war vormals der ertragreichste Perlfischplatz, jetzt aber war er fast leergefischt. Früher, sagte man mir, hätte man vor lauter Muscheln gar nicht an den Flußgrund können, heut aber nicht mehr so.
Es gibt an den Muscheln keine *signa externa infallibilia*, die über ihren Inhalt Aufschluß geben, auch werden häufig viele tausend *diffracta*, ehe man eine Perle findet, wodurch alle Muscheln getötet werden, was schade ist. Manchmal sitzen die Perlen auch auf der Schale, manchmal gehen sie verloren. Es gibt sie

das ganze Jahr hindurch. Oft auch werden sie von den Muscheln ausgestoßen.

Kurios war, was ich hierorts beobachtete, nämlich einen Hecht, der ein ganzes Entenjunges im Bauch hatte. Ein Bauer sagte, es hätte sogar schon welche gegeben, in denen man ganze Schellenten gefunden hätte.

Dies 27. Ich beobachtete, daß Rentiere gern Schachtelhalm *(Lappis åsche) sive Equisetum* fressen, war er aber vertrocknet, fraßen sie ihn nicht gern, weshalb ich mich über die *negligentia* der Lappen verwunderte, daß sie nicht im Sommer den Schachtelhalm und die Rentierflechte abernten, wie die Bauern es tun, damit sie etwas haben, womit sie ihre Rene füttern können, wenn der Schnee verharscht, und so nicht bisweilen ihren ganzen Besitz [ihre ganze Herde] verlieren.

Die Västerbottenleute und Neusiedler pflegen sich gegen Mücken mit Teer, Tran oder anderem Fett einzuschmieren, das sie in einem Horn an der Seite bei sich führen, aber der Lappe macht sich nichts daraus.

Die Lappländer kauen bei Tabaksmangel *radix Angelicae*, damit sie wenigstens einen starken Geschmack im Halse haben.

Die Lappländerinnen tragen ihre Gürtel nach Männerart, sind sie jedoch schwanger, ziehen sie sie bis über den Nabel hoch.

Heute fand ich zwischen *Chamaemorum*, da ich diesen pflückte, *Ophrys minima.*

Item Pinguiculam minimam, aber *exaridis foliis, fructu maturo, cordiformi, emarginato, 2 valv., 1 loc.*, wächst im Torfmoos.

Die lappländische Elster, Rotvogel in Västerbotten, *gvousakk* auf lappländisch, ist habgierig, nimmt alles fort, was sie sieht, Fleisch etc., ist nicht scheu, *referri potest ad Glandariam.*

Die Kleider der Lappen sind nur im Winter gefüttert, an Leibwäsche hat der Lappe nichts außer ein wenig Renkalbsfell.

An der Lappenkleidung sind die Ärmel nicht eingesetzt, dafür ein Keil in der Achselhöhle. Der Kittel hat auf beiden Seiten *per totam longitudinem* einen Einsatz, wird nach unten hin etwas weiter und reicht bis zur Mitte der Beine. Die Krägen sind gemeinhin blau mit weißer Stickerei.

Die Rene werden nicht wie andere Tiere geschlachtet, *describatur Holmiae, Smolandiae etc.*, sondern man bindet das Ren mit dem Halfter an, der Lappe nimmt seinen Speer und sticht es hinter den Schulterblättern hindurch ins Herz. Dies hat zur Folge, das alles Blut sich in der Brust sammelt und nichts herausrinnt. Ist das Ren abgezogen, findet man das Blut geronnen *in cavo pectoris*; es wird später zerquirlt. Das Hirn verwenden die reichen Lappen nicht, aber die armen kochen es in Blutsuppe. *Testiculi* werfen alle weg. Der Penis wird dazu gebraucht, die Schlitten zu ziehen.

Die Tallappen gehen um Mittsommer in die Berge und zu Peter und Paul oder Lars kommen sie wieder. Hingegen kommen die Berglappen zwischen Allerheiligen und Weihnachten ins Tal und kehren zu Mariä Verkündigung wieder in die Berge zurück.

Alle Lederbekleidung wird mit Sehnen genäht, aber alles Wollzeug mit Hanfgarn, das man kauft.

Dies 28. Heute fand ich *Pseudo-helleborina.*
Das Feuer, welches Thor vor einigen Tagen geschlagen, wütet jetzt heftig durch den lappländischen Wald, um so mehr, da es ja die ganze Zeit trocken gewesen. Wir sahen an zehn Stellen, wie der Waldbrand einige Meilen weit ging. Ich war gestern an einem Ort, wo es ganze drei Viertelmeilen weit gebrannt hatte, und sah, wie Flora hier ihren üppigen grünen Teppich mit einem schwarzen Trauerkleide vertauscht hatte, was mich schlimmer als selbst das Weiße des Winters deuchte, denn obgleich dieser die Stengel zerstört, so schont er doch die Wurzel, nicht so aber hier. Da wir hinkamen, war das Feuer zumeist schon erloschen, nur hier und da noch gloste es auf Ameisenhaufen und an dürren Baumstrünken. Nachdem wir nun etwa eine halbe Viertelmeile umhergewandert waren, erhob sich ein leichter Wind, und sogleich prasselten die Bäume herab wie die Krieger einer Armee, wenn der Feind seine Salve schießt. Wir wußten nicht mehr, wohin wir uns wenden sollten, und konnten vor lauter Rauch nicht ruhig an einem Orte stehen. Zurück wagten wir uns nicht, vermuteten aber, daß es vor uns bald aufhören würde, irrten jedoch. Wir mußten den vor uns fallenden Bäumen ums Leben entspringen, sahen sie auf uns zustürzen. Manchmal fielen sie so plötzlich, daß wir vor Schrecken stehenblieben, unsre Sache *Enti Entium* anheimgebend. Einmal schlug ein großer Baum zwischen mir und meinem Gefährten, der doch nicht viel mehr denn ein Klafter weit hinter mir ging, auf den Boden hin, *sed singulari Dei fato uterque salvus*

evasit. Nicht wenig froh waren wir, die wir vogelfrei gewesen, uns schließlich von Kains Furcht ledig zu sehen.

Vorher war man von den Mücken genug belästigt worden, nun kam in Mengen eine Art winziger Fliegen.

Das unangenehmste war, daß sie einem ins Gesicht krochen und Nase, Mund und Ohren füllten. Sie wichen nicht, und wenn sie sich ans Beißen machten, konnte man blasen, wie man wollte. Heißen auf lappisch *mokkere*, ihr Kopf ist ganz klein, *knort* auf schwedisch, sie bedeckten die linnenen Kleider, so daß diese ganz schwarz wurden, sich von ihnen zu befreien, war unmöglich.

Auf Laxholm war ich, wo man noch Lachs bekam, darunter Hakenlachse. Ich frug, ob der Hakenlachs eine unterschiedliche Art sei oder bloß *aetate* differiere. Wurde beides verneint. Es wurden mir ganz kleine Lachse gewiesen, die in Proportion einen ebenso großen Haken wie die größten hatten, *adeoque fallax est Bång in diss. de salmonibus.* Ich frug, ob der Hakenlachs Rogen oder Milch habe. *Respondent* Milch *semper, nec ullus, qui non* Hakenlachs *est, habet* Milch, *sed semper* Rogen. Ich ließ sieben Hakenlachse aufmachen, sie hatten alle Milch, vier *non*-Hakenlachse alle Rogen.

Die Lachsfischer kommen etwa vierzehn Tage vor Mittsommer hier herauf und bleiben bis Bartholomäi. So lange steigt der Lachs hoch, dann fahren sie wieder von hinnen. Wenig Lachse kehren ins Meer zurück, denn nur wenige *escapieren.* Um Michaeli kommen

die Fischer wieder, da um diese Zeit eine kleinere Art Lachs zu fangen ist.
Heute sah ich, daß die Gerste geschnitten wurde, die man ein paar Tage vor Mittsommer ausgesät hatte und die nun reif war. Der Sommerroggen wurde noch nicht geschnitten, weil er noch nicht reif war, aber der Winterroggen reift ein wenig vor der Gerste, *hinc* wächst hier oben die Gerste und reift in sechzig Tagen.
Ich pflückte heut *baccas Rubi fragariae folio*, waren recht delikat, schmeckten wie Brombeeren, doch um einiges angenehmer. *Calycem non demittunt ut Rubi reliqui. Bacca* ist zwischen der Steinbeere und der Himbeere, *composita, color fusco purpureus, magnitudo* von einer Steinbeere.
Verstreut umher gab's *Erica plicata*, wie mit der Scheere gestutzt, von leuchtender Farbe, schön.
Das Wasser im Strom begann zu fallen oder abzunehmen, *hinc* wurde es mehr *pellucida*, darum die Fische auch schwerer zu fangen sind.
Heuer fand man hier kaum etwas *Carex*, das nicht *in spicis ustilaginem* gehabt hätte, *id est corpuscula globosa, nigra, quae in farinam resolvebantur.*
Dies 29. Das Lederlohen bei den Lappen: Zunächst wird die äußere Birkenborke vom Baum abgeschält und dann die darunterliegende Rindenschicht von der Birke abgekratzt und in frischem Wasser gekocht, etwa so lange wie Fisch. Die Brühe läßt man soweit abkühlen, daß man die Hand hineinstecken kann, und legt nun die Häute hinein. Die Haare werden entfernt, indem man die Häute in lauwarmes Wasser

taucht, in Erde eingräbt, jedoch einmal am Tage wieder herausnimmt und in warmem Wasser aufweicht, bis die Haare abgehen. Sie werden mit einem *gessara rutri, id est* Zieheisen, heruntergeschabt, und die Häute *sine praevia exsiccatione* in die Lohe gelegt. Am Tag darauf wird die Lohbrühe wieder erwärmt, und wenn sie abgekühlt ist, werden die Häute aufs neue hineingelegt, dreimal täglich, und nach jedem Lohen aufgehängt und im Wind am schattigen Orte getrocknet. Wenn die Häute halb trocken sind, werden sie oft gleich für die Schuhherstellung zugeschnitten. Die Schuhe werden ohne Leisten und stets von den Frauen angefertigt, immer mit Sehnenfaden.

Einige säuern die Häute nicht vor, sondern rasieren die Haare mit dem Messer herunter, weichen die Häute darauf ein wenig in Wasser und lohen sie dann.

Dies 29. Bei Svartlå gabs einen Sauerbrunnen, *sed qualis talis, non excultus.*

Der Lule-Fluß teilt sich in zwei gleich große Arme, ein wenig oberhalb der Grenze zwischen Lappmark und Västerbotten, der eine *ramus* heißt Klein Lule und kommt aus den Bergen bei Hyttan, der andre Groß Lule, kommt aus den Bergen bei Norbotten.

Dies 30. Am Lule-Ufer wuchs *copiosissime Caseola(?), Sedum aquaticum, Plantaginella, Gr. aqu. geniculat. spicat.* im Wasser und schlug wie *Convolvulus* seine Blätter über andre.

Sedum aquaticum im Überfluß an den Wegen.

Im Fluß fand ich ein Gewächs, weiß nicht, ob *Potamog.*, ob *Stellaria*, ob *Aponogeton.*

Kam abends in der Altstadt Luleå an.

Dies 31. Es regnete und blitzte gewaltig die ganze Nacht.

Dies 1. August. Hatte vorgehabt, nach Torneå zu reisen, doch ein großer Regen und grobes Donnerwetter mit Knall und Lärm, Feuer und Blitz hielt mich völlig eingeschlossen.

Die Pröbstin *(in cujus fide certus sum)* erzählte mir, sie habe beim Gasthof zu Björsjö im Kirchspiel Torp gesehen, wie sie dort *Aconitum* eingesammelt, gekocht und wie Rüben gegessen hätten. Darüber wäre sie gar erschrocken gewesen, denn in Jämtland vergiften sie mit seinen Wurzeln die Stubenfliegen. Die Frau jedoch, welche gekocht hatte, bespöttelte die Pröbstin, meinend, diese Wurzel sei gewiß eine, auf die nicht verzichtet werden dürfe.

Jagd auf Hasen wurde hier immer veranstaltet, aber der Hund soll dabei schweigen und nicht bellend treiben, tut er es, dann erhält er Schläge.

Tubera gibts zwischen Heden und Svartla.

Unterwegs wuchs *Glaux*, *Plantago angust. marit.*, auf einem Hügel *Gr. tritic. marit.*, unterwegs *Angelica tenuifolia.*

Nun trug das, was sich bei Umeå als Blüte gezeigt, Frucht. *Mesomora*, *Vaccinia*, *Chamaemorus*, *Chamaerubus* wetteiferten mit Frucht, Heidekraut spärlich.

Hügel gabs keine sonderlichen, die kleinen Uferböschungen, welche vorher ein wenig gebrannt hatten, waren nun voll mit Ebereschen, Kiefern und weiß von Rentierflechte.

Kam abends nach Töre, das Wetter war herrlich.

Dies 2. Bei Grötnäs, welches mittwegs zur Kirche von Kalix liegt, ist eine Fähre zur Kirche hinüber. Bei der Kirche wird von den Leuten vom Lule und Torne der Markt abgehalten.

Im Fluß sah ich in Mengen eine Wasserpflanze, die eben ihre *spicas* wies, über deren *species* ich mir lange Gedanken gemacht, zuvörderst, da ich sie bei keinem *botanicus* gefunden, obgleich sie hier und in Småland *copiosissime* wächst. Es ist ein *Sparganium*, dessen *folia* nach der Tiefe zu *oblongantur et attenuantur*, sind ein à zwei Klafter lang und fließen auf dem Wasser, *dorso convexo, infra plano.*

Abends kam ich nach Sangis, *id est*, wo man das letzte Vaterunser betet. Das Wetter war schön.

Auf der Heide von Sangis war rote Erde, und in den trockenen, abgebrannten Wäldern wuchs Rentierflechte, welche die Erde gänzlich bedeckte.

Dies 3. Am frühen Morgen, als die Sonne aufging, war das Feld ganz weiß vom Rauhreif, und es zwang sich nun der *hiems* herein, um die erste Nacht mit der hübschen Flora zu schlafen. Ich sah sie nicht mehr leiden, als daß *Dracontium* nun etwas bleicher war.

Die letzten Pflanzen, die hier blühen, sind *Erica, Persicaria fl. rubro mitis, Hierac. praemorsum.*

Als ich Sangis hinter mir ließ, ließ ich auch meiner Mutter Sprache hinter mir; in Säivis gab's nur pure Finnen, die ich nicht verstand. Mausefallen waren hier die gleichen wie die Eichhörnchenfallen.

Ich fand hier Ölsenich oder Sumpfhaarstrang, *Umbella prolifera.*

Zwischen Torneå und Säivis nahm ich drei Fähren.

Kam um 3 Uhr in Torneå an.

Dies 4. Mit einem Ren kann zwölf bis allerhöchstens fünfzehn Meilen pro Tag gefahren werden, aber dann sticht man es häufig gleich nieder, da es gewöhnlich dann doch eingeht, und ißt es auf.

Das Wort Lappe kommt von den Lappenkleidern, *quod eorum vestes communiter lappatae.*

Das Gebirg ist kälter als das Land; *exempli gratia* das Gebirg in Jämtland kälter als in Torneå ist, obgleich jenes doch mindestens hundert Meilen südlicher liegt. *Hinc causa frigoris non est saltem elevatio poli, sed etiam elevatio terrae, quae probe observanda. Hinc flora Laponica sept. frigore perdurans, hinc* Schnee auf *alpibus* in Italien.

Es kamen so viele Finnen zu mir, daß mir vor ihnen Angst wurde, denn alle waren *lippi* und nahezu blind. Oft sah man hier, wie ein Blinder von einem weniger Blinden geführt wurde. Eitel war es für mich, vollkommen nutzlos, ihnen irgendein Mittel zu verschreiben, solange *causa peccans ubique praesens* war, *sc.* ihre Rauchbuden, und es wäre mein einziger Rat, sie allesamt an die Wand zu hängen und ihnen fünfzehn Schläge mit der Rute zu verabreichen, bis sie einen Schornstein in ihre Stuben bauen, fehlt ja nicht an Stecken, deren es bedürfte, der Obrigkeit Respekt zu verschaffen. Abstruseres hab ich *sine causa sufficiente* nimmer gesehen. Und solcherart waren die Mannsbilder von dreißig à vierzig Jahren, daß sie wie Siebzigjährige aussahen!

Südwestlich der Stadt über *sinus aquae* liegt ein Sauerbrunnen, recht gut von Geschmack und einer der besten, die ich hier im Norden gesehen, aber er liegt sehr tief, und dadurch wird seine *origo* vom selben Bächlein, das oberhalb fließt und dessen Wasser *forte* durch die Erde gefiltert wird, deduziert.

Dies 5. Hier wurde viel von der Viehseuche gesprochen. Im Winter gehen bloß einige ein, wenn man sie aber im Frühjahr auf die Weide treibt, unzählige, ja fünfzig à hundert im Jahr. Ich suchte die Wiese auf, auf die man sie zuerst treibt, und fand, daß sie sumpfig war, sah auch *Cicuta aquatica* reichlich abgeweidet und aufgefressen, *ergo sic* argumentiert wurde: Das Vieh frißt im Frühjahr das Gras restlos auf, deshalb sterben in dieser Zeit so viele, im Sommer nimmt es nur hier und da ein Maul voll, *ergo* nicht so viele Tiere verenden. In den Wiesen wächst die *Cicuta* auch *in humidis*, gelangt also ins Heu, ist also darin auch die Ursache des Viehsterbens.

Bei Wepfero, der sie verschiedenen Tieren zu fressen gegeben hat, kann man lesen, welche schwere Symptomata hieraus entstehen. Ich wußte mir diesen Tag auch nichts Notwendigeres, denn all dies zu untersuchen, und würde man eine Magd anstellen, die einen Monat hindurch diese Wiesen absucht und rupft, so könnte eine solche kleine Stadt mehr als zweihundert Kupfermünzen profitieren. Es wurde mir gesagt, die Tiere seien so vergiftet, daß einem beim Häuten die Hände anschwöllen, ja, schon mancher sei davon gestorben. *Convenit itaque loco, viribus, facie externa, praesertim pinnarum cum Oenanthe.*

Dies 6. Dies sabbati, sanctus sc. ideoque recreationi animae et corporis angewendet wurde. Las in der Kirche König Karls XI. eigne Observation der Sonne am 14. Juni 1694. Die Sonne wurde bis zwölf Uhr gesehen, wo sie dann ein kleiner Wolkenstreif verdeckte, aber sie war dennoch über dem Horizont. Auch im Winter geht die Sonne nicht unter den Horizont, sondern ist bei *solstitium* sichtbar. *Quaeritur an ad polum videatur?*

Die Finnenmädchen haben große Brüste, die Lappenmädchen kleine *et quales crudas servat puella marito.*

Dies 7. Die Stadt Torneå liegt auf einer kleinen Insel, die an der Südwestseite besiedelt ist. Ich sage Insel, denn im Norden liegt ein See, im Südosten der große Tornefluß, im Südwesten und Westen kommt ein *sinus* von der See herein, wie ein großer Fluß, jedoch sehr seicht, so daß ein Schiff nicht näher als eine Meile herankommen kann. Dieser *sinus* ist vordem die Hauptader des Stromes gewesen, der sich nun sein Bett auf der Westseite eingeschnitten hat, so daß im Sommer zwischen dem See und *sinus* alles fast vollkommen ausgetrocknet ist.

Ich war im Glockenturm der Kirche, woselbst Seine Majestät, der selige König Karl XI., am 14. Juni 1694 *solem inocciduum* sah.

Dies 8. fand ich nichts Bemerkenswertes.

Dies 9. reiste ich von Torneå nach Kemi, wo großer Lachsfang war; *hinc* reicher als Kemi an Lachs, als die Weiden von Limminge und die Äcker von Storkyros!

Dies 10. blieb ich bis zum 11. beim Probst in Kemi.

Wenn die Frauenzimmer gebären sollen, trinken sie Branntwein mit Pfeffer, teils, damit es als *narcotico* wirkt, teils, daß es die *dolores* beschleunigt.

Durch die Probstin erfuhr ich, daß, wenn sich Nachwehen einstellen, man diese nicht oder nur kaum verspürt, wenn man bei der Geburt des ersten Kindes beim Abschneiden des *funiculi umbilicalis* ein wenig Blut von diesem auf einen Löffel gibt, welches von der Mutter getrunken wird und bei allen späteren repetiert wird, wodurch *dolores post partum, ipso puerperie multis difficiliores*, verschwinden.

In Medelpad etc. haben die Leute ihre Sennhütten,

darüber wird eine Magd gesetzt, die per Kuh ein Liespfund Butter, ein Liespfund Käse und ein Liespfund Molkenbutter schaffen soll.

Um genug Butter zu bekommen, setz die Milch in den Keller oder in ein Haus mit doppelten Wänden; kalt muß es sein. Die Milch steht hier mindestens zwei Tage, bis der Rahm nicht mehr am Finger haften bleibt, wenn man hineingreift. Die Milch gerinnt nicht, sondern wird ganz dünn und blau, die Sahne aber dick und mächtig. Sie wird im Butterfaß gesammelt, sie ist so dick, daß bekanntlich, wenn man nur ein wenig gekirnt hat und das Butterfaß dabei schräg stellt, sie doch nicht herausläuft, und sie ist schwer zu kirnen.

Die übrigbleibende Milch wird zu Käse gemacht, wird gewärmt, man läßt sie gerinnen und verkäsen, denn sie taugt nicht zur Sauermilch. Eine solche dünne Milch zu genießen, wäre nicht sonderlich dienlich. *Serum a casei separatione relictum alias ad* Säure *conficitur, id est,* es wird, nachdem es kalt geworden, in ein Gefäß geschöpft, auch in Fässer etc. Da steht es lange und wird ganz zäh. *Communiter tamen coquitur, et per 2 vel 3 dies collecta* mit neuer gekocht, bis sie wieder dick wie Grütze ist, wird in ein Gefäß geschüttet, abgestellt und soll recht ruhig stehen bleiben. Wird hart und Molkenbutter. NB. Die blaue Milch kann wie süße gekocht werden und gerinnt nicht.

Gärmilch: Buttermilch gießt man in eine Schüssel, läßt sie dort stehen, bis sie zu gären beginnt, setzt dann ein Drittel oder Viertel süße Milch zu, läßt das ganze wiederum gären, worauf sich unten ein Serum absetzt, das durch einen Hahn abgelassen wird. Was man abläßt, setzt man an süßer Milch wieder zu und so immerfort fünfzehn Tage lang, worauf diese Gärmilch dick und köstlich wird.

Serviettenmilch: man nimmt eine Schüssel mit Dickmilch, die kurz vor dem Gären ist und bei der gewissermaßen *hydatides* sich zwischen Sahne und Milch gebildet haben. Die Dickmilch wird kreuz und quer durchteilt, das Serum abgeseiht und der Rest in eine Serviette gegeben, die man aufhängt, so daß alle Flüssigkeit herausrinnt und der Inhalt hart wird. Dieser wird dann mit süßer Sahne gemischt und verzehrt.

Dies 11. Reiste von der Probstei Kemi, Pastor Frosterus und seiner Frau Christina ab.
Vidi Lumme Worm., digitus exterus maximus, medius modicus, interior parvus, pollex s. intimus minimus.
Ein Eichhörnchenfell im Winter: der halbe Schwanz äußerst weiß, *extimi digiti pedis* weiß, weiße Ohren.
Heute fand ich *Stratiotes* und *Butomus, Mesomora, Palma Christi maculata, Gnidium.*
Dies 12. Die Wälder waren Birke und Tanne, durchmischt mit Kiefer.
Juniperus parca, plantae in sylvis laete vigent, et magnam adipiscuntur altitudinem.
Baccae Labruscae, Vaccinii, Mesomorae, Empetri, Chamaemori heic copiosae, Sceptrum C. ubique in via regia.
Die Zaunlatten sind hier meist schräggestellt oder *horizontales.*
Domus sind Küchenhäuser, *pörten dictae*, die Bewohner meinen zu frieren, wenn Schornsteine wären, *quae ratio mihi videtur plane falsa.* Als ob es nicht gescheiter wäre, einen Schornstein und damit eine maßvolle Wärme zu haben, denn eine Badstubenhitze mit blinden und tränenden Augen, in einer schwarzen und durchrußten Stube am Boden zu liegen, wo der Rauch steht, ja, am Boden sein Bette aufzuschlagen! Mir scheint, daß durch die Tür so viel Kälte hereinkommen kann als möglicherweise durch einen Schornstein! Ja, sie sind so besorgt um die Wärme, daß sie es nicht wagen, Fenster zu gebrauchen, son-

dern an deren Stelle Läden und also *Noctuae instar amant tenebras*. Ich sah durch einen Fensterladen hinein, im Hause war alles ganz *atrum*, wiewohl Kinder und Erwachsene darin waren und sah nicht mehr denn zwei Augen glosen wie dem Teufel in einer Kanne die seinen, und als ich nachschaute, war es eine Kanne, und es kam mir in den Sinn, sie *numerum intra eos, qui ignem de se praebeant* zu setzen. Ich weiß, in Småland, wenn die Bauern ihre Öfen heizen, haben sie eine derartige Wärme, daß sie beinahe braten, trotz ihres Schornsteins. Man verheizt hier wie in Småland Spanholz. Ich glaube auch nicht, daß die übermäßige Wärme im Winter, hier wo so starke Kälte ist, der Gesundheit zuträglich sein kann. Die Julstangen sind hier zwei Ellen lang, kein Bett, denn sie liegen auf dem Boden, im Sommer jedoch meist in einer Schlafhütte, die Bänke stehen rings an den Wänden. Tisch in der Ecke, der Ofen *opposito*.

Und da es eher abenteuerlich wäre, in solchen leichten Häusern im Sommer zu heizen, haben sie ein eigenes Haus, in dem sie kochen, das ganz aus Stein gebaut ist; die Feuerstellen sind wohl dreimal so hoch und zweimal so breit wie die in den Lappenzelten, doch nicht gedeckt, sondern einfach ein Holzstoß mit Stroh gemischt und gespaltenen Zaunstecken, darauf kochen sie und brennen Branntwein.

Das Küchenhaus bauen sie, wie es bei einigen Gasthöfen zu sehen ist, *sc. tecto interrupto* mit einem Baumstamm, ist hoch, hat aber keine sonderlich große Grundfläche.

Die Leute, welche im vergangenen Jahr große Mißernte hatten, schneiden die Ähre und das Oberste des Strohhalms zu feinstem Häckerling, mahlen das und backen davon ihr Brot, andere backen Kiefernrindenbrot.

Die Äcker, darauf man im Herbst Roggen gesät, standen ganz grün; der Winterroggen, welchen man im letzten Jahr ausgesät, war noch nicht geschnitten.

Die Garben werden nicht auf Reiter gesetzt, sondern jeweils zehn werden solcherart aneinandergelegt, daß die Ähren der einen Garbe die der anderen bedecken, also *inclinato erectae* stehen. Hernach werden sie in den Getreidedarren getrocknet, die hier ganz und gar wie Badstuben mit Steinöfen aussehen.

Die Riegel oder Aufhalter der Türen sind ganz unterschiedlich von denen, wie man sie in Småland findet, die am Boden befestigt sind und sich vor und zurück bewegen lassen; denn selbige sitzen just in der Türmitte und funktionieren durch Drehung.

Die Küchenhäuser haben hier gemauerte Kessel, um darin Pferdedung für das Vieh zu kochen, *item* um Wasser zu wärmen, womit man die Rentierflechte für das Vieh übergießt. Zuoberst wird Speck und Lachs geräuchert. Aber die Milch bekommt einen widerwärtigen Geschmack. Winters wird in den *pörten* gearbeitet; damit die Fensterluken geöffnet stehen können und dennoch Wärme ist, wird die Türe verschlossen; sie heizen, wenn das Wetter nicht trüb ist.

In Torneå nimmt man keinen Pflug, sondern alles Erdreich wird mit Spaten umgegraben. In Kemi ebenso, einzig die Roggenäcker werden gepflügt.

In Kemi wird für eine oder zwei Personen ein ganzes Gedeck aufgelegt, fünf à sechs Teller mit Löffeln, Servietten etc. *quia usus.* In den Gasthöfen freier Tisch.

In der Probstei zu Kemi fand ich *Salicaria foliis alternatis, gradualibus, floribus in alis singulis.*

Ich hatte gedacht, ein Stücklein in Österbotten zu reisen, allein da ich zum Gasthaus kam, erhielt ich weder Pferd noch Speise, denn sie verstanden mich nicht, wollten mich auch nicht verstehen, also reiste ich am 12. August von . . . zurück[1].

Die Finnen in Österbotten sind fast wie die Lappen gekleidet und *conveniunt* also *cum iis.*

Conven.: 1. Mütze, 2. hellgraue Jacke, 3. Beinkleider, selbige bis in die Schuhe reichen, 4. *kängor*, 5. *cingulo cum cultro affixo*, 6. keine Knöpfe, sondern Hefteln.

Differunt: 1. *quod carent* den hohen Kragen, 2. *quod habent* ein Halstuch, 3. den Rock an der Vorderseite geöffnet, 4. Hemden, 5. einen Gürtel, an dem nicht mehr denn ein Messer hängt, einige Schlüssel an der Hinterseite, 6. die Binde um die Knie.

In der Kirche sah ich Finnen meist gegürtet mit einer zwei- à achtmal um den Leib gewickelten Stoffschärpe, welche schwarz vom Grau abstach.

Das Weibervolk hingegen ist mit gekauften Sachen bekleidet und ganz und gar von den Lappenweibern unterschiedlich.

Österbotten ist ein feuchtes Land mit vielen Mooren, Tümpeln und Sümpfen. Das Gras wächst hoch, kommt aber sehr schwer zu Heu, daher man auch zu

1 fehlt im Original

Torneå Pferdedung kauft, welchen sie in ihren Küchenhäusern in eingemauerten Kesseln kochen und dem Vieh zu fressen geben.
Das Brot der Österbottninger in diesen teuren Zeiten war meist von Getreideähren, welche man klein wie Gerste zerschnitten und gemahlen.
Der Winterroggen, welchen man heute vor acht Tagen hatte ausgesät, stand bereits recht grün.
Kam gegen Abend wieder nach Torneå.
Dies 13. hörte ich in der Bauernkirche zu Torneå einem finnischen Gottesdienst zu. Sah auch, wie im Augenblick der Elevation ein Eheweib nach der Geburt wieder in den Schoß der Kirche aufgenommen wurde.
Unter den finnischen Mannsleuten sah ich, daß die meisten weißes Haar hatten[1], oder weißes, welches *per tempus fuscum* geworden, kein rotes, gar wenig schwarzes, meist borstig und ohne Locken.
Physiognomia et marum et foeminarum phlegmatica, träge, so auch der Körper, keine zarten Gesichtszüge, *decolor*.
Nicht der Kemifluß scheidet Västerbotten von Österbotten, sondern ein Flüßchen auf der westlichen Seite.
Renken fängt man hier auf wunderliche Weise. Die Renke geht dem Lachs gleich gegen den Strom, darum fischt man sie einzig an großen Wasserfällen, über die sie nicht hinüberkommen; haben einen kleinen Kescher, gehen mit nacktem Oberkörper in die stärkste Strömung, haben oft ein Seil um, und ein Mann, welcher an Land steht, hält es fest, damit man

1 L. meint damit wohl »blondes«

nicht vom Strom davongetrieben wird: so gehen sie hinaus und fischen.
Robben werden auf mancherlei Weise erlegt. Entweder mit dem Gewehr oder mit dem Netz. Das Netz ist aus Hanf, drei à vier Klafter weit, die Fäden wie Gänsekiele dick. Jede Masche *extensa* zwei Spannen lang. Keine Steine an der unteren Tennelseite des Netzes, mit länglichen Schwimmern oben. Vier à fünf Netze werden oft zusammengebunden, und am Ende ist ein großer Stein an einem Hanfseil befestigt, welcher das Netz hält.
Wenn die Robbe kommt – denn das Netz wird dort ausgelegt, wo sie ihren Aufenthalt hat (sie tut den Fischern großen Schaden, da sie Fische und Netze frißt) – wenn sie also kommt und ins Netz geht, wird sie wild und verwickelt sich darin und verstrickt sich oft mit den Füßen.
An der Kirche auf dem Sandhügel wuchs *copiose Gr. spica triticea marit.*, dessen Blätter ganz unterschiedlich und *speciosa* von allen übrigen sind. Ich nahm einige Körner in die Hand, die groß wie Roggen waren, und mir kam der Gedanke, ob man dies nicht auf Sandboden aussäen sollte; wenn man es nur veredeln könnte, was wohl nicht zu schwer sein dürfte.
Commod.: 1. die unfruchtbaren Sandheiden, auf denen sonst nichts wächst, würden kultiviert werden, 2. *radix* ist *perennis*, was bei Getreide nicht der Fall ist und so nicht gesät zu werden braucht. Vielleicht, daß auch die Wurzel in Notzeiten taugen könnte.
Der lange Finne Daniel Cajanus zu Stockholm wurde in Österbotten als Sohn des Kapellan Cajanus gebo-

ren. Bei seiner Geburt war er nicht größer denn andre, war etwas kränklich, sonderlich in der Brust, bis zum zwölften bis fünfzehnten Jahr.

Man sagte mir, daß man winters aus dem Gebirge häufig den Donner rollen hört. Im Torneågebirge kommt kalter Wind aus dem Süden und milder aus dem Norden, *quia mare*.

Der Lappen Kompaß ist:

1. Große Fichten, welche an der Südseite mehrere *ramos* haben, an der Nordseite keine.
2. Ameisenhaufen; an der Sonnenseite wächst Gras und *Vaccinia*, an der Nachtseite nichts.
3. Die Espe, *cortex* zottig gegen Norden, glatt gegen Süden.
4. Dürre Kiefern im Moor, *Usnea nigra a latere septentrionali excreta*. Danach können sie ihre Reise durch den wilden Wald tun, tue du ein gleiches.

Sobald sie sommers irgendein wildes Ren schießen, wird es in kalte Quellen gelegt, dann holen sie davon ein Stück ums andere.

Kalksteine von wunderlicher Beschaffenheit, welche in Kemi, Torneå und anderwärts längs der Küste gebrannt werden.

Dies 14. Silbererz aus Hiertat, im Kolleg. Metall. untersucht, enthält vierzig Prozent Blei, aber drei à vier Prozent Silber.

Regnete ordentlich.

Dies 15. Bei der Fähre nach Torneå gab es *Spongia lacustris Newtonii*.

Dies 16. Fand ich *Artemisiam*, welche eine allzu wunderliche *flos* haben.

Dies 17. Reiste den Seeweg von Torneå nach Kalix. Es bliesen widrige Winde.

Auf den Holmen fanden wir *baccas Vaccinii et Rubi saxatilis* im Überfluß.

Item auf Korsholm ein *Behen, an quod in agris, cui partibus satis similis?* Wuchs am Strand im Geröll *calyx oblongus, folia angusta fr. 1 caps., erectus, ovalis, alias Behen similis.*

Die Bodenbeschaffenheit ist unterschiedlich, bald Lehm, bald Sand.
Immer nur die Hälfte der Ackerfläche wird bestellt, die andere Hälfte ruht, so daß das ganze Land ein Jahr Frucht trägt und ein Jahr brach liegt. Das Brachland wird den ganzen Sommer hindurch immer wieder umgepflügt, so daß nichts auf ihm wachsen und die Kraft herausziehen kann.
Gerste wird nur auf den regulären Ackerflächen angebaut, Roggen aber auch auf dem durch Brandrodung entstandenen Neuland, doch nicht sehr üppig.
Rüben und Roggen werden zusammen auf einer Fläche angebaut, und nicht wie anderswo das eine Jahr Rüben, das andere Jahr Roggen. Roggenbrot hat man nur für die Gäste.
Dies 18. *Salix foliis Oleae sativae* auf den Holmen am Ufer im Geröll.
Dies 19. Auf dem Markt von Kalix unterrichtete ich mich über das Handelswesen im Lande, das wohl in der ganzen Welt recht singulär dastehen dürfte, und ich konnte nicht herausfinden, wer hier den andern betrügt. Der Bürger meint den Bauern übers Ohr zu hauen, mir aber scheint, daß er selbst der Betrogene ist.
1. Man tauscht hier gewöhnlich Ware gegen Ware.
2. Der Händler fährt seine Waren meist zum Bauern aufs Land, wie weit vom Wege es auch sein mag, oder zum Markt.

3. Einem bürgerlichen Handelsmann kommt es darauf an, daß er möglichst viele Bauern zu *adhaerentes* macht, die ihm Ware in Kommission geben und seine Schuldner sind. Diese Bauern werden Schuldbauern genannt.

4. Der Vorteil der Bauern besteht darin, daß der Händler mit ihrer Ware auch ihre Steuerpflichten übernimmt, die er entweder bar aus eigenen Mitteln oder gegen Wechsel reguliert.

5. Wenn der Händler vom Bauern die Ware erhält, wird kein Preis ausgemacht, sondern der Händler verzeichnet in seinem Buch den Preis, den er in Stockholm erzielt hat, und schreibt dem Bauern ungefähr diesen Preis oder auch einen andern nach Gutdünken gut.

6. Auch erfährt der Bauer nie den Preis der Waren, die er selbst vom Händler bezieht, wie Salz, Tabak, Saatgut, Eisenwaren etc., ehe nicht die Jahresabrechnung gemacht wird, was jedoch keineswegs jedes Jahr geschieht.

7. Solange der Bauer ausschließlich bei einem Händler bezieht, hat er Kredit und bekommt auch Vorschuß in bar, falls er dessen bedarf, und dies selbst, wenn die Waren, die er dem Händler im Laufe des Jahres liefert, noch nicht einmal den Zinswert des Kredites erreichen, und wenn es tausend Taler wären. Aber wechselt er den Händler, muß er gleich alle Schulden bezahlen, oder er wird gepfändet.

8. Der Bauer bringt selbst niemals Waren in den Handel, und zum Händler bringt er Ware nur dann, wenn er zufällig oder aus anderen Gründen in die

Stadt kommt, sonst besucht ihn stets der Händler auf seinem Hofe.

9. Als die Städte einst gegründet wurden, erhielt jede Stadt ein gewisses Handelsgebiet zugeteilt, in dem jeweils nur diese eine Stadt Handelsrecht hatte. Diese Privilegien der Städte sind dann durch königl. Verordnungen aufgehoben worden, damit überall freier Markt herrsche, wo Nachbarn und *exteri* handeln möchten. Aber hier oben ist es noch nicht so weit gekommen, teils weil dieses Landesgebiet so abgelegen ist, teils weil die Händler meinen, sie würden ruiniert sein, wenn hier der Geldhandel eingeführt würde.

10. So gibt es hier keine Freimärkte, sondern nur Steuererhebungstermine, auf denen Händler und Bauern sich treffen. Die Plätze, an denen diese Termine gehalten werden, heißen ›Zusammenkunftsorte‹. *Ut in* Kalix *dies* 19. Aug. *quotannis*, in Torneå Febr.

Incommoda.

Der Händler:

1. leiht so viel Geld aus, das dann gebunden ist, mit dem er sonst hätte arbeiten können.

2. muß die Waren zum Bauern schaffen und vom ›Zusammenkunftsort‹ in die Stadt.

3. Dies führt oft dazu, daß viele Händler bis zu hunderttausend Taler Außenstände . . .[1] haben, die meist nie hereinkommen.

Rustici:

1. machen mehr Schulden, als sie zurückzahlen können.

1 Zwei Wörter im Manuskript unleserlich

2. bekommen vom Händler den Preis diktiert.
3. können nicht dort kaufen, wo der günstigste Preis ist.
Die Landschaft Västerbotten ist in der Hauptsache nur an der Küste und längs den Flüssen besiedelt.

Chasma zeigte sich am 18. und 19. [Aug.], war auch schon vor acht Tagen zu sehen gewesen, so zeitig beginnt dies hier.

Die Ruderer bekamen vom starken Rudern Wasserblasen an den Händen und nahmen als ein *remedium specificum* Kochlöffel, die vom Umrühren in einem Topf, in dem man Fisch kochte, noch ganz heiß waren, und legten diese auf die Blasen, wovon sie fortgingen.

Dies 3. September stand ich dem kleinen Sohn des Herrn Seger Svanberg Gevatter, er wurde ebenfalls auf Seger getauft, war einen Tag vorher geboren worden oder auch zwischen *dies* 1 und 2.

Herr Svanberg sagte mir, daß auf dem Karvick, einem Berg in der Nähe von Vallivari, nordwärts, *Umbilicus Veneris* wüchse.

Dies 4. kam ich nach Björnknäs, um die *Probierkunst* zu erlernen.

Dies 14. In kühlem und regnichtem Wetter reiste ich von Björnknäs fort. Der Laubwald war von den kalten Nächten schon gelb geworden, *acifolia* standen in dunkelgrüner Farbe dazwischen, sie trotzten der Kälte. Der starke Sturm streute die welken Blätter über den Weg. Jeden Herbst kommt ein solcher Sturm, der trefflich all die reifen Samenkörner aussät. Die Berge waren sandig, und wo man sie abgebrannt hatte, lagen sie unter einer Decke von weißem Renmoos, das so dicht war, daß es sogar das Heidekraut überwucherte. Dieses Weißmoos ornierte *a lateribus viarum Muscus island. escul.*

Teils war diese Straße aus rotbrauner Erde, welche ich schon in Lappland beschrieben. Man sagte, sie färbe besser als rote Farbe. Darauf erreichte ich Singis und kam gegen Abend bis auf die Haut naß in Torneå an.

Dies 15. Ich sah hier, wie sie das Getreide lagern. Es gibt hier keine Scheunen, sondern Stangen, gegen die sie die Garben legen, und zwar so, daß die Ähren stets gegeneinander stehen. Diese Gestelle sind zwei à drei Ellen lang und ziemlich hoch. Ist das Getreide noch nicht ganz trocken, so wird nur eine Lage gelegt. Man trocknet es in Darren und drischt es am Fußboden. Aber ach, wie leicht mag da nicht das Feuer darüberkommen! Und wieviel geht dabei verloren?

Ich nahm hundert Taler Kupfermünze vom Herrn Probst in Carolinern entgegen.

Tanacetum und *Artemisia* wird aufgekocht, damit der *foetus* leicht durch *stolam* geht, das ist wunderbar wirksam für Weiber in Kindsnöten. Sie hocken sich über die aufsteigenden Dämpfe dieser Kräuter. Ich hatte in allen Häusern gesehen, wie sie *Tanacetum* trockneten, aber es gab keinen, der mir dessen Anwendung hätte sagen wollen.

Dies 16. reiste ich von Torneå ab.

Zwischen Kemi und Torneå sind acht Fähren. Der Fluß, der Kemi am nächsten liegt (von dort eine halbe Meile) ist die Grenze zwischen Öster- und Västerbotten.

Kalkstein lag allerorten am Weg in Norrbotten, war *extra* gelb, *intra* weißlich.

Dies 17. Von der Poststation zu Kemi reiste ich in Regenwetter den ganzen Tag durch, kam gegen Abend zur Poststation Jö. Tiefland, viele Moore, wenig Berge, viele kleine Bächlein; obschon grasreich, so doch wenig urbar gemacht, der Wald zumeist aus Birke mit *acifoliis* durchmischt, diesem schmalblättrigen Immergrün, *Juniperus* in Hülle und Fülle, *licet item frutex*. Birke, *Salix*, *Populus pallescebat*, *Sorbus autem rufescebat*, *musci omnes*.

Die Bauern in ihren *pörten* oder Küchenhäusern: der Rauch stach ihnen in den Augen, ihre Augen rannen davon, trotzdem waren sie um die Wärme besorgter als um die Augen. Man gebraucht hier die gleichen Pflüge wie in Kemi.

Das Meer zeigte sich allerorts *a sinistris* durch den Wald. Überall, wo der Seesand von den Wellen ans Ufer gespült war, wuchs eine Erbse *caule tres angulo*, *radice alba*, *repente*, *perenne*, *folia crassa*, *alternatim pinnata*.

Bei Jö sah ich eine Wolfsfalle, war auf einem Berg gegraben, etwas vom Bauernhof ab, rundherum steckten ungespaltene Zaunlatten, *erecta* und *contigua*, *in centro* ein Pfahl, mit der Spitze in Erdhöhe, auf dem Pfahl ein Rad, auf dem Rad Bretter, welche es ganz und gar bedeckten, aber nicht darüber hinausstanden, so daß der Wolf, wenn er gleich auf das Rad springt, dennoch nicht weiter kann.

Die österbottnischen Bauern, wie sie in ihren Häusern Kinder der Finsternis sind, so sind sie es auch *extra*, *sc.*

impexi. Große Hosen bis zu den Knöcheln, gänzlich weiß, ein Pelz, vorn an der Brust zusammengenäht, sehr streitsüchtig. In den Häusern roch es *nauseabundum* nach sauren Renken, gleich saurem Strömling, im Hause unordentlich, können nichts andres als finnisch sprechen.

Hier und da wuchs *Gr. marit. triticeum.*

Dies 18. reiste ich von Jö nach der Stadt Uleå.

Unterwegs stand die Saat überall auf den Äckern.

Bei der Haukipudasfähre brachen sie Steine. Obgleich diese aus Sand und andrem kleinen Gestein *coagulati* waren, waren sie doch so fest, daß sie als Mauerstein für Herdstellen gebraucht werden. Ich sah an einer Stelle im Sand, wo sich der Fluß eingefressen hatte, daß das Bindemittel zu solchen Steinen nichts andres denn ein Eisenrost war.

Ordinari Steine waren gemeinhin sehr feinkörnig, brachen gerne auseinander, sahen aus, als enthielten sie ein wenig Eisen.

Item eine andre Art, rauh, rostig.

Ein paar Franzosen haben in die Kirche von Kukkaskiervi geschrieben.

> *Gallia nos genuit, Africam penetravimus omnem*
> *et Gangem hausimus, nobis hic defuit orbis.*

Die Stromschnellenkähne sind vier à fünf Klafter lang, breit ein Klafter in *medio.*

Renkennetze sind fünf Spannen hoch, lang, ganz feinmaschig, das Loch so weit, daß gerade zwei Finger durchgehen; wird an den Sandufern ausgelegt.

Ein andres Instrument, Renken zu fangen, setzt man in den brausenden Wasserfall, es sieht aus wie ein

Kescher, doch nicht so tief, *altitudo* drei Ellen, *latitudo* zwei, *profunditas* eine. Es wird, gut an Pfählen befestigt, gegen die Strömung gesetzt. Wendet sich nun der Fisch *a lateribus* gegen den Wasserfall, wird er, weil es ihm unmöglich ist hindurchzukommen, zurückgeworfen, mitten in den Strom, wo er am reißendsten ist, also kann er sich nicht mehr herausarbeiten und *sic piscatur*.

Bei Uleå liegt ein Sauerbrunnen, noch nicht recht ausgenützt. Dem Geschmack nach schien er gut zu sein, liegt gleich bei der Stadt auf einem kleinen Holm, woselbst sich eine Sägemühle befindet.

In der Kirche stand *Messenii contrefait in natura*, da ist er auch begraben.

Die Kirche gehört zu den längsten Holzkirchen, die ich gesehen, aber die Höhe quadriert nicht mit der Länge. Die Stadt ist fast so groß wie Lund. Auf der Kanzel stand *Uleoburgensis* Wappen.

Dies 19. Nach beendigtem Gottesdienst begab ich mich auf den Weg.

Schlitten, vorn mit einem Querbrett, gegen das die Füße gesetzt werden, der Boden ist mit Holzsprossen gedeckt.

Die Weide von Limminge, die größer als die von Övertorneå und Rödbeck zusammen ist, fing jetzt an. Anfangs war sie nichts als Sumpfland, voller Schachtelhalme, sonderlich aber *Arundo* in solcher Menge, daß sie einem Wald glich. *Cicutaria aquatica* wuchs im Überfluß am Wegrand. Ich frug, ob das Vieh hier häufig verende. *Respondent:* »Ja, wißt Ihr uns ein Mittel dagegen?« Sie hatten so vieles verloren.

Den ganzen Weg wuchs auch *Ribes fr. rubro*, rote Johannisbeere; auch *Lenticula et Lichenoides, a quo* Puder an den Bäumen.
Die Limmingeweide ist zwei Meilen lang. Bei Limmingedorf rechts. Die Viehweide nimmt den besten Teil ein, liegt trockener und höher, ist aber von Rasenhöckern ziemlich verdorben. Würde sie in Dreifelderwirtschaft *more scanico* bestellt, erntete man trefflichen *avena*. Man sagte, das Land wäre hier leicht trockenzulegen, nur fürchtet man, das weiße Moos zu bekommen, wodurch alles wieder umsonst wäre.
Das Heu stand hier in tausend Stapeln, aber kein einziger war größer, als daß ihn nicht ein Pferd auf einmal hätte einfahren können. Hier fährt man niemals zweispännig, auch nicht mit Ochsen. *Item* wuchs hier *Iris aquatica*.
Dies 20. sah ich die Leute Milch seihen. Sie gossen sie durch festgepacktes Stroh.
Brahestad, eine kleine Stadt, zweimal so groß als Torneå, *peninsula*, liegt am Strand.
Karelien Toracka.
Im Spital von Kronby gibt es verschiedene *maniaci;* einige waren aus Eifersucht auf ihre Eheweiber verrückt geworden, ja, einer, der eine uralte zu Hause hatte, dachte nichts andres, als daß diese mit einem andren umginge. Vielleicht *impotentia*, vielleicht *compressio phantastica aliquid efficeret?*
In Kindsnöten gebrauchen sie hier *hittetran, id est* ein im Frühling erlegter Seehund, den man nicht von der Eisscholle zu bergen vermochte, der aber später, als Aas, ans Land getrieben wurde; wird zur Tranberei-

tung genommen. Dieser Tran wird gesammelt, doch braucht man ihn sonst nur für alte Leute und Kühe, weil er so stinkt.

Generell aber ist hier *castorium* ein *sacra anchora*, um eine rasche Geburt herbeizuführen, ein andres auch Safran in Rotwein gekocht.

Gegen die Nachwehen einige Tropfen Blut vom *funiculo umbilicali*, ganz gleich, ob es nun *primipara* oder *postpara* ist.

Finnen, die einen Bären bezaubern wollen, sagte man mir, nehmen ein wenig von seinem Dreck, warm und frisch noch, mischen diesen mit dem der eigenen Kuh, und demzufolge soll nun der Bär die Kuh aufsuchen, wobei man ihn fängt. Dieses scheint mir nicht wunderlicher als unsre üblichen Sympathiemittelchen.

Dies 21. war ich in Alt-Karlebys Kirche am Aposteltag, sowie in der Schule, um mich zu introduzieren. Blieb in Kronby über Nacht.

Dies 22. Reiste an Jakobstad vorüber und kam gegen Abend nach Neu-Karleby, fast so groß wie Växjö. Alle Gassen sind an Stelle eines Steinpflasters mit Knüppeln belegt, einer Brücke gleich, sieht recht hübsch aus. Jakobstad ist ein außergewöhnlicher Hafen, da man gleich am Quai laden kann.

Am Strand lag viel Holz, das für Stockholm bestimmt war.

In allen Mühlen gab's Stampfen zu sechs bis sieben Äxten, den Bauern gehörig, welche in einem Trog Ähren zerhacken, die dann stets mit dem Korn mitgemahlen werden.

Der Rübkohl wird zum Winter hin getrocknet, dann aufgekocht und dem Vieh zu fressen gegeben.
Wann die Leute hier ausreiten, tragen sie immer ein Ränzel am Rücken.
Kam am Abend in Vasa an.
Dies 23. War in der Kirche von Vasa, sah das Schloß südwestlich der Stadt, sah die Schule etc., eine ziemlich schöne Stadt. Auch *sedes* des Landhauptmanns.
Außerhalb der Stadt, südöstlich, doch gleich bei der *moenia*, lag eine verlassene Kupfermine, deren Abbau man aber bei fünf à sechs Ellen Tiefe wieder aufgegeben hatte. Das Erz war glimmerartig, bleifarbig, der Sand daneben war lose *mica*, gleichsam verwittert. Ich glaube keinesfalls, daß es hier Kupfer oder andre Metalle zu holen gibt, auch wurde ja diese Mine bald aufgegeben.
Rustici heic utuntur tres medicis, Bävergiellius, Biörngallius et Pallovinus.
Die Mädchen gehen stets barhäuptig in die Kirche.
Dies 24. Zwischen Neu-Karleby und Vasa wurden andre Pflüge verwendet, immer von einem Pferd gezogen, selten von einem Ochsen. Der Ochse zog wie

ein Pferd und im gleichen Geschirr, ohne Quickgurt, doch lag ein gewöhnlicher Gurt über dem Rücken, einem Sattelgurt ähnlich, gegen den Widerrist gestemmt, damit nicht das Geschirr abrutsche, solches war aber nicht beim Pferd.

*Kängor*ähnliche Schuhe werden hier getragen, doch sind die Füße anders gearbeitet, die Sohle ungegerbt, behaart, das Oberleder aus Kalbsfell, gegerbt, zugeschnürt.

Hypericum, Scrophularia, Bidens (3 species Ribes copiosissime) zeigten sich erst heute.

Animalia

Fast alle fischen Ostseehering, soviel sie nur können, ihren Hausbedarf damit zu decken. Nur die Armen sind dazu nicht imstande. Die Leute, die im Frühling und Herbst nichts anderes zu tun haben, fischen zum Verkauf. Der Ostseehering laicht ungefähr vom 18. Mai bis zum 16. Juni und wird mit dem Netz gefangen, geht dann in die Fjorde, wo er mit einem Schleppnetz bis Petrus, *id est* der 29. Juni, gefangen wird, was man das große Heringsfischen nennt (das erstere wird Frühlingsfischen genannt. In Torneå hat man es mit dem Frühlingsfischen noch nicht versucht). Dann fischt man wieder auf den vorigen Fischplätzen von Petri bis Bartholomäi. Der Hering hat Rogen bzw. Milch den ganzen Sommer hindurch.

Bei Sauerhering wird eine Tonne so hoch geschätzt wie zwei andere. Ein Bauer nimmt für seinen Haushalt (ein Haushalt von zwölf Personen) eine halbe Tonne Salzhering, woraus er mit Rüben eine Suppe kocht, aber für den gleichen Haushalt eindreiviertel Tonnen Sauerhering, den man ißt, wie er aus der Tonne kommt. Denn der Bauer duldet niemals, daß man ihn kocht oder brät, weil er dann unergiebiger ist. Der Sauerhering liegt drei à vier Stunden, bevor er ausgenommen wird, zusammengepackt. Dann wird er ein wenig gewässert, aber nur so viel, daß noch Blut zurückbleibt (Salzhering wird so lange gewässert, bis alles Blut heraus ist, sonst säuert er). Den Sauerhering gibt man nun in ein Sieb und salzt ihn ein, und zwar geht anderthalb Liespfund Steinsalz auf eine Tonne Hering (aber auf Salzhering geht pro Tonne eine Vierteltonne Salz). Nachdem *strata super strata* gelegt worden ist, abwechselnd Salz und Hering, wird das ganze mit den Händen durchgearbeitet, bis ein Schaum über dem ganzen steht, und dann die nächste *strata* gelegt etc. Wenn der Salzhering gesalzen wird, bereitet man eine Salzlake so *saturatus*, daß der Hering schwimmt, wenn man ihn ins Faß legt, und man tut nicht mehr Heringe hinein, als daß man sie noch gut umrühren kann. Wenn etwas Hering aus der Lake herausragt, wird Salz darüber gestreut; dann alles vierundzwanzig Stunden stehengelassen und nun erst der Hering ausgenommen, und zwar derart, daß man mehrere Fische mit dem Bauch nach außen in die linke Hand nimmt und sie mit der rechten ausnimmt, wobei man den Fischkopf nach hinten knickt, so daß die Gedärme austreten. Bei all dem benutzt man kein Messer. Geschwind legt man den Hering in Binsenkörbe und salzt ihn *ut prius*. Wenn er so zwei Tage in Salz gestanden hat, wird er in neue Körbe gelegt, so daß alle Lake abrinnen kann. Schließlich kommt er in Viertelfässer, in denen er ohne weiteres Salzen verbleiben soll. Über dem untersten Ring bohrt man ein Loch in das Fäßchen, um weitere Lake abzulassen, denn wenn er auch noch so viele Male umgeschichtet worden ist, so tritt doch immer wieder neue Lake aus. Bliebe diese aber im Faß, würde der Hering sauer. Sauerhering hingegen wird in seiner Lake aufgehoben. Sauerhering ist am besten um Jakobi.

Im Sommer ißt man dreimal am Tag und hat dazu noch Frühstück. Vormittags und mittags ißt man immer Sauerhering, und zwar oft entgrätet zwischen Fladenbrot. Man nimmt einen Bissen Fladenbrot mit Hering, danach Dickmilch ohne Sahne und dazwischen noch ein Stück Käse oder Brot mit Butter, aber Fleisch ißt man nicht dazu. An Gemüse ißt man Kohl, Erbsen und Rüben, Kohl meist sonntags, Erbsen einmal in der Woche. Wenn der Kohl ausgeht, zweimal Erbsen. Rüben meist morgens mit Salzhering, der erst am Ende des Kochvorganges zusammen mit etwas Mehl zu den Rüben hinzugegeben wird, damit er nicht zerkocht. Dazu trinkt man Dickmilch. Abends gibt es immer Gerstenbrei. Geht man morgens fort, ißt man Brot und Butter oder Käse und Brot, damit es schneller geht. Vom Mischbrot verzehrt man zu jeder Mahlzeit einen Viertellaib. Gutes Brot kommt nicht auf den Tisch, denn es ist nur für Gäste und große Feierlichkeiten bestimmt. Ansonsten gibt es noch Hartbrot, das so dünn wie Papier ist und immer in vier à sechs Lagen übereinander gegessen wird. Für die Gäste ist jederzeit Bier im Keller, sie selbst trinken Schwachbier. Im Sommer trinkt man stets Jumomilch.

Vom Geschlachteten behält der Bauer nur ein wenig Keule und ein paar Brust- und Schulterstücke, dazu vielleicht etwas Hammelfleisch für sich, alles andere verkauft er, so daß ihre Gerichte nur wenig Fleisch enthalten und dann womöglich nur fette Knochen, die zerschlagen werden. Füße und Kopf von Ziegen, Schweinen und Schafen werden getrocknet und nach Bedarf gekocht. Schmeckt zu Erbsen ganz gut, wenn etwas Salz dazukommt.
Man kocht Unterschenkelknochen mit dem Fuß und allem, sammelt das Fett, das oben darauf schwimmt, in Hörnern oder Gefäßen und benutzt es als zusätzliches Schmiermittel für ... [unleserliches Wort], Schnüre und Lederkittel. Die Knochen aber und Füße ißt man nicht. Aus den Kalbsfüßen und dem Kopf macht man Sülze.
Sie heizen mit Birkenholz, haben keine Talglichter und auch keine Kienspäne, weil diese bei den Finnen und Finnlappen doch nur blaken. Sie mähen ihr Heu mit Sensen wie in Uppland und behandeln das Getreide wie in Småland. In regenarmen trockenen Jahren trocknet es besser auf Reitern, in nassen besser auf Harfen. Das Heu wird ausgebreitet und gewendet und dann auf großen Leiterwagen eingefahren und locker gelagert.
Hopfen dürfen sie für den Eigenbedarf anpflanzen und auch ein paar Pfund davon verkaufen.
Die Zaunlatten an den Zäunen stehen schräg und sind mit Tannenzweigen befestigt.
Die Milch wird in den Keller gestellt, die Gefäße hierfür sind länglich und aus Erlenholz, *hinc* mehr Rahm.

Zwischen Mittsommer und Jakobi wird die vom Käsen übrige Molke ein paar Stunden gekocht und nach Erkalten in ein Faß gegeben und darin für den Winter aufgehoben. Arme Bettelfrauen kaufen diese im Winter in kleinen Flaschen. Zu einem Maß Sauermilch gibt man ein Viertelmaß dieser Molke, das ganze schmeckt dann, durcheinandergemischt, wie Dickmilch.

Vollmilch wird oft in Fässern für den Winter aufgehoben. Sie wird so sauer, daß man sie pur nicht essen kann und deshalb vorher mit Milch mischt. Hat man keine Milch, so gibt man die Hälfte Wasser dazu, verwendet es als Tischtrunk, und mag es lieber als Schwachbier.

Die Ziegenbutter, die hier bisweilen hergestellt wird, schmeckt streng und ist weiß wie Renbutter.

Dies 25. Bei Sonnenaufgang machte ich mich von Vasa aus auf den Weg. Das Oberleder der Schuhe ist hier aus Robbenfell.

Die Kiefern im Walde werden oft an der Nordseite drei à dreieinhalb Ellen hoch und vier Finger breit abgeschält, so daß nicht selten die Bäume ganzer Gebiete gewissermaßen mit nackten Rücken dastehen. Man schält nur so wenig ab, damit die Bäume nicht sterben sollen, und läßt sie in diesem Zustande sechs à sieben Jahre stehen, bis man sie fällt. Der geschälte untere Teil und auch oft der obere Teil, den man jedoch häufiger noch liegen läßt, wird zu Brennholz in kleine Stücke gespalten.

Drei Meilen unterhalb Vasa fand ich zum erstenmal wieder *Solanum scandens*.

In der Stadt Vasa sah ich zum erstenmal *Cardiaca* und *Hyoscyamus.*
Am Strand wuchs *Salix oleaefolia cum baccis; vocabatur finnbär. Baccae* sitzen beim älteren Sprößling unterhalb der Blätter, *petioli 2 lineas longi.* An jedem Zweig *gradatim* zwei, drei à vier.
Dies 26. kam ich an Christina vorbei. Vorher aber, bei Nerpis, sah ich ein ganz großes Feld, guter Erdboden, nun aber vollkommen von Grashöckern überwachsen, daß das Vieh davon wenig oder gar nichts hatte. Diese Grashöcker standen fast einer über dem andren, waren mit *Polytrichum* überwachsen, welches aber schon verwelkt und fast schwarz geworden war. Zwischen den Grashöckern war kaum so viel *spatium* übrig, daß das Vieh dazwischentreten konnte.
Allerorten in den Vorhäusern hingen Bärennetze, alle aus Seil gemacht, wie ein Daumen dick, aus Lindenbast, jede Masche so groß, daß sie ausgespannt drei Viertelellen betrug, *s.* jeder *latus ex* 4 *confluentibus* eineinhalb Viertelellen. Wohl mannshoch, wird einige hundert Faden breit auf Stöcken aufgehängt, schleift unten auf der Erde. In dieses Netz wird der Bär von allen gemeinsam getrieben.
Dies 27. Heute sah ich sie im Backtrog brauen, der Trog mit Malz stand auf dem Tisch mit dem *parte anteriori ubi* undicht, so daß an der einen Kante die Finger hineingesteckt werden konnten, und da rann es heraus.
Unterhalb von Christina sah ich zuerst *Lathyrus viciaeformis, Sisymbrium* Brunnenkresse, *Campanula persicifolia et Telephium.*

Dies 28. brachte ich den äußerst schweren Weg (Landstraße kann man ihn gar nicht nennen, denn er war dem zwischen Umeå und Granön vollkommen gleich) hinter mich, der von Lappfjärd bei Christina bis Hvisbofjärd bei Björneborg dauerte.
Bei Sastmola sah ich zum ersten Mal wieder *Acer* und *Filix foemina, ramosa.*
Zwischen Gjölbol und Hvisbofjärd führt der Weg unten am Meeresufer entlang. Hier war das Gras außerordentlich hoch, und dazwischen wuchsen allerlei interessante Pflanzen wie *Ribes insipida*, Teigbeere *incolis, copiosiss. (Opulus et Xylosteum* kommen hier wieder). NB der *frutex*, über den Herr Höjer referierte, wächst mit schwarzbraunen Beeren draußen auf den Holmen, mag sein, es war *Xylosteum*, weil seine Blätter denen der Traubenkirsche ähnlich waren. *Rubus saxatilis alp. copiosiss.*, *Lupulus sativ.* wuchs *jucundo spectaculo* wild, schlang sich um Espen etc., recht hübsch, *Hepatica* mit *Cracca alis dentatis, floribus striatis* und *Orobus vernalis* traten auch zum ersten Male wieder auf. *Gramen panicul. panicula compressa in spicae formam*, womit man Tabakspfeifen durchputzt, wuchs hier *copiosissime ultra* meine Leibesgröße hinaus, *item Cyperus* im Moor mit einer Fülle an *Iris.*
Der größte Teil des Weges nach Kemi lag so nahe am Meer, daß man dieses fast die ganze Zeit durch den Wald sah.
Dies 29. war Michaelimesse, und ich reiste den ganzen Tag.
Wenn der Finne Bären schießt, springt er gleich nach

dem Schuß zur Seite, denn der Bär rennt direkt auf den Rauch zu (so er nicht gleich zu Tode getroffen ist), und der Schütze entkommt auf diese Weise.
Die Bauern in den Schären weissagen aus dem Krähenflug das kommende Wetter, denn die Krähen, die das Moor lieben, fliegen abends immer dorthin, von wo am nächsten Morgen der Wind kommen wird, um dann nicht Gegenwind zu haben.
Der Friedhof von Ulvila ist voll mit Totenschädeln, ich zählte auf einem Haufen vierzig Stück. Die Kirche ist außerordentlich alt.
Als ich in eine *pörte* eintrat, war es drinnen so heiß, daß ich meinte, die Nase müsse mir abbrennen. Aber den Leuten gefiel's recht wohl, ja, die Buben sprangen in Pelzen auf den Dielen herum. Die Öfen sind hier wie die småländischen Badestubenöfen gebaut, aber oben drauf lagen *in muri forma* mannshohe Steine. Die Frauen spinnen das Garn auf dem nackten Oberschenkel und sind auch im übrigen nackt bis zum Nabel, ja oft ganz und gar unbekleidet.
Zwischen Hyvelä und Tutturu ist ein Fluß, durchgehend navigabel, es heißt, er wäre neun Faden tief. Hat eine Fähre. Von hier eine halbe Meile nach Süden, an der Landstraße zwischen zwei Brücken, war ein Sandhügel mit ziemlich feinem Sand.
Dies 30. kam ich in der Stadt Åbo an. Åbo ist so groß wie Örebro, schön gebaut, oft zerstört von den Feinden, oft abgebrannt, ja, was sonst sollte auch diesen *pörten* passieren? Ohne sie hätte solches nicht geschehen können.
Finnische *lura* wird nicht wie andre Getränke gekocht,

sondern man wirft rote Steine hinein, anstatt es zu kochen, *hinc vis purgatoria analoga cum marte.*
Sciurus volans aus Tavastland, defekt.
Mus longus, labio inferiori albo jagt Vögel in den Bäumen, im Wasser, schlägt ihre Krallen ein, Gebiß vier *dentes prominentes.* Finnischer Nerz.
Ein Sauerbrunnen, eine Viertelmeile von der Stadt, von Tillands entdeckt, älter als Medevi. Läuft so stark, daß ein Bürger dieser Stadt eine Mühle bauen ließ und das Wasser dahinleitete, geht aber nicht sonderlich gut.
Vor der Stadt ist eine Mine, die Eisen enthält, hie und da mit etwas *pyrites* gemischt, und mit deren Ausnutzung kaum begonnen worden ist. Der Fels besteht aus *atra mica.*
Die Bibliothek hier ist miserabel, zwei Akademien, beide im selben Haus untergebracht.
Dies 5. Im Oktober. Ich reiste von hier ab, die Äcker in Finnland sind herrlich, sehen aus, wie die in Östergötland, ganz flache und große Felder.
Dies 6. gingen wir an Bord der Trajekte. Bei Brandö gab es rote *saxas*, ganz Åland nachher bestand aus dem gleichen roten Gestein, ja, ein ganzes Schloß wie Kastelholm, welches jetzt langsam verfällt, war aus diesen Steinen gebaut worden.
Die Frauenzimmer färben mit *Lichenoides saxatile, colore ad stercus humanum inclinante*, kochen das Moos mit Wasser und färben damit nur Wolle oder Strümpfe, ohne Alaun, einige setzen etwas Orelan hinzu.
Dies 7. Abends bis Ålands Schloß gekommen, *copiose* Sanddorn am Weg.

Dies 8. reiste ich über das Ålandsmeer.

Dies 9. Vor Esbro, 1. eine Eisenhütte, die schon verschiedentlich beschrieben, 2. bei der Kirche standen Grabsteine aufgerichtet, 3. NB. Wacholder beim Hochofen und bei der Kirche auf kleinen Hügeln. Die Büsche sehen ganz wie *Cypressus* aus, wachsen dicht zusammengedrängt und hoch.

Dies 10. kam ich gegen ein Uhr nachmittags glücklich in Uppsala an.

ENTI ENTIUM

SIT

LAUS, HONOR ET GLORIA

IN SAECULIS

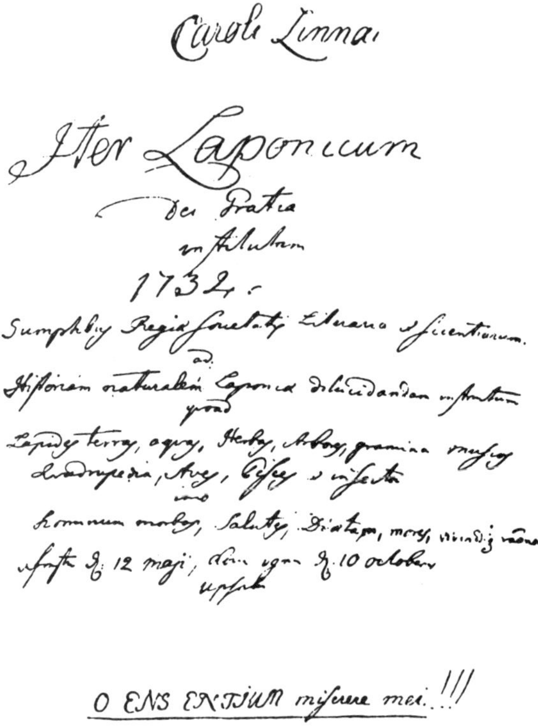
Caroli Linnaei

Iter Laponicum

Dei gratia

institutum

1732.

O ENS ENTIUM miserere mei!!!

Originaltitel der Handschrift: *Caroli Linnaei Iter Laponicum dei gratia institutum 1732 sumptibus Regiae Societatis Literariae et Scientiarum ad historiam naturalem Laponiae dilucidandam instructum quoad lapides, terras, aquas, herbas, arbores, gramina, muscos, quadrupedia, aves, pisces et insecta imo hominum morbos, salutem, diaetam, mores, vivendique rationem.* Überschrift des ersten Kapitels: *O ENS ENTIUM miserere mei!!!*

Auch heute noch dürfte Carl von Linné (1707–1778) in der ganzen Welt eine der berühmtesten und bekanntesten historischen Gestalten Schwedens sein. Dieser Ruhm gründet sich fast ausschließlich auf Linnés Leistungen als Naturforscher. Schon vom Biologieunterricht der Schule ist sein bisweilen nach ihm selbst benanntes und von ihm aufgestelltes Einteilungssystem der Pflanzen, das sog. Sexualsystem, bekannt, das auch heute noch neben dem sog. natürlichen System verwandt wird. Auch die bei biologischen Namen allgemein übliche und uns so selbstverständlich erscheinende lateinische binäre Nomenklatur geht auf ihn zurück. Seine Wirkung und Bedeutung für die damalige Naturforschung war ungeheuer, so daß Goethe einmal von sich bekannte, nach Shakespeare und Spinoza von ihm, Linné, am stärksten beeindruckt worden zu sein.

In seinem Vaterlande Schweden gilt Linné heute nicht nur als der bedeutendste Naturforscher, den das Land hervorgebracht hat, sondern auch als einer der größten Schriftsteller, ja Dichter seiner Zeit. Dieser zweite, eher auf sein Heimatland beschränkte Ruhm gründet sich vor allem auf seine Reisebeschreibungen schwedischer Landschaften, wenngleich auch sie im Grunde den Charakter von Forschungsreisen haben.

Seine Reisen galten alle einem bestimmten Interesse an der jeweiligen Landschaft, waren Auftragsreisen

und wurden auch von den Auftraggebern (Reichstag und Bergcollegium) finanziert.
Außer der hier vorliegenden Lappländischen Reise unternahm und beschrieb Linné noch Reisen nach den Gruben Wärmlands und Dalekarliens (1733), nach Dalekarlien (1734), nach Öland und Gotland (1741), nach Västergötland (1746) und nach Schonen (1746). Die Beschreibungen dieser Reisen wurden mit einer Ausnahme stets bald nach seiner Rückkehr ediert. Lediglich ›Iter Lapponicum‹ erlebte seine erste Drucklegung aus noch zu erörternden Gründen erst lange nach Linnés Tod, 1811, und zwar, da sein Nachlaß nach England verkauft worden war, in englischer Übersetzung. Erst 1888 folgte eine schwedische Ausgabe. In diesen Reisebeschreibungen tritt Linné ganz ungewollt und wohl auch für seine Zeit noch unbemerkt als bedeutender und sehr ursprünglicher Stilist hervor. Ganz im Gegensatz zu seinen Zeitgenossen und zum Zeitgeschmack schreibt er ungekünstelt und so, wie es ihm in den Sinn kommt. Gerade durch diese beinahe naive Einfachheit seiner Sprache ist er imstande, noch den heutigen Leser zu beeindrucken, während uns die Sprachkunstwerke einiger zu seiner Zeit berühmter Stilisten heute unerträglich erscheinen.
Linnés stilistische Sonderstellung hat paradoxerweise ihren Grund wohl vor allem in seinem geringen Sprachinteresse. Er sagt von sich selbst, daß er außer Latein und Småländisch (dem Dialekt seiner Heimat) keine andere Sprache beherrsche. Auf seinen Auslandsreisen behalf er sich mit Latein, wenngleich

auch hierin auf seine eigene, bisweilen mit dem klassischen Gebrauch im Streit liegende Weise. Und schrieb er Schwedisch, so war's ihm ebenfalls weit weniger um den Stil als um die Schilderung von Dingen und Erlebnissen zu tun. Er tröstet sich selbst über seine vermeintlich ungenügende Schreibkunst mit der Bemerkung hinweg, daß, wenn stets nur die eloquentiae doctores hätten schreiben dürfen, die Welt heute wohl weniger wüßte. Denn zu Linnés Zeiten maß man gutes Schwedisch am Vorbild der französischen Sprache, wobei man sich jedoch keineswegs deren Klarheit und Durchgeformtheit als vielmehr für elegant und vornehm gehaltene rethorische Figuren und Künsteleien zu eigen machte. In dieser Weise ›veredeltes‹ Schwedisch erscheint uns heute kaum noch genießbar, ganz im Gegensatz zu der unverbildeten Sprache Linnés.

Am unmittelbarsten tritt uns dieser oft ungebärdige und spontane Sprachgebrauch Linnés in der Lappländischen Reise gegenüber, deren Manuskript von Linné nicht mehr überarbeitet worden ist, da sie ja zu seinen Lebzeiten nicht im Druck erschien.

Die Reise nach Lappland war Linnés erste Reise. Als er sie auf eigene Anregung hin im Auftrage der Königl. Wissenschaftssozietät antrat, war er noch Student zu Uppsala. In dem Schweden Linnés, einem, wie man beim Anblick des modernen Wohlfahrtsschwedens gern vergißt, außerordentlich armen Land am Rande der Welt, bedeutete eine Lapplandreise kaum weniger als eine Expedition in die Urwälder des Amazonas. Sie war für die Kenntnis des

eigenen Landes von unschätzbarer Bedeutung, denn Lappland war selbst für den damaligen Schweden terra incognita. So nimmt es nicht wunder, daß die arme Sozietät Linné für diese Reise fast die gesamte Kasse der Gesellschaft, 400 Taler, zur Verfügung stellte (Linné hatte zunächst 600 Taler, eine immer noch sehr bescheidene Summe, veranschlagt). Zur Drucklegung des Reisetagebuches war dann nach Linnés Rückkehr kein Geld mehr vorhanden. Auch die wissenschaftliche Ausbeute dieser Reise, ›Flora Lapponica‹ konnte erst 1737 in Holland erscheinen.
So blieb uns das Tagebuch der Lapplandreise in seiner ersten Niederschrift und nicht für den Druck zurechtgemacht gewissermaßen in seinem Rohzustand erhalten, und gerade durch diesen Zufall besitzen wir heute ein um so unmittelbareres Zeugnis von der unglaublichen Genauigkeit und Vielseitigkeit Linnéscher Beobachtungsgabe, die ihn befähigte, schon in jungen Jahren seine zeitgenössischen Forscherkollegen weit hinter sich zu lassen. Daß das Tagebuch vom Verfasser nicht mehr überarbeitet wurde, bringt es allerdings auch mit sich, daß manche Passagen schwer verständlich sind. Man darf nicht vergessen, daß man es hier mit einem Tagebuchstil zu tun hat, der häufig elliptischen und anakoluthischen Charakter trägt, waren doch die Notizen oft in größter Hast niedergeschrieben worden und nur als eine Gedächtnisstütze des Autors gedacht.

Heinz-Georg Halbe

O ENS ENTIUM MISERERE MEI!

O Ens Entium miserere mei: O Wesen aller Wesen, erbarme dich meiner

Ornithologie: ein Manuskript, das Linné in seiner Studentenzeit verfaßt hat

Flora Uplandica: Verzeichnis der Pflanzen Upplands, hrsg. von Olof Celsius d. Ä. (1670–1756)

mensurae: Maße, Meßkerben (Zollstock)

Omnia vere vigent...: Alles regt sich und blüht zur Zeit des Frühlings, und die Erde erzittert unter dem betörenden Zauber der Venus

Byssus: Belag, gelber Überzug von Algen oder vielleicht auch Pollen

ossicula auditus in infante: die kleinen Knochen sind das Maß in der Jugend (bei jungen Pferden)

Lichenoides terrestre...: Schnee-Moosflechte (Cetraria nivalis)

Taraxacum: Löwenzahn

Tournefort, Joseph P.: franz. Botaniker (1656–1708)

Pilosella: langhaariges Habichtskraut

folia calycis reflexa: die zurückgebogenen Kelchblätter

Draba caule nudo...: Felsenblümchen mit nacktem Stengel, eine Handbreit lang

Myosotidem, Viola arv....: Vergißmeinnicht, Feld- und Hundsveilchen, Ackerhellerkraut, Ackersteinsame, Frühlingssegge, Feldhainsimse, Weiden, Primel, obwohl sie weder hier noch anderswo die erste des Frühlings ist, Sumpfdotterblume

Ecce suum tirile...: Horch, wie eifrig sie ihr Tirile, Tirile, Tirile singt. Ein Distichon des klassischen Philologen Friedrich Taubmann (1564–1612), Professor zu Wittenberg

Pinus plicata: verformte Kiefer (Krüppelkiefer)

Erica Muscus pariet....: Heidekraut, korallenähnliche Flechten (wahrscheinlich sind Scharlachflechten mit roten ›Früchten‹ gemeint (Cladonia cocciferae)

lapis marmoreus polyzonicus: ein vielstreifiger Marmorstein

prismata crystallina...: Kristallprismen ... zart ... durchsichtig

Chrysosplenium: Milzkraut

foliis auriculatis: mit geöhrten Blättern

stamina in quadraturam: im Quadrat stehende Staubblätter

pistilla: Stempel

Saxifragas: Steinbrecharten

Campaniformes: glockenblumenartige Pflanzen

Alnus: Erle

Taxus: Eibe

Anemonoides: anemonenartige (Kräuter), gemeint ist vermutlich das weiße Buschwindröschen (Anemone nemorosa)

Hepatica, Oxys: Leberblümchen, Sauerklee

muscus ...: schwefelig-grünes Moos, Quellmoos (Philonotis fontana)

Rudbeck, Olof d.Ä.: Naturforscher und Archäologe (1630 bis 1702)

Pulsatilla apii folio: sellerieblättrige Kuhschelle, Frühlingskuhschelle

Salices ... *Pyrolae*: Weiden ... Wintergrünarten

GESTRICIA

Salix rosea: Rosenweide, durch den Stich von Gallmücken entstandene Weidengallen

ovato accuminata: oval spitzig

dehiscentes squamis reflexis: sich mit nach hinten gebogenen Schuppen öffnend

Gale ... *cuius amenta* ...: Gagelstrauch, dessen Wurzeln sich in die feinsten Verästelungen gliedern

Betula nana: Zwergbirke

Lycopodia: sabinae, cupressi ...: Bärlapparten: Sade-, Zypressen-, Tannen- und zweigabeliger Bärlapp (heute: L. complanatum; annotinum; selago; clavatum)

Campanula serpyllifolia: schlangenblättrige Glockenblume, heute Erdglöckchen (Linnaea borealis) genannt

sarmenta: Schößlinge

valvulae, apicibus tamen ...: wie Schoten, deren äußerste Spitze dennoch geöffnet ist

vermiculum fulvum ...: einen kleinen gelben Wurm oder eine weißliche kleine Puppe einer Gallmücke

Plantae apicibus cornutis: Erikagewächse: Pflanzen mit zwei hornartigen Staubblattanhängseln

Erica in sylvis ... *Daphne* ...: Heidekraut in den Wäldern, Seidelbast (gemeint ist wahrscheinlich Chamaedaphne, Scheinseidelbast-Torfgränke, denn nur diese gehört zu den Bicornes und wächst am bezeichneten Standort, in den Sümpfen)

Myrtillus, Vitis idaea ...: Heidelbeere, Kronsbeere, Bärentraube, Sumpfporst etc.

Erithacus, Tetrao, Fringillaria . . .: Rotschwänzchen, Birkhuhn, Bergfink

Muscus esculentus: eßbares Moos (gemeint ist wahrscheinlich eine Flechte, z.B. das sog. Isländische Moos (Cetraria islandica)

HELSINGIA

speculo mariae: Marienglas

roter Byssus: Veilchenstein, ein rötlicher Felsbelag, eine Algenart (Trentepohlia jolithus)

Avis Lumme Worm.: nach Ole Worm (1588–1654), dänischer Forscher und Naturwissenschaftler, der diesen Vogel (einen Eistaucher) beschrieb

ratione ab ovo in ovo . . .: wenn man – unter der Annahme direkter Abstammung – die Armut der Israeliten, die Leibesgröße der Amoniter oder die Körperbildung der Lappländer betrachtet

Pyrites tessalutos: mosaikartiger Schwefelkies

lapis molaris: Mühlstein

retipora: Korallenkruste

insectum semicoleoptratum: käferartiges Insekt

palmus sive spithama . . .: ein oder zwei Handbreit, violetter Ton zwei Handbreit, schließlich unfruchtbarer Sand

conchae leves: kleine Muschelschalen

Hepatica flore purpureo . . .: Leberblume mit purpurfarbener Blüte

colorata terra . . .: daß farbige Erde die Farbe der Blumen verändert

Rubus fragariae folio: erdbeerblättrige Brombeere (arktische Brombeere, Rubus arcticus)

Lychnis sexualis rubra: rote Lichtnelke (Melandrium rubrum)

Turritis minima: Schmalwand (gänsekresseartiger Kreuzblütler, Arabidopsis thaliana)

MEDELPADIA

Myrtillus baccis nigris: Heidelbeere

Aconitum hirsutum . . .: rauhhaariger Eisenhut mit schmalem Helm (Aconitum septentrionale)

Fumaria bulbosa minima . . .: kleiner knolliger Erdrauch (gemeint ist ein Lerchensporn), Moschuskraut, schlangenblättrige Glockenblume: Erdglöckchen (Linnaea)

Sphagnum ramosum, capsulis . . .: verzweigtes Torfmoos, mit runden Kapseln, langen, aufrecht stehenden Blattstielen *colore Scolopacis . . .*: waldschnepfenfarbig mit schwarzen Ohren, von denen ein schwarzer Strich zum Schnabel läuft

vigetus, undique plumis . . .: kräftig, von ganz weichen, weißlichen, wolligen, langen Daunenfedern umkleidet

ne aliis mecum . . .: um nicht meinen Ekel bei anderen hervorzurufen

scatere vermiculis: von Maden wimmeln

rostrum eorum . . . nigrum . . .: ihre Schnäbel waren schwarz, die Wachshaut schwarz

globosum . . . magnitudine . . .: rund und von der Größe eines Truthenneneies

variis herbis repleta: voll mit allerlei Kräutern

Violas tricolores: Stiefmütterchen (dreifarbige Veilchen)

coeruleo luteo labio . . .: blaugelb auf dem oberen Blütenblatt, an den Seiten und unten blau, andere auf dem oberen Blütenblatt blau und gelb, auf den seitlichen blau und gelb, auf den untersten blau

sufficiens aquae . . .: hinreichend Wasser vorhanden

squamae: Schuppen

Violam aquaticam . . .: Moorveilchen (Viola epipsila) mit weißen Blüten

. . . sylvestri: Waldveilchen (Viola silvatica)

labium impar s. summum: das unpaare bzw. oberste Blütenkronblatt

petala lateralia: die seitlichen Blütenblätter

Viola palustris: kleines Sumpfveilchen

pyrites: Schwefelkies

fungos . . . spongiis . . . Forma . . . coctus: Pilze, Schwämmen gleichend, formlos in der Gestalt, einem gekochten Birkenpilz gleichend

vitrium muscoviticum: Moskoviterglas (eine Art Glimmer)

Napellus: der gewöhnliche nordische Sturmhut (Aconitum septentrionale)

ANGERMANNIA

Chrysomelas: Blattkäfer

Betula et Alnus alba: Birke und Grauerle

acifoliis, Pinus et Abietes: Nadelhölzer, Kiefer und Fichte

Vaccinia nigra: Heidelbeere

Betulas plicatas: verkrüppelte Birken

corticem interaneum Betulae: innere Birkenrinde

nota maxime principalis . . .: für die Art typische Kennzeichen

flores pleni, in excessu: gleich gefüllten Blumen im Übermaß ...

Alnus folio oblongo: langblättrige Erle: Grauerle

Rubus humilis, folio ...: niedrige erdbeerblättrige Brombeere (mit roten Blüten) ... mit roten Früchten

exacte quoad structuram: diese genaue Entsprechung ihrer Gestalt

Rubus folio ribis ...: johannisbeerblättrige Brombeere, die alpine, englische (Rubus chamaemorus)

actum de vita nostra: es wäre um unser Leben geschehen gewesen

Polypodium, Trichomanes: Tüpfelfarn, brauner Streifenfarn

filices: Farne

plantae hyemales: winterliche Pflanzen

sed non caulescit: bildet jedoch keinen Stengel

Oxys, quae hinc ...: Sauerklee, der hier der erste im Frühling ist, Einblatt (Schattenblume vor der Blüte, Majanthemum bifolium) und erdbeerblättrige Brombeere zeigten in Fülle ihre Blätter

iniuriis: Dinge mit schädlichem Einfluß

fasciculus pennarum ...: Bündel großer Hühnerfedern

rusticis in summis ...: von der Landbevölkerung höchlichst geschätzt

Et tamen febris ...: Und dennoch sei das Wechselfieber hier recht selten, was nicht wäre, wenn es durch die zähe Sauermilch entstünde, da nichts (Ungiftiges) Giftiges hervorruft.

non ubique obvius: den man nicht allerorten antrifft

Potatis ... *Tabacum et Lupulus*: Kartoffel, Tabak und Hopfen

Motacilla: bei Linné für mehrere Vögel, u.a. Bachstelzen, Schafstelzen

vera me dicere scio ...: ich weiß, daß ich die Wahrheit rede und nicht irre

lapis striatus ... *cinnabaris* ...: einen wie mit Zinnober durchsetzten Stein (?)

tunica digitos argenteo ...: eine Haut, die die Finger mit Silberfarbe umzog

Stellaria foliis ovalibus: Wasserstern (Callitriche spec.) mit ovalen Blättern

Petrus Arctaedius: Zoologe, Freund Linnés (1705–1735)

tordmul (Anas Arctica): arktische Ente

multiplicatio speciei ...: die Vermehrung der Art ... eine Einheit nicht überschreitet

VÄSTERBOTTEN

Caltha: Sumpfdotterblume

Linagrostis monostachya ...: einköpfiges und mehrköpfiges Wollgras (Eriophorum vaginatum u. angustifolium)

juliis ... foliis: von Kätzchen oder Blättern

Fraxinus, Acer, Tilia ...: Esche, Ahorn, Linde, Ulme

aquae acidulatae ...: säuerliche Wässer, voll mit Ocker und von einer feinen Silberhaut überzogen

vide Rudbeck pater: siehe Rudbeck d. Ä., welcher 82 anstatt 28 Einwohner schreibt.

Charon canus, calvus ...: Charon war grauhaarig, kahl und muskulös

Grundel, Jacob: Landhauptmann (1657–1737)

Loxias ... conirosores: Kreuzschnabel oder Zapfenreißer

conos abietis: Fichtenzapfen

Motacillam flavam ...: Schafstelze und Schwalben

Hortulanas: Ortolane

Nasturt., Barbarea, Cochlearia ...: Kresse, Barbenkraut, Meerrettich, Portulak, Berberitze, Holunder, Schneeball, Flieder ... Akelei, Zwiebel ... Bartnelke, Stachelbeere, Johannisbeere

Phaseolus pumila ...: Buschbohne ... windende Stangenbohne

Faba ... Pisum: Puffbohne ... Erbse

Rosa, Malus, Pyrus ...: Rose, Apfel, Birne, Pflaume wachsen nicht wild, lassen sich aber ohne Schwierigkeit anbauen. Radieschen, Senf, Acker- und Gartenrettich

Barbarea, Aquilegia ...: Barbenkraut, Akelei, Sumpfgarbe, Kranzlichtnelke, Meerrettich, Johannisbeere, Berberitze, Wildrose, Liebstöckel ... Kirsche, Pflaume

Ephemera cauda biseta: Eintagsfliege mit zwei Abdominalanhängen

paupertas bona Dei concessa: wie die Armut das von Gott Gegebene ...

carina sterni: der Kiel des Brustbeins

Salices arboreae glabrae ...: Weidenbäume, deren Rinde oben glatt war

conscissas: aufgesprungen

Muscus coralloides ...: durchbrochenes Korallenmoos (wahrscheinlich ist eine Flechte, Cladonia- oder Cetraria-Arten, gemeint)

Usnea alba et nigra: weiße und schwarze Bartflechte (Usnea spec. u. Alectoria spec.)

Byssus alba: weißer Belag (wahrscheinlich Flechten)

Muscus Lichenoides foliosum ...: das flechtenartige, beblätterte Moos, kegelförmig, schwefelgelb (eine Flechtenart, Nephroma arcticum, ist hier gemeint)

Muscus tectorius ... Polytrichum: Dachmoos, Frauenhaarmoos: Widertonmoos

Agaricus pedis ...: Pilz von der Gestalt eines Pferdefußes (Zunderschwamm oder Birkenporling)

Missne (Trifolium aquaticum): Fieberklee

tofos planos: flache Quasten

Lindenius (recte Lidelius), Abraham: Pfarrer in Umeå von 1726–1728

Assessor Rothman, Joh.: Arzt, Lektor in Växjö, Linnés Gymnasiallehrer (1684–1763)

sc. unde castoreum ...: woraus Bibergeil erzeugt wird, nämlich aus der mittleren Rindenschicht der Pappel

decoctum eiusdem ...: ein Absud aus derselben Rinde hat dieselbe Wirkung, wenn er in größerer Dosis eingenommen wird

Mundius: Henry Munday, englischer Lehrer und Arzt (1632–1682)

adeoque reliquis ...: und dadurch übertrifft er alle anderen Tiere an Beißvermögen

composita ex geminis: aus zweien gebildet

Charadrii ... Hiaticulae ... Tringae: Regenpfeifer, Sandregenpfeifer, Wasserläufer

Ne speciem nosse possem: daß ich die Art nicht ausmachen konnte

sine laminis intermediis ...: ohne Zwischenblatt wie die vorige

LAPPONIA LYKSELENSIS

croceum: safrangelb

Melampyrum: Wachtelweizen

nuces vomicas: Brechnüsse

Aves: *Colymbus minimus*: kleiner Lappentaucher

Equisetum nudum ...: nackter oder blattloser Schachtelhalm (Equisetum hiemale)

utrinque ein *stolo*: an beiden Seiten ein Ausläufersproß

tunicae pyxidantes: Häutchen, die gleichsam einen Behälter bilden

tota planta perennis: das ganze Gewächs überwinternd

Juncello aquatico: Simsenart (Scirpus caespitosus)

quod notabile ...: was bei allen Fischern erstaunlich ist. Ich weiß nicht, ob die Lappländer die Jagd oder den Fischfang vorziehen

muscus rhenonum: Rentierflechte

Polytrichum ... Muscus tectorius: Widertonmoos ... Dachmoos

hypochondria: die Weichen (des Leibes)

Urina ... sanguinolenta ...: der Urin ist oft blutig, was eine Art Kolik ist, die einen Tag, selten zwei dauert

somnolentiam et cephalalgiam: Schläfrigkeit und Kopfschmerzen

ut saepius fecisse ...: wie sie erzählten, daß sie es häufig gemacht hätten

dicta illorum ...: der Anordnungen, als wären sie von Apolls Orakel gegeben und unfehlbar

Terra non sauciatur ...: die Erde wird nicht von der Pflugschar zerfleischt, Eisenwaffen rasseln nicht, man dringt nicht ein ins Innere der Erde, man streitet nicht um Grenzen, die Erde schenkt alles von selbst (Ovids Metamorphosen)

maris coquendi ...: dem Manne obliegt das Kochen

color pilei ...: die Farbe der Filzkappe ist grau oder blau

tunica eorum exterior: ihr Überkleid

medium epichondri: Zwerchfell

cartilag. ensiformem: schwertförmiges Brustbein

ullem ... dolor colicus ...: ullem oder Kolik, von der vorher die Rede gewesen

alii Asthma ...: andere leiden an Asthma, Epilepsie. Vorstehende Gaumenzäpfchen

sed recrudescebat ...: begann nach einem Jahr aber von neuem

Prolapsus uteri: Gebärmuttervorfall

Empetri baccae: Krähenbeeren

Lycksmoor: kann als ›Glücksmoor‹ verstanden werden, Wortspiel mit ›Unglücksmoor‹

Juncellus ... radice implicata: Rasensimse mit verformter Wurzel

Agaricus Abietis: Tannenpilz

Agaricus Salicis: Weidenpilz

ad incitandam venerem ...: um bei den Mädchen Liebe zu erwecken und ihre Gunst zu erringen

Chamaemorus: Moltebeere (Rubus chamaemorus)

quod antea semicoleopt.: das nämliche käferartige Insekt

posterius olet ...: letzterer riecht nach Raute (Ruta graveolens)

acetosam et conservant: Essig und konservieren es

Sphagnum molle, palustre ...: Torfmoos, weich, ausgetrocknet

Tormentilla: Blutwurz (Potentilla erecta)

cortex internus Alni: innere Erlenrinde

papilionacei ... vexillum ...: schmetterlingähnlich ... der Stempel war zuoberst rötlich, wie auch der Kiel, welcher gespalten war

Astragalus: Tragant

capsulis anno praeterito ...: durch die Vorjahrshülsen, die diesen ähnlich waren. Ich nannte sie deshalb *Liquiritia minor*

Coralloides montium: Bergflechten

Usnea arborea: Bartflechten

lemures: Lemminge

ut ne quidam dehiscere ...: so daß sie schon gar nicht mehr den Mund aufzutun wagen

hinc illae lacrymae: davon diese Tränen (Zitat aus der ›Andria‹ des Terenz, welches in der Bedeutung von ›das ist der eigentliche Grund‹ angewendet wird)

sed tantum exarescit: sondern es vertrocknet

Juncus radice ...: Binse mit dichtem Wurzelgeflecht

Quaerebam, cur non ...: Ich fragte, warum sie nicht im Sommer das Moos sammelten, um es im Winter als Futter vorrätig zu haben? Sie sagten, das sei nicht möglich, weil sie im Sommer herumstreifen, wo der Fisch ist, im Winter aber weit davon entfernt sich aufhalten

a squamis liberatus: von den Schuppen gesäubert

hinc saepe senes ...: daher sterben die Greise oft hochbetagt an Pocken wegen der großen Entfernung zwischen den Bewohnern, ferner an einigen schnellwirkenden Fiebern. Wechselfieber

et calculi totidem: und Nierensteine ebenso viele

quod specif. sed admodum ...: welches Mittel jedoch trügerisch ist

uvulae procidentia: Vorfall des Gaumenzäpfchens

apex uvulae: Ende des Gaumenzäpfchens

Bartolinus (*Bartholin*), *Thomas*: dänischer Arzt (1616–1680)

infantum ... (*quod prius* ...): bei den Kindern ... (was früher fälschlich Kolik genannt wurde)

Björnstut est planta ...: Björnstut ist eine von Angelica (Engelwurz), lappländisch ›botsk‹, verschiedene Pflanze. Es gibt dreierlei Arten

Polytrichum prolif. ...: sprossendes Widertonmoos (Polytrichum commune)

hoc docuit necessitas Lappis: dies lehrt die Not die Lappen

VÄSTERBOTTEN

ferrugine veluti tactus: wie unter dem Einfluß von Eisenrost stehend

de qua et eius viribus . . .: von diesem und seinen Heldenkräften siehe Polonus ›De morbis Regis‹ (bezieht sich auf die Schrift eines polnischen Leibarztes, in welcher diese Gelatine als wirksames Mittel wider die Gliederlähmung dargestellt wird)

Pica Lapponum: lappländische Elster

adeoque non vereor . . .: weshalb ich mich nicht scheue, ihn Turdus mit rotem, in der Mitte aschgrauem Schwanz zu nennen

Pluvialem nigram, punctis . . .: schwarzer Regenpfeifer mit schwarzgrünen Punkten

Cameraria: Camerarie

Amanita petiolo bulboso . . .: Knollenblätterpilz mit rotem Hut (Fliegenpilz), vielleicht ist auch ein Täubling (Russula) gemeint

Orchis palmata flore . . .: Knabenkraut, handförmig mit grünen Blüten (die normalerweise bleich sind), Hohlzüngel (Coeloglossum viride)

melissolena scrotiformi: beutelförmiges Honigversteck

hinc Satyrium dixi: weshalb ich es Satyrium nannte

balancere appendices: das Wippen des Hinterleibes

palea terra infixa: ein in den Boden gerammter Pfahl

hypomochlion: Stütze

febres acutae . . .: heftige Fiebererkrankungen, die mit Schüttelfrösten abschließen

In Lapponia Lycks. . . .: in der Lyckselensischen Lappmark gibt es außer Rentieren und Hunden, die gewöhnlich grauweiß und mittelgroß sind, keine anderen Haustiere

potus artificialis . . .: keine künstlich erzeugten Getränke bei den Lappländern

Chamaedaphne Buxb. . . .: Rosmarinheide (Andromeda polifolia L.)

capitula pallescunt magis . . .: die Köpfchen werden bleicher und bleicher, weshalb ich sie (spitzblättrige) Andromeda nannte

hinc carneus: deshalb fleischfarbig

6 incisores satis . . .: 6 abgestumpfte und abgenutzte Vorderzähne, 2 Eckzähne und mit deutlichem Abstand 12 Backenzähne, 6 auf jeder Seite

methodum naturalissimam . . .: die natürliche Systematik aller Vierfüßler

callos in tibiis equorum: die Schwielen an den Schienbeinen der Pferde, nämlich 4 an jedem

quaeritur quae causa ...: man fragt, aus welchem Grund, und wie dem abzuhelfen wäre

PITHOENSIS PRAEFECTURA

Pithoensis Praefectura: die Vogtei Piteå

ovatae Notonectae ...: eiförmige Rückenschwimmer, groß wie Linsen

Hydrocantharus minimus ...: kleiner Wasserkäfer ... eiförmig, blaugrau, rauchfarben

osse ventrali ...: an dem stumpfen, gegabelten Bauchskelett

Orsodachnae atrae ...: schwarze Blattkäfer von der Gattung Orsodachnae

item Ephemerae: auch Eintagsfliegen

3 setas cauda obhiant: drei Abdominalanhänge abspreizen

vita brevissima ...: das kurze Leben noch kürzer

Rubus folio fragariae: erdbeerblättrige Brombeere mit geschlitzten Kronblättern

Salix, Rubus fragariae ...: Weide, arktische Brombeere, Moltebeere, schlangenblättrige Glockenblume (Linnaea)

Ranunculus: Hahnenfuß

Noctua: Eule

Scarabeolus, oblongus ...: ein langer, schwarzblauer Skarabäus, weißer Bauch; als Skarabäus erwies er sich durch seine Fühler

Oniscus aquaticus: Wasserassel

Probst in Skellefte: Petrus Anzenius (1682–1747)

Oxycoccus ... foliis tenuissimis ...: Moosbeere mit sehr zarten Blättern, kleineren Blüten und Beeren

Pinguicula rotundifolia ...: rundblättriger und langblättriger Sonnentau (Drosera rotundifolia u. anglica)

irides ... lumen in se ...: die Iris leuchtete wie vermodertes Holz, Fische oder Glühwürmchen

hic pauper cornua sumit: hier verschafft sich der Arme Hörner

Oestrum: Rinderbremse (Hypoderma bovis L.)

historici naturales: Naturwissenschaftler

Tabanum: gewöhnliche Bremse

Ichneumon: Schlupfwespe

Crabro: Wespenart

gutta serena: schwarzer Star

motus convulsivos: krampfartige Zuckungen

secundum metam radiorum: schräg zum Einfall der Lichtstrahlen

Poterium, Balsamita ... Quercos: kleiner Wiesenknopf (Sanguisorba minor Scop.), Balsamita vulgaris Willd., ... Eichen

Trientalis: Siebenstern

Mesomora: schwedischer Hartriegel (Cornus suecica L.)

Stemma, Isarv, Hornstaggare . . .: *Cyprinus angust.*, *Cyprinus parvus*, Hornfisch (?), Seeforelle

Corallorhiza: Korallenwurz (eine Orchideenart)

Linagrostis spica erecta . . .: Wollgras mit aufrechten und herabhängenden Köpfchen (2 Arten)

Ledum, Chamaemorus: Sumpfporst, Moltebeere

Myrtillus: als Sammelbezeichnung für die heutige Gattung Vaccinium: Preisel-, Rausch-, Blaubeere

Melampyrum und *Geranium*: Wachtelweizen und Storchschnabel

Ranunculus erectus: aufrechter Hahnenfuß: scharfer Hahnenfuß (Ranunculus acer)

Brassica campestris: Feldkohl, vielleicht ist die Taubenkropfsilene (Silene cucubalus) gemeint

Menyanthes: Fieberklee

PRAEFECTURA LULENSIS

Praefectura Lulensis: die Vogtei Luleå

apertura: Mündung

communiter in humidis . . .: gewöhnlich an feuchten Stellen, an trockenen weit mehr

Viola aquatica . . .: rundblättriges Moorveilchen mit schneeweißen Blüten

Chamaecyparissus: flacher Bärlapp (Lycopodium complanatum)

Ranunculus minimus . . .: kriechender Hahnenfuß (der kleinste), (Ranunculus reptans)

Barba senum: Greisenbart: Borstgras (Nardus stricta)

hinc est quod . . .: daher kommt es, daß man sie an vorher trokkenen Stellen, sowie Wasser kommt, zu Tausenden antrifft, welches ich früher oft bezweifelt

Svammerdamiae: Sonnentierchen (?)

corpore magnitudine lentis: der Körper rund, von der Größe einer Linse

Stellaria minima: kleinste Sternmiere: Wasserstern (Callitriche verna L.)

Minima numquam crescit . . .: der Wasserstern wächst niemals dort, wo Wasser ist, sondern dort, wo das Wasser während der warmen Jahreszeit verschwunden ist

frustrato alimento: aus Nahrungsmangel

solutio gallarum: Galläpfelextrakt

amoenitas aestivalis . . .: die Schönheit des Sommers und des Frühlings (des Landes), die um der Luft, des Wassers, der Pflanzen, der Farbenpracht, des Lobgesangs der Bewunderer und sechshundert anderer Dinge willen vorzuziehen ist

Arisarium riv. ... Corallorhiza: Schlangenwurz (Calla palustris) ... Korallenwurz (eine Orchideenart)

adhuc sanguine ...: noch bei warmem Blut

quaeritur an causa ...: Frage, ob der (sehr giftige) Wasserschierling oder Giftwüterich der Grund sei

mica: Glimmer (Mineral)

Subularia, Melampyrum ...: Pfriemenkresse, Wachtelweizen, weißes Läusekraut (Pedicularis palustris)

Gramen paleac., Tetrahit ...: nikkendes Perlgras (Melica nutans L.,) gemeine Hanfnessel oder Hohlzahn

Geranium flore ...: Storchschnabel mit blaßweißer Blüte

Conyza, Millefol. purp. ...: Feinstrahl (Erigeron acre), rötliche Schafgarbe, Kratzdistel

pro dosi: hier: pro Melkung

iuxta oras fluvii ...: an den Ufern des Flusses wuchsen verschiedene Arten schon beschriebener Weiden

Lappones et Wbotni ...: Die Lappländer und die Bewohner Västerbottens kochen die unreifen Früchte der Erle, ca. 10 bis 12 Stück – die Dosis richtet sich nach dem Alter – und geben den Absud ihren Kindern als Purgiermittel ein

capillitium: Haarbekleidung

Rudbeckio ... Sceptrum Carol. ... das von Rudbeck entdeckte Karlszepter (ein seltenes, besonders stattliches, gelbblühendes Läusekraut). Olof R. d. J., Botaniker (1660–1740)

Echioides et Equisetum ...: Ochsenzunge (Anchusa spec.) und Waldschachtelhalm

Acetosa folio in medio ...: Wasserampfer (Rumex aquaticus)

Pinguicula ... Iuncus ...: Fettkraut (Pinguicula vulgaris) und kleinste Binse (Scirpus hudsonianus)

gryllos domesticos: Heimchen, Hausgrille

Barbaraeam ... folia ...: steifes Barbenkraut (Barbaraea stricta) ... seine unteren Blätter waren nicht so breit, auch nicht geöhrt, wie beim Gartenbarbenkraut

lignum kör: wörtlich ›Holz fährt‹

LAPPONIA LULENSIS

hinc a vulgo aquilo ...: so erkennen die Leute an der Fichte, wo Norden liegt

duplo longiora . . . erecta . . .: doppelt so lang, im Unterschied zu anderen aufrecht stehend, nicht buschig

Usnea arborea: Bartflechten

clunes . . . quod etiam . . .: zwischen die Hinterbacken, . . . was auch bei den Soldaten ein Rezept von zweifelhaftem Gebrauch ist

Calceis imponunt Lappones . . .: In die Schuhe legen die Lappen trockenes Riedgras (eine Seggenart) mit herabhängenden Ähren, wenn ich nicht irre

JOKKMOKK

de bullis aquosis . . .: über Wasserblasen, die gen Himmel steigen

Nostoc: eine Blaualgenart

Sturmius, Joh. Chr.: deutscher Mathematiker und Physiker (1656–1708)

globis excavatis: Hohlkugeln

meo iudice asini . . .: nach meinem Urteil entscheiden sich diese Esel ganz gewiß für die Lyra, wenn das Sprichwort jemals zutrifft! Anspielung auf die Sage von Midas, der sich zwischen der Panflöte und Apollos Lyra zu entscheiden hatte, die Flöte wählte und dafür mit Eselsohren ausgestattet wurde

Cirsium minus, Calcalia: kleine Kratzdistel (gemeint ist die Alpenscharte, Sanssurea alpina), Pestwurz (Petasites frigidus)

Botsko Lappis . . . sive Magistrantia: auf lappländisch Botsko . . . oder zartblättrige Engelwurz

Sceptrum Carolinum . . . Pedicularis . . .: Karlszepter . . . Läusekraut mit gamanderartigen Blättern und purpurroter Blüte

Tornberget: Donnersberg

Barbaraeam . . . Pedicularis . . . Astragalus: Barbenkraut, Läusekrautarten, kleiner Tragant (Astragalus alpinus)

›*Lapponia illustrata*‹: von Olof Rudbeck d. Ä., 1701

solem inocciduum: die Mitternachtssonne

Tripolium pratense . . .: Wiesenaster mit kürzerem Kelchkranz oder Aster mit nicht zugespitzten Blättern und purpurfarbener Blüte, gemeint ist ein Feinstrahl (Erigeron acre ssp. politum)

Item Euphrasia . . . ut Tetrahit . . .: Augentrost (Euphrasia frigida) wie Hanfnessel mit größeren und kleineren Blüten

Uva ursi: Bärentrauben

medicina universalis . . .: das Allheilmittel der Lappländer, daher ihr kleiner Arzt *unguentum ad ulcera . . .*: Salbe gegen Brandwunden

adeps caninus: Hundefett

est ipsis panacea: ist für sie ein Universalheilmittel

Aconitum luridum . . .: blaßgelber Eisenhut

Bromell, Magnus von: schwedischer Geologe und Arzt (1679 bis 1731)

Thalictrum minimum: die kleinste Wiesenraute (Thalictrum alpinum)

DAS HOCHGEBIRGE

fissiles, hinc facile . . .: schiefrig, daher leicht zu unterscheiden

scolopacino colore . . .: von der Farbe einer Waldschnepfe, mit weißen Flügeln

copiose muscas magnas . . .: eine Menge großer Fliegen mit gelbem Kragen, die ich noch nie gesehen habe. Wahrscheinlich sind es dieselben, da sie einen langen Hinterleib haben.

id est serum post caseum . . .: die Molke, die nach dem Käsen überbleibt und gerinnt, wodurch sie an Bierkäse erinnert

Aves vidi . . . et Pluvialis . . .: An Vögeln sah ich Schneeammern und zahlreiche Regenpfeifer, auf lappländisch ›hutti‹ genannt

et ex hisce paratum: und was aus dieser erzeugt wird

Cerastium flore maximo . . .: Hornkraut mit großer Blüte (Cerastium alpinum), stacheliger Bärlapp (Tannenbärlapp, Lyc. selago)

lapis nigricans . . .: schwarzer, schiefriger Stein, der Alaun enthielt

nodosus caulis . . . depressus: knotiger Stamm . . . niedergedrückt

fungi: Pilze

inflatus: aufgeschwellt

et certe laudandus . . .: und gewiß lobenswert, da gleiches durch gleiches gelöst wird

sed ad hoc Forbesius nihil: doch darauf blieb F. die Antwort schuldig. Dieses geflügelte Wort stammt von einer Disputation in Uppsala 1608, in welcher der schottische Calvinist John Forbes gegen den Erzbischof Olaus Martini auftrat, jedoch auf verschiedene Fragen keine Antwort zu geben wußte

ab ipsis ungulis . . .: von den Klauen kam, die innen hohl sind. Wenn das Ren steht, sind die Klauen auseinandergespreizt, sobald es aber den Fuß zurückzieht, stoßen die beiden Schalen der Klauen zusammen und verursachen ein Knacken, was ich glücklich mit eigener Hand am Fuß des Rens feststellte

foemina aeque ac . . .: das Weibchen ist genauso, bisweilen stärker gehörnt als das Männchen

Castrati amittunt et . . .: die verschnittenen Rentiere verlieren das Geweih, doch wächst es nach, was bei Hirschen und Schafen nicht der Fall ist

Scheffer: Joh. Schefferus (1621bis 1697), Sprachforscher und Wissenschaftshistoriker, gab 1673 ein Lapplandbuch ›Lapponia‹ heraus

de eis non ruminandis tradit: was Scheffer berichtet, nämlich daß sie nicht wiederkäuen

Rajus: John Ray, englischer Naturforscher (1628–1705)

mammas habent 4 lactantes . . .: sie haben 4 Milchzitzen, sehr selten 6, keine sterilen; die Kälber werden jedoch nicht von den Müttern getrennt

Maris praeputium . . .: die Vorhaut der Renböcke ist zylindrisch und zirka zwei Zoll lang

vituli cornua simplicia . . .: die Kälber bekommen im ersten Jahr einfache, fingerförmige Hörner

figura . . . eadem . . .: von Gestalt sind sie gleich, ähnlich in der Farbe, die je nach dem Monat wechselt, die Größe ändert sich mit dem Alter

crede mihi, qui bene . . .: glaub mir, derjenige, welcher unbemerkt lebt, lebt rechtschaffen (Ovidii Tristia), und selten irgendein Streit

foliis acetosae majoris . . .: Blätter des größeren Sauerampfers (Rumex acetosa) samt Blattstielen und Stengeln

caulis Angelicae: Stengel der Engelwurz (Angelica archangelica)

vaginas foliorum umbellas . . .: Blattscheiden, welche die Blütendolden umschließen

2 valvae sibi incumbentes: zwei übereinanderfallende Vorhänge

tenesmus: Verstopfung mit gleichzeitigem Stuhlzwang

ramulus bifurcatus . . .: ein kleiner, gegabelter Zweig, eine Spanne lang

crispulum: (Rinden-) Kringel

Piscator magnus, dorso . . .: Sägetaucher, mit aschgrauem Rücken

summa puritas . . .: besondere Klarheit und Leichtigkeit wie auch Durchsichtigkeit

lapis sive fluor . . . radiis coerulescentibus: einen Stein oder Flußspat mit bläulichen Strahlen

omnes lapides . . .: alle Steine

waren schiefrig, hornfarben, etliche schwarz und alaunhaltig

mica argentea ...: Silberkorn, selten Quarzkorn

antea habuimus perpetuum ver ...: zuerst hatten wir ständigen Frühling, nun ständigen Winter, später ständigen Sommer

Pago Lappis, ... *Hiaticula* ...: auf lappländisch *pago*, ... Sandregenpfeifer mit safrangelben Füßen und weißer Kehle

Trifolio florente: blühender Klee

Aconitum lycoct.: Wolfseisenhut

Muscipula parva montana ...: Felsenleimkraut (Silene rupestris) mit aufrechter weißer Blüte

Coronopus marit. ... *Mesomora*: Schlitzwegerich (Plantago coronopus) ... schwedischer Hartriegel

Rosén, Nils: Arzt und Professor (1706–1773)

cur Lappones adeo ...: warum die Lappen so schnell zu Fuß sind

Responsum sequens ...: die Antwort ist folgende, und der Grund nicht einer, sondern mehrere zusammen

operationes celerrimas ...: die hurtigsten Übungen ... welche ihnen in Schuhen mit Absätzen unmöglich wären

musculis palmae pedis: Fußsohlenmuskeln

cursus a teneris ...: schon von Kindheit im Laufen geübt sein

a laboribus duris ...: von jeder schweren Arbeit befreit

ex assueta flexura ...: aus dieser oftmaligen Übung entsteht eine natürliche Gewohnheit. So biegen die Lappländer auch stets die Gehmuskeln

esca carnium: Fleischnahrung

rigidior ... *ut Cervus* ...: steifer ist, wie Hirsch, Stier, etc. ... Dagegen sind Fleischfresser, wie Hund, Katze, Wolf, Löwe usw., insgemein biegsamer und geschmeidiger; woher das kommt, kann ich nicht sagen, aber die Tatsache bleibt bestehen

proportione ad caetera ...: im Vergleich mit der Fleischnahrung wie 1 zu 1000000

ex his parata s. caseus: daraus Bereitetes, wie etwa Käse

incisores ... *fructivora ut lepus* ... Schneidezähne wie Nagetiere – Hase, Kaninchen – ... Eckzähne wie Fleischfresser – Hund, Katze etc. – Backenzähne wie Pflanzenfresser – Kuh, Pferd etc.

nucifragorum ut murum ...: die der Nagetiere, wie Maus, Hase ...

ad angulum erecto ... mehr in

einem stumpfen als rechten Winkel vorstehen, während die unseren mit den Schneiden senkrecht aufeinandertreffen

vide dentes castoris . . .: siehe die Zähne des Bibers usw. Gewisse fleischessende Tiere besitzen ebenfalls Vorderzähne wie . . .

simplicem ventriculum: einen einzigen Magen

ab his nec unquam . . .: von diesen darf auch die Ratte mit ihrer ganzen Gattung nicht ausgenommen werden

babianis et simiis: Pavianen und Affen

parvis contenta: mit wenigem zufrieden

mecanici: Physiker

Ergo etiam Lappones . . .: So auch die Lappen. Der Grund, weshalb die Lappen so gesund sind, ist 1. die reine Luft – ich selbst fühlte mich wie neugeboren; 2. gut zubereitete Gerichte; 3. kaltes Essen; 4. reines Wasser; 5. ein ruhiges Gemüt. Wie im Goldenen und Silbernen Zeitalter: kein Streit, keine Sorge, nicht einmal um die Seinen, auch keine Geldsorgen 6. keine beschwerenden Gerichte wie bei den Bauern; 7. Branntwein nur manchmal; noch besser wäre, wenn es gar keinen gäbe; 8. Gewöhnung an die Kälte und Abhärtung von klein auf. Fleischgerichte: Fleischesser leben länger

NORVEGIA

pinna dorsi . . .: Rückenflosse von der Mitte bis zum Schwanz

4 *spatia* . . .: 4 Gezeiten, zweimal Flut, zweimal Ebbe

fuci: Braunalgen, Tange

Dracunculus aquaticus: Schlangenwurz (Calla palustris)

Menyanthes: Fieberklee

manipulus pennarum remigum . . .: Bündel Flügelfedern vom Schneehuhn, Rebhuhn etc.

Dracontio: Drachenwurz (Calla palustris)

acre . . . per requiem abit: säuerlich, was durch das Ruhen (des Teiges) verschwindet

sulcatus: gefurcht

exterior margo reflectitur: der äußere Rand wird eingeschlagen

fasciculus spicarum . . .: Bündel getrockneter, entkörnter Roggenähren

Spergula vera: Ackerspark (Spergula arvensis)

rugosa s. cellulosa . . .: runzlig oder voll kleiner Zellen wie in einem Netzmagen

lapide ollari: Topfstein

excusatio calva: fadenscheiniger Grund

hinc tantus flatus . . .: deshalb gewöhnlich ein so starker Wind, deshalb auch kälter

frigus consistit in pressione . . .: die Kälte hängt von der Zusammenpressung der Luft ab, die Wärme von der Verdünnung derselben, woraus man folgern würde, daß die Luft im Gebirge nicht dünn sei

aquaticae . . . Scept. Carol. . . .: Sumpfpflanzen . . . wie Karlszepter, Tragant, Säuerling (Oxyria digyna), weißes Läusekraut mit roter Blüte, Liliensimse

Astragalus flore albo . . .: Tragant mit weißer Blüte und Schnee-Enzian (Gentiana nivalis)

omnes Lappi communiter . . .: alle Lappländer sind gewöhnlich triefäugig, deshalb scheint es, als käme ein Wort aus dem anderen (lappi – Lappen, lippi – triefäugig). Es gibt verschiedene Ursachen, besonders jedoch

Nix et quidquid album . . .: Schnee und alles, was weiß ist, besonders

ergo Lappones alpini . . .: also auch die Lappen im Gebirg, wo ewiger Schnee liegt

frigus, quid Lapponia frigidius: die Kälte, was ist wohl kälter denn Lappland

amant enim societatem . . .: es gefällt ihnen nämlich außerordentlich, in Herden zu sein, und je mehr beisammen sind, desto lieber ist's ihnen, weshalb sie auch manchmal zu einer anderen Herde laufen

cum pilositate superius: das Haar nach oben

ad claudentes: an den Enden

ad hyemem seram: für den kommenden Winter

corpus griseum . . . facies . . .: der Körper grau, das Gesicht schwarz, die Keulen schwarz, die Lendengegend ins Schwarze gehend, Schwanz und Ohren sehr kurz, es ißt

aqua enim pura nil nocet . . .: reines Wasser ist überhaupt nicht schädlich, insofern es mäßig genossen wird, auch wenn man es kalt trinkt; das habe ich von den Lappländern und durch die eigene Erfahrung gelernt

vulva exserta: ausgestülpte Vulva

osculo: Öffnung (der Vulva)

tubulati: Ringe

quam antea dixi . . .: sie ist, wie ich zuvor sagte, die Ursache für

cultis: von den Fremden

margine cuti proxima: am Rand, in der Nähe der Haut

angustia loci compensat . . .: sinngemäß wohl: die Enge des Ortes komprimiert und staut die schnellen Wolken und verstärkt dadurch die Gewalt des Windes

judaicus: der Judenstein, gewöhnlich olivenförmig, grau oder rot mit querlaufenden Streifen

cortex med. alni: die mittlere Erlenrinde

ergo ex scaturiginibus . . .: also von den dort vorhandenen Quellen

a latere concavo: seitlich gekrümmt

Diversitas exsiccandi segeta: Verschiedene Arten, das Korn zu trocknen

Lysimachia purpurea . . .: Weidenröschen (Epilobium angustifolium)

Virga aurea: Goldrute (Solidago virgaurea)

hinc serius floret . . .: also blüht es im Gebirge später

a colore, non causa . . .: wegen der Farbe, nicht wegen der Ursache und des Ursprungs

coralloides: gemeint sind Erdflechten der Gattung Cladonia (cocciferae)

nervis, musculis . . .: Nerven, Muskeln, Luftröhre, wichtigen Venen und Arterien versehen ist

hinc male virgines . .: deshalb ist es schlecht, es so zu machen wie unsre jungen Mädchen und sogar die jungen Männer

duo tantum leviter . . .: haben zwei leicht zusammengezogene Kleidungsstücke

semper angustior contractio . . .: immer ist eine engere Schnürung beschwerlich; diese ist (angenehm) weit

Nymphaea . . . Juncus: Seerose . . . Binse

Ranunculus foliis rotundis . . .: (Wasser)-Hahnenfuß mit runden und haarförmig zerschlitzten Blättern

rami ulnares: ellenlange Zweige

folia capillacea radix: die haarfeinen Blätter werden zu Wurzeln

Potamog. foliis amplexicaulibus: Laichkraut mit stengelumfassenden Blättern (Potamogeton perfoliatus)

Gramen maximum natans . . .: ein sehr großes Wassergras, flutend, verzweigt, mit walzenartigen Ähren, vielleicht Alopecurus geniculatus?

apice abscissa: außer an der Spitze

signa externa infallibilia: keine untrüglichen äußeren Merkmale

diffracta: erbrochen

Equisetum: Schachtelhalm

Chamaemorum: Moltebeere

Ophrys minima: kleinste Ragwurz (eine Orchidee), gemeint ist wohl Listera cordata, das kleine Zweiblatt

item Pinguiculam minimam ...: kleinstes Fettkraut, mit vertrockneten Blättern, reifer Frucht, herzförmig ausgerandet, mit 2 Klappen

referri potest ad Glandarium: kann zu den Eichelhähern gezählt werden

Pseudo-helleborina: Pseudo-Nieswurz, gemeint ist das Netzblatt (Goodyera repens), eine Orchidee

sed singulari Dei fato ...: aber durch Gottes einzigartige Vorsehung entkamen wir beide unversehrt

adeoque fallax est ...: deshalb ist falsch, was Bang in seiner Abhandlung über die Lachse schreibt

baccas Rubi fragariae folio: Beerenfrüchte der erdbeerblättrigen Brombeere (Rubus arcticus)

Calycem non demittunt ...: sie werfen nicht, wie die übrigen Brombeeren, ihren Außenkelch ab

composita, color fusco ...: zusammengesetzt, die Farbe dunkelpurpur, die Größe ...

Carex: Segge

in spicis ustilaginem: an den Ähren Brandpilzkrankheit (Cintractia caricis)

id est corpuscula ...: das sind kleine runde schwarze Körperchen, die sich in Mehl auflösen

sine praevia exsiccatione: ohne vorher getrocknet zu werden

sed qualis talis ...: aber wie auch immer beschaffen, nicht gepflegt

copiosissime Caseola ...: in großen Mengen (viell.) Pfriemenkresse (Subularia aquatica), Wasserfetthenne (Crassula aquatica), Schlammkraut (Limosella aquatica), Wassergras

Convolvulus: Ackerwinde

Potamog. ... Stellaria ... Aponogeton: Laichkraut ... Sternmiere ... Wasserstern

in cujus fide certus sum: deren Glaubwürdigkeit für mich außer Zweifel steht

Aconitum: Eisenhut

Tubera: Trüffel

Glaux, Plantago angust. ...: Milchkraut, schmalblättriger Wegerich

Gramen tritic. marit.: Strandgerste (Elymus arenarius)

Angelica tenuifolia: zartblättrige Engelwurz

Mesomora, Vaccinia ...: schwedischer Hartriegel (Cornus suecica), Heidelbeere, Moltebeere, Scheinbrombeere oder Steinbeere (R. saxatilis)

Sparganium: Igelkolben

folia ... oblongantur ...: dessen Blätter schmäler und länger werden

dorso convexo, infra plano: auf der Oberseite bauchig, auf der Unterseite flach

TORNEÅ

Dracontium: Drachenwurz (Calla palustris)

Erica, Persicaria ...: Erika, Knöterich mit roter Blüte, mild (schmeckend), Herbstlöwenzahn (?) (Leontodon autumnale)

umbella prolifera: die hervorgestreckten Dolden

quod eorum vestes ...: weil ihre Kleider gewöhnlich aus Lappen bestehen

hinc causa frigoris ...: deshalb ist auch nicht einfach die Polnähe die Ursache der Kälte, sondern auch die Höhe des Landes, was man genau beachten soll. Deshalb kommt es, daß die lappländische Flora die Kälte erträgt

Cicuta aquatica: Wasserschierling (Cicuta virosa)

Wepfer, Johann Jacob: ›Cicutae aquaticae historia ...‹, Basel 1679

convenit itaque loco ...: stimmt mit Wasserfenchel (Oenanthe aquatica) überein, was den Standort, die Kräfte, das äußere Aussehen, besonders was die Fiederblätter betrifft

dies sabbatis ...: ein Feiertag, der also zur Wiederbelebung und Erfrischung von Seele und Leib (angewendet wurde)

et quales crudas servat ...: solche sparen die jungen Mädchen für ihren späteren Mann auf

hinc reicher als Kemi ...: sprichwörtliche Redensart

funiculi umbilicalis: der Nabelschnur

dolores, post partum ...: die Nachwehen, die für manche schwerer sind als die Geburt selbst

serum a casei ...: die Molke, die nach dem Käsen zurückbleibt, wird sonst zu Säure gemacht

communiter tamen coquitur ..: gewöhnlich wird die Molke aber gekocht, und das in zwei bis drei Tagen Gesammelte

OSTROBOTHNIA

digitus exterus maximus ...: die äußere Zehe am größten, die Mittelzehe mittelgroß, die innere klein, die große oder mittlerste Zehe am kleinsten

Stratiotes ... Butomus, Mesomora ...: Krebsschere und

Schwanenblume, schwedischer Hartriegel, geflecktes Knabenkraut, Seidelbast

Juniperus parca . . .: wenig Wacholder. Die Pflanzen entwickeln sich in den Wäldern kräftig und erreichen eine große Höhe

baccae Labruscae, Vaccinii . . .: Beeren von Wildrebe, Heidelbeere, schwedischem Hartriegel, Krähenbeere, Moltebeere; Karlszepter herrscht überall vor

Noctuae instar amant . . .: wie Nachtvögel, die Finsternis lieben

numerum intra eos . . .: sie unter die Zahl derer, die mit eigenem Licht leuchten

Salicaria foliis alternis . . .: Weiderich mit gegenständigen Blättern, abgestuft, mit Blüten in einzelnen Blattachseln (Lythrum salicaria)

cingulo cum cultro affixo: Gürtel mit daran befestigtem Messer

per tempus fuscum: mit der Zeit dunkel

copiose Gramen spica . . .: sehr viel Gras mit einer Ähre wie bei Strandgerste (Elymus arenarius)

Usnea nigra a latere . . .: schwarze Bartflechte (Alectoria spec.) wächst an der Nordseite

Spongia lacustris Newtonii: Süßwasserschwamm (Spongilla lacustris)

Artemisiam: Beifuß

Behen: Strandleimkraut (Silene maritima)

calyx oblongus, folia . . .: länglicher Kelch, schmale Blätter, als Frucht eine Kapsel, aufrechter Stengel, ähnlich wie bei Behen

OECONOMIA ANGERMANNICA

Salix foliis Oleae . . .: Weide mit ölbaumähnlichen Blättern (Salix phylicifolia)

Chasma: Nordlicht

Umbilicus Veneris: Venusnabel, vielleicht ist eine Steinbrechart (Saxifraga cotyledon) gemeint

Probierkunst: die Kunst, den Gehalt und die Legierung der Erze und Metalle zu bestimmen

muscus island. escul.: eßbares Isländisches Moos, eine Flechte (Cetraria islandica)

Tanacetum: Rainfarn (Chrysanthemum vulgare)

Artemisia: Beifuß (Artemisia absinthium)

Salix, Populus pallescebat . . .: Weide, Pappel waren schon fahl geworden, die Vogelbeere aber rot, alle Moose

caule 3 angulo . . .: mit dreikantigem Stengel, weißer Wurzel, kriechend, perennierend, mit fetten Blättern, alternierend gefiedert, gemeint ist hier eine Platterbse (Lathyrus maritimus)

impexi: ungepflegt

Gramen marit. triticeum: Strandgerste (Elymus arenarius)

Gallia nos genuit ...: Frankreich hat uns geboren, ganz Afrika haben wir durchzogen und aus dem Ganges haben wir getrunken, hier fehlte uns die Welt (schlechthin alles)

Arundo: Schilfrohr (Phragmites communis)

Cicutaria aquatica: Wasserschierling (Cicuta virosa)

Lenticula et Lichenoides ...: kleine Wasserlinse (Lemna minor) und eine Flechtenart (Evernia prunastri)

more scanico: auf schonische Weise

Iris aquatica: Wasserschwertlilie (Iris pseudacorus)

castorium: Bibergeil

sacra anchora: bewährtes Heilmittel

in primipara ... postpara: bei der ersten Geburt oder bei den später folgenden

rustici heic utuntur ...: die Bauern haben 3 Ärzte, Dr. Bibergeil, Dr. Bärengalle und Dr. Branntewein

Hypericum, Scrophularia ...: Johanniskraut, Braunwurz, Zweizahn (3 Arten Johannisbeeren)

Solanum scandens: kletternder, bittersüßer Nachtschatten (Solanum dulcamara)

Cardiaca ... Hyoscyamus: Herzgespann (Leonurus cardiaca) und Bilsenkraut (H. niger)

Salix oleaefolia ...: ölbaumblättrige Weiden mit Beeren (gemeint ist Hippophae rhamnoides: Sanddorn)

petioli: Blattstiele

Polytrichum: Widertonmoos

Lathyrus viciaeformis ...: wikkenblättrige Platterbse (Lathyrus palustris); Sumpfkresse (Roripa islandica ist gemeint)

Campanula persicifolia ...: pfirsichblättrige Glockenblume und große Fetthenne (Sedum telephium)

Acer ... Filix foemina, ramosa: Ahorn und verzweigter Frauenfarn, vielleicht ist Eichenfarn (Lastraea dryopteris) gemeint

Ribes insipida ...: Alpenjohannisbeere (Ribes alpinum), von den Bauern Teigbeere genannt

Opulus et Xylosteum ...: Schneeball und Heckenkirsche (Lonicera xylosteum)

Rubus saxatilis . . .: Steinbeere, Hopfen

Cracca alis dentatis, floribus striatis: Vogelwicke mit gezähnten Flügeln, gestreiften Blüten (vielleicht ist Vicia silvatica gemeint)

Orobus vernalis: Frühlingsplatterbse (Lathyrus vernus)

Gramen panicul. panicula . . .: Rispengras mit zusammengedrückter Rispe in Form einer Ähre; gemeint ist das rohrartige Glanzgras (Phalaris arundinacea)

Cyperus: Zypergras, wahrscheinlich ist aber Rhynchospora alba, die weiße Schnabelsimse gemeint

hinc vis purgatoria . . .: daher die reinigende Kraft, die der des Eisens entspricht.

Sciurus volans: fliegendes Eichhörnchen

Mus longus, labio . . .: lange Ratte mit weißer Unterlippe

Lichenoides saxatile . . .: Gesteinsflechte (Parmelia saxatilis) mit einer Farbe, die an Menschenkot denken läßt

Enti Entium sit . . .: Dem höchsten Wesen sei Lob, Ehr und Preis in Ewigkeit

Der Verlag dankt an dieser Stelle Herrn Dr. Horst Lange, der die botanischen Namen und Begriffe im Register erklärt hat.

INHALT

Kästner: Die Lerchenschule it 57
Kästner: Ölberge, Weinberge it 55
Kästner: Die Stundentrommel
vom heiligen Berg Athos it 56
Kinder- und Hausmärchen gesammelt durch
die Brüder Grimm it 112/it 113/it 114
Klingemann: Nachtwachen von Bonaventura it 89
Kropotkin: Memoiren eines Revolutionärs it 21
Laclos: Schlimme Liebschaften it 12
Das große Lalula it 91
Das Buch der Liebe it 82
Linné: Lappländische Reise it 102
Lorca: Die dramatischen Dichtungen it 3
Märchen deutscher Dichter it 13
Majakowski: Werke I it 16 Werke II it 53 Werke III it 79
Minnesinger it 88
Mirabeau: Der gelüftete Vorhang it 32
Mörike: Die Historie von der schönen Lau it 72
Mordillo: Das Giraffenbuch it 37
Mordillo: Das Giraffenbuch 2 it 71
Morgenstern: Alle Galgenlieder it 6
Musäus: Rübezahl it 73
Mutter Gans it 28
Die Nibelungen it 14
Orbeliani: Die Weisheit der Lüge it 81
Orbis Pictus it 9
Phaïcon 1 it 69
Polaris 1 it 30
Polaris 2 it 74
Rabelais: Gargantua und Pantagruel (2 Bände) it 77
Rilke: Das Buch der Bilder it 26
Rilke: Duineser Elegien / Die Sonette an Orpheus it 80
Rilke: Geschichten vom lieben Gott it 43
Rilke: Neue Gedichte it 49
Rilke: Das Stunden-Buch it 2
Rilke: Verstreute und nachgelassene Gedichte it 98
Rilke: Wladimir, der Wolkenmaler it 68
Rilke: Leben und Werk im Bild it 35
Lou Andreas-Salomé: Lebensrückblick it 54
Schlote: Das Elefantenbuch it 78
Schmögner: Das Drachenbuch it 10
Schmögner: Das unendliche Buch it 40
Sindbad der Seefahrer it 90

Sophokles: Antigone it 70
Sophokles: König Ödipus it 15
Stevenson: Die Schatzinsel it 65
Swift: Gullivers Reisen it 58
Tolstoj: Die großen Erzählungen it 18
Turgenjew: Väter und Söhne it 64
Twain: Tom Sawyers Abenteuer it 93
Voltaire: Candide it 11
Wagner: Ausgewählte Schriften it 66
Walser: Fritz Kochers Aufsätze it 63
Das Weihnachtsbuch it 46
Wilde: Die Erzählungen und Märchen it 5
Zimmer: Yoga und Buddhismus it 45
Zum Thema Kinderbuch it 92

it 93
Mark Twain
Tom Sawyers Abenteuer
Mit Illustrationen

Das 1876 erschienene Buch »The Adventures of Tom Sawyer« gehört längst zur klassischen Jugendliteratur. Schon im Erscheinungsjahr wurde es ins Deutsche übersetzt. Sein Dichter, der Amerikaner Samuel Langhorne Clemens (1835-1910), führte ein abenteuerliches Leben. Aus der Zeit, in der er als Lotse auf dem Mississippi fuhr, stammt auch sein Pseudonym Mark Twain. Es bezeichnet eine Wasserstandsmarke, die von dem Lotsen dem Kapitän des Schiffes zugerufen wurde.
Tom Sawyer und sein Freund Huckleberry Finn lehnen sich gegen die starre Erwachsenenwelt auf, die Sonntagsschule und der puritanische Tugendverein haben keine Chance, wenn es darum geht, zu schwimmen, zu rauchen und Abenteuer zu bestehen.

it 94
Dante
Die Göttliche Komödie
Aus dem Italienischen von Friedrich Freiherr von Falkenhausen
Mit Holzschnitten von Botticelli

Um 1320 entstand die »Divina Commedia«, die Dante Alighieris Namen unsterblich machte. Das Gedicht ist eine Art Vision, die das Leben der Seelen nach dem Tod in drei Reichen des Jenseits schildert: Hölle (Inferno), Fegefeuer (Purgatorio) und Paradies (Paradiso). Jede dieser Abteilungen besteht aus 33 Gesängen, so daß das Ganze, mit der Einleitung als erstem Gesang, 100 Gesänge von zusammen 14230 Versen in Terzinen umfaßt.
»Nur kraft seines großen Gedichtes kann Dante Alighieri als der Vater der italienischen Schriftsprache gelten. Aus einer literarisch noch unerzogenen Sprache, fast ohne Vorbereitung, ist dieses Riesenwerk wie ein

granitener Bergstock senkrecht aus sandiger Ebene emporgetrieben. Es überragt noch heute schlechthin alles, was vorher und nachher aus derselben italienischen Sprache ans Licht gebracht wurde.«

Karl Vossler

it 95

Kinder- und Hausmärchen

Gesammelt durch die Brüder Grimm

Mit Illustrationen von Otto Ubbelohde

3 Bände

»Gesammelt haben wir an diesen Märchen seit etwa dreizehn Jahren; der erste Band, welcher im Jahr 1812 erschien, enthielt meist, was wir nach und nach in Hessen, in den Main- und Kinziggegenden der Grafschaft Hanau, wo wir her sind, von mündlicher Überlieferung aufgefaßt hatten. Der zweite Band wurde im Jahre 1814 beendigt . . . Einer jener guten Zufälle aber war es, daß wir aus dem bei Kassel gelegenen Dorfe Niederzwehrn eine Bäuerin kennenlernten, die uns die meisten und schönsten Märchen des zweiten Bandes erzählte.«

Aus der Vorrede der Brüder Grimm

Wohl jedem sind aus seiner Kindheit die Grimmschen Märchen vertraut. Sie sind seit ihrem Erscheinen zu einem Hausbuch geworden. Für diese Märchen hätte man sich keinen besseren Illustrator denken können als den hessischen Maler Otto Ubbelohde, der aus der gleichen Landschaft stammt wie die Brüder Grimm.

it 96

Manuel Gassers

Köchel-Verzeichnis

Nr. 1-20

Kochrezepte mit Betrachtungen

Mit Illustrationen von Heinz Edelmann

Vierfarbendruck

»Was die modernen Kochbücher betrifft, so verfolgte ich die Inflation, die sich auf diesem Gebiet breit

macht, mit Skepsis. Ich kenne Köchinnen und Köche, die sich auf jede Neuerscheinung stürzen und ganze Bibliotheken von buntbebilderten Rezeptsammlungen besitzen; ihrem Speisezettel aber ist von diesem Überfluß wenig anzumerken. Solche Abneigung gegen das Neue gründet einerseits auf der konservativen Haltung des Kochs, erklärt sich aber andererseits auch aus der Machart dieser Bücher. Wer über einigen Kücheninstinkt verfügt, merkt gleich, daß es sich lediglich um Abgeschriebenes handelt. Ein Rezept aber, das Nachahmung verdient . . .« Hier ist die Rede von *La Cuisine de Madame Saint-Ange.* In dieser Weise leitet *Manuel Gasser* das Geheimnis der Spiegeleier (je älter das Kochbuch, um so größer das Vergnügen, nach ihm zu köcheln) ein. [Und in ähnlicher Weise, zum Beispiel *Der gute alte Ochsenschwanz* (Es muß nicht immer Kaviar sein, wenn ganz feine und verwöhnte Leute zum Essen kommen) oder *Köstlich ist die arme Küche* (Käse, Kutteln, Bohnen, Lauch: Was schmeckt, weiß Aschenbrödel auch) oder *Der Dillfürst und die drei Gänse* (Dill und Sahne, schwesterlich vereint, verzauberten schon den Zaren-Adel) oder *Napoleon war ein Hühnerfreund* (was kann delikater sein als ein echtes Landhühnchen, das von früh bis spät Körner gepickt hat).]
Manuel Gassers Betrachtungen, Anregungen, Rezepte sind nicht nur genußvoll auszuführen, sondern bieten voraus schon den vorzüglichen Genuß der Lektüre.

it 97
Lewis Carroll
Alice hinter den Spiegeln
Aus dem Englischen von Christian Enzensberger
Mit Illustrationen v. John Tenniel

»Sechs Jahre, nachdem Alice aus dem Wunderland zurückgekehrt ist . . . wird sie zum zweitenmal ausgeschickt in befremdliche Gegenden. Aber die Landschaft ›Hinter den Spiegeln‹ ist nicht mehr so harmlos wie in ihrer ersten Reise; irgend etwas hat sich darum ins Beklemmende und Aufsässige gewendet . . . Erinnern wir uns auch, wie sich schon im Wunderland die unleugbaren Tatsachen, die Umstände, die Sprache selbst auf die Seite von Alicens Widersachern gestellt hatten. Hinter den Spiegeln aber hat sich die Tücke des Objekts organisiert; es liegt nun nicht mehr an dem besonderen Weg durch die Blumengärten, daß Alice in die Irre geführt wird, sondern daran, daß sich die Ordnung von Raum und Zeit überhaupt auf den Kopf gestellt hat.« *Christian Enzensberger*

it 98
Rainer Maria Rilke
Verstreute und nachgelassene Gedichte
aus den Jahren 1906 bis 1926

Die verstreuten und nachgelassenen Gedichte Rilkes aus den beiden letzten Lebensjahrzehnten wurden zum erstenmal 1953 in dem Band »Gedichte / 1906 bis 1926« zusammengefaßt.

Die zeitliche Abgrenzung ergibt sich aus der biographischen und werkgeschichtlichen Bedeutung des Winters 1905/1906, den Rilke im Hause des Bildhauers Auguste Rodin in Meudon bei Paris zubrachte. Da zudem gerade aus dem Jahre 1905 fast keine Gedichtaufzeichnungen mehr erhalten sind, prägt sich die Epochengrenze zwischen der jugendlichen Stufe, die etwa bis 1904 reicht, und der mittleren Schaffenszeit um so deutlicher aus. »Niemand hat ganz sein inneres Leben gekannt, keiner in seine Werkstätte gesehen. Leise ist sein Werk gewachsen, schweigsam, wie immer das Große geschieht, im Abseits ist es entstanden, wie alles Vollendete geschieht.« *Stefan Zweig*